상하이에서 악녀가 되다

상하이에서 악녀가 되다

초 판 1쇄 인쇄 | 2006년 5월 10일
초 판 1쇄 발행 | 2006년 5월 15일

지은이 | 최란아
발행인 | 양해경
발행처 | 학민사

등록번호 | 제10-142호
등록일자 | 1978년 3월 22일

주소 | 서울시 마포구 대흥동 150-1번지(우편번호 121-809)
전화 | 02-716-2759, 702-3317
팩시밀리 | 02-703-1495

홈페이지 | http://www.hakminsa.co.kr
이메일 | hakminsa@hakminsa.co.kr

ISBN 89-7193-174-4(03900), Printed in Korea

상하이에서 악녀가 되다

글 _ 최란아

학민사

　　찬 바람이 얼굴살을 후비던 어느 겨울날, 익숙한 냄새에 이끌려 거리에서 군고구마를 샀다. 바가지를 쓰는 건 아닐까 조마조마해 하며 비닐 봉지에 고구마를 담아주는 아저씨 손톱에 긴 검뎅에 질겁을 하고 있었는데, 머리통만한 고구마 몇 알에 5위안이라 해서 깜짝 놀랐다. 5위안이면 650원인데… 그 걸로 하루종일 밖에 서 있는 값이나 나올까… 군고구마 몇 알을 사는 내게 아저씨가 건네는 미소가 고구마보다 더 따끈했다. 바가지를 쓰지 않을까 옹졸한 마음이었던 것이 부끄러웠다.

　　그 날, 비닐 봉지를 들고 돌아서며 군고구마 냄새와 관련한 여러가지 어린 날의 추억에 눈물이 어렸다. 미지의 세상에 대한 호기심으로 몸부림치던 날들. 나는 방바닥에 누워서 세상을 여행하곤 했다. 책을 읽으면서, 끄적거리면서… 훗날에 나는 홀로 세상을 여행하고, 베푸는 일에 참여하고, 그 경험들을 모아 책으로 내고자 했었다. 처음 내가 한국을 떠났던 것도 그것을 실현하기 위한 출발이었다. 한국은 떠났다. 떠나는 건 간단했다. 그러나 애초에 쓰고자 하는 책은 아직까지 쓰지 못했다. 계획했던 경험에서 다른 쪽으로 항로를 바꾸어 왔기 때문이다.

대신 난 상하이에서 바쁘고도 단순하게 하루하루를 보낸다. 책을 읽을 시간도, 방에 누워 공상을 할 시간도, 혼자 있을 시간도 없이. 책을 읽지 않는 나 자신이 낯설다. 시간이 없다는 것은 분명한 핑계임에도 매일매일이 숨돌리기 바쁘게 돌아가지 않는가. 끝이 나지 않는다. 이렇게 흘러 어디로 가고 있는 건지, 뚜렷한 방향도 없이 바쁘기만 한 게 좋은 일인지 알 수 없다. 나는 왜 한가지 일에 집중하지 못하는 걸까, 자책을 해보지만 집중을 하고 싶어도 이제 그럴 수가 없다. 너무나 많은 일들이 한꺼번에 터지고, 내 손에는 그 일들과 연결된 끈이 쥐어져 있기 때문이다. 나는 그것을 '상하이 파워'라고 부른다. 그 안에 있는 사람들을 가만히 내버려 두지 않는 것.

여러가지 일에 연루되어 살고 있다. 애초에 나 스스로 뛰어들기엔 불가능한 것들에도. 불가능한 것을 가능하게 하는 것, 그것이 인생이다. 불가능한 것을 가능하게 하는 곳, 그곳이 상하이다. 나의 에너지는 여러가지 색깔로 각각의 얇은 막에 싸여 내 안에서 조용히 숨어 지내다 기회를 만나면 폭죽처럼 튀어나온다. 내 안에 그 많은 에너지들이 있었는지 몰랐다. 그것을 끌어낸 것이 상하이다.

처음 상하이에 와서 어리둥절하던 마음, 절대로 1년 이상 견디지 못할 거라고 스스로에게 되뇌이던 날들, 모든 것이 인정하고 싶지 않은 오답같던 날들. 그런데 친구들이 생기고, 갈만한 곳이 어디인지 알게 되고, 생활에 필요한 것들을 어디에서 구할 수 있는지, 어떻게 가격을 흥정할 수 있는지 알게 된 지금은 상하이가 오히려 푸근하다. 사랑하는 일도, 미워하는 일도, 용서하는 일도 하룻만에 이루어질 수는 없는 것이다.

상하이에서 만난 모든 인연들이 소중하다. 어렵고 답답하고 흥겹고, 때로 미친듯한 시간들을 함께 보낸 사람들. 어딘지 모르게 좁은 항로를 나와 함께 가고 있는 완총과 쉬보, 독수리 눈으로 찍은 소중한 사진들을 기꺼이 건네준 정희와 규민, 아무에게나 카메라를 들이밀어 파파라치라는 별명을 얻은 쟝종매이, 전시회가 있을 때마다 아낌없이 찬조를 해주시는 이화원의 유선자 사장님과, 친구네 집에 가는 길은 먼 법이 없다는 진리를 가르쳐준 영혼이 아름다운 그녀에게 사랑을 보낸다. 좋은 사람들을 만나는 것은 늘 반가운 일이다.

차 | 례

C o n t e n t s

상하이에서 악녀가 되다

C o n t e n t s

1 . . .

상하이에 가다

골목길을 나서면 울타리에 둘러싸여 있던 부잣집의 커다란 정원, 울타리 사이로 보이는 하얀 장미꽃이

나의 어린 시절 호기심의 극치였다. 어둑어둑해진 저녁이면 그곳에 가 달빛에 번쩍이는 하얀 장미를

몰래 꺾곤 했다.

농부와 사냥꾼

두 사람의 사냥꾼이 사냥감을 좇는다. 사냥감의 냄새와 발자국을 추적하면서. 황야를 가르는 그들의 발뒤꿈치가 거칠고 단단하다. 바람과 자연은 그들의 도우미가 되기도 하고 적이 되기도 한다. 짐승은 자신을 좇는 사냥꾼들을 피해 멀리멀리 달아나지만 눈에 보이지 않는 그들의 밧줄에 묶여 점점 힘이 빠진다. 며칠에 걸친 도망과 추적 끝에 결국 지친 짐승은 쓰러지고, 그렇게 맨발로 행한 추적으로 사냥꾼들은 사냥에 성공한다.

거리를 두고 좇고 쫓기는 추격으로 그들이 벌이는 건 본능과 예리함과 지구력과 끈질김을 동반하는 심리전이다. 하늘을 지붕 삼아 벌어지는 정찬과 적토를 침대삼아 취하는 조용한 휴식이 그들이 즐길 수 있는 모든 것. 그들이 가진 짐은 달랑 싸들고 가기 간편한 보퉁이와 창과 화살뿐이다. 그들의 앙상한 등에 얹혀져 있는 무기는 그들의 삶의 목표가 되기도 하고, 삶의 의미가 되기도 하는 중요한 보물이다. 그것이 없이는 삶도 가족도 가질 수 없는 것이다. 사냥꾼의 인생이다.

엘렌 윈더무트(Ellen Windemuth)의 다큐멘터리에서 사람은 두 부류로 나뉘어진다. 사냥꾼과 농부. 사냥꾼은 먹이를 찾아 떠돌아 다니는 사람이고, 농부는 한 곳에 정착해 생활을 꾸려 나가는 사람이다. 그들의 삶엔 근본적인 차이가 있는데, 사냥감을 따라 초원을 떠도는 사냥꾼은 재빠른 이동을 위해 소유물을 많이 가질 수 없고, 한 곳에 정착해 사는 농부는 농작물과 가축을 돌보느라 집을 떠날 수가 없다. 따라서 농부는 집도 점점 크게 만들어가고, 가축들도 많이 기르며, 소유물도 늘려간다.

본래부터 나는 여행을 좋아했다. 시간이 있으면 늘 어디론가 가고 싶어했는데, 사냥감 때문이 아니라 호기심 때문이었다. 일곱살 쯤 되던 땐 온 동네를 길어 돌아나니며 우리 동네가 어떻게 생겼는가를 익혔다. 지도를 그리라면 잘 그릴 수도 있을 정도였다. 골목길을 나서면 울타리에 둘러싸여 있던 부잣집의 커다란 정원, 울타리 사이로 보이는 하얀 장미꽃이 나의 어린 시절 호기심의 극치였다. 어둑어둑해진 저녁이면 그곳에 가 달빛에 번쩍이는 하얀 장미를 몰래 꺾곤 했다.

초등학교 5학년 땐 당시 살던 아파트 단지 건너 야트막한 산이 그렇게 궁금할 수가 없었다. 베란다 창문을 통해 보이는 그곳이 친근해 보이면서도 신비해 보였다.

어느 여름날, 나는 곤충 채집이니 식물 채집같은 애매하고도 불가능한 숙제거리를 머리에 담고 그 산을 향해 걸었다. 보기엔 가까웠으나 걸어도 걸어도 산은 좀처럼 어린 소녀의 발걸음에 가까워지질 않았다. 태양빛을 오래 쬐어 머리가 띵해지고 가슴이 헐떡거렸다. 겨우 그곳에 닿았을 땐 해가 뉘엿뉘엿 넘어가려 하고 있었고, 저녁이 몰고오는 썰렁한 바람에 나는 그만 산의 어구에 몇 걸음 들어가보다가는 돌아서 집으로 뛰다시피 왔다. 어두워져 가는 시간 때문이기도 했지만, 정복하지 못한 미지의 세계에 대한 두려움이 뒷등을 간지럽혔기 때문이었다.

집에 도착했을 때 내쉬어지던 안도의 한숨… 역시 집이란 좋은 곳이구나. 그러나 그 이후로도 나는 늘 집을 나서는데 전율을 느꼈다. 아마도 여행을 좋아하는 아버지의 피를 물려받은 것은 아닌지.

우리 가족은 매년 여름이면 여행을 갔다. 길지 않은 휴가였지만 그래도 해마다 여행을 갈 수 있었다는 것 자체가 행운인지 몰랐다. 나는 1년 중에 그때가 가장 기다려지곤 했다. 부푸는 가슴 때문에 여행을 가기 전날 밤이면 동생과 함께 잠도 안자고 놀았다. 중고등학교 땐 교회에서 가는 수련회마저도 너무나 좋았다. 대학을 졸업하고 교사가 되었을 땐 방학마다 배낭을 짊어졌다.

결국 난 90년대 중반에, 출발의 거점으로 삼고 여행을 하던 한국을 떠나게 되었다. 처음엔 어디로 어떻게 가겠다는 거창한 계획도 없었다. 다만 배낭여행을 하던 중에 만난 가난한 사람들, 다른 문화 속에 사는 사람들, 그리고 자신의 몸을 던져 봉사활동을 하던 자원봉사자들이 멋있어 보였을 뿐이었다. 나도 그런 분야에 뛰어들고 싶었다. 조금 공부를 한 후 NGO 재단에 자원을 해 몇년 간 일을 하다가 한국으로 돌아가겠다, 그것이 나의 대충의 목표였다. 거창하게 박사가 되어 환향할 줄 아셨던 부모님께는 죄송한 일이겠지만.

한때 공부를 잘하던 시절도 있었으나, 사실 나는 공부에는 별로 관심이 없다. 학교 다니는 게 싫었고, 시험 보는 게 부담스러웠다. 대학에 들어가서 무사히 졸업까지 했으니 그것만으로 족하지 않은가. 박사학위같은 건 내 인생에 들어있지 않은 것이니 애초에 목표도 세우지 않는 게 좋다. 비즈니스에 관심이 없는 사람이 남들 다 한다고 MBA에 엄청난 돈과 시간을 들이는 것과 마찬가지다. 나중에 뭐 할 건가, 그걸로?

사람들이 직장을 가지면서 어떻게 돈을 모으면 결혼자금을 만들 수 있고, 그 다음에 집을 살 수 있고, 자동차를 살 수 있고, 기타 등등을 얘기할 때도 난 별로 관심이 없었다. 집이야 크든 작든 무슨 상관인가, 결혼식 때 굳이 돈을 많이 쓸 필요가 있겠는가, 결혼식이라는 것 자체가 형식 아닌가.

난 은근히 별종이었던 것 같다. 사고를 칠만 할 땐 치지 않고, 시고를 쳐서는 안되는 때는 사고를 쳤으며, 당연히 관심을 가져야 하는 것에 관심을 갖지 않았고, 다른 이들이 인생의 가장 뒷전에, 혹은 일어나지 않을 환상으로 등급 매기는 것에 구체적으로 매달렸다.

그러나 세월은 여차여차 흐르고, 나는 자원봉사자로 남아메리카에 가는 대신 소박한 결혼식을 거쳐 한 남자의 아내로 세상을 떠돌게 됐다. 스스로 사냥꾼이라 자처하는 나보다 더 강력한 사냥꾼인 남편 휴고를 만난 탓이다. 네덜란드에서 영국으로, 영국에서 중국으로, 캐나다와 스위스와 아프리카도 기웃기웃하면서, 호주와 뉴질랜드엔 뭐가 있을까 궁금해 하면서…

그렇게 옮겨다니는 덕에 우리에겐 옷가지와 책 이외에는 변변한 소유물도 없었다. 네덜란드의 지인들은 우리가 대학생처럼 가난하다고 생각했고, 런던에서 알고 지낸 사람들은 변호사 부부가 왜 이렇게 소박한가 했다. 방 한 개짜리 작은 아파트를 빌려 살고 있던 상하이 시절에도 다른 나라 친구들이 와서 우리가 사는 모양을 보고는, 이렇게 살려고 상하이에 왔니, 싶은 표정을 지었다. 여차하면 가방을 꾸려 자리를 옮길 준비가 되어 있던 생활이었기 때문이다.

이제 상하이에 몸담고 지낸지 4년, 지금은 아무도 우리에게 그런 편견을 품지 못할 것이다. 4년이라는 긴 세월을 농부처럼 지냈기 때문이다. 그 동안 우리는 사냥꾼에서 농부로, 유럽인과 한국인에서 중국인과 무국적인으로 완전히 변해 버렸다. 많은 일이 우리에게 생겼고, 주위 사람들에게 생겼으며, 유럽과 아시아와 중동과 미국에 생겼다. 돌아보면 얼마 되지 않는 시간 같은데 사년이라는 세월은 많은 것들을 변화시켜 놓았다.

이제는 낯설지 않은 상하이 풍경을 접하며, 나는 내게 어울리지 않는 소유물들과 어느새 식구가 되어 밥을 함께 먹고 같은 방에서 잠을 자는 강아지 '우리'를 비롯해 늘어난 식구들에 도리어 어리둥절한다.

구겨진 첫 인상

첫인상이 중요한 건, 한 번 각인된 인상이 바위에 새겨진 형상처럼 단단하게 남아 두고두고 지워지지 않기 때문이다. 내 가슴에 새겨진 상하이의 첫 인상은 1999년 배낭여행으로 상하이를 찾았던 때 남았다.

보행자 쇼핑거리를 만들기 위해 뒤집어져 있던 먼지 풀풀 날리는 난징동루(南东路)를 찬란한 패션으로 활보하는 여인들. 주류는 브래지어와 팬티가 적나라하게 보이는 원피스 패션이다. 아줌마들이야 부끄러운 줄 모르고 그렇게 다닌다지만, 아가씨들까지 그러는 덴 입이 벌어진다. 게다가 팔이라도 들어올려 봐라. 가시덤불처럼 화악 일어나 눈을 쏘는 검은 겨드랑이 털… 한마디로 충격이었다. 민망한 시선이 허공을 더듬는다.

여자들만 그런가. 남자들은 젖꼭지가 보이는 데까지 셔츠를 걷어올려 붙이고 걷는다. 뭐 몸이라도 야성적인가 하면 그것도 아니면서. 가까이 가면 땀냄새가 진동해서 머리가 띵해질 지경이다. 거리를 온통 차지하며 우아한 팔자 걸음을 걷는 여자들과, 에어컨 바람을 쐬러 들어온 사람들로 미어터질 것 같은 맥도날드, 새로 개통되었음에도 어딘지 허전하고 빈티가 나는 전철역. 그때만 해도 상하이로 이사를 할 것인가 말 것인가로 고민을 하고 있었으니, 이런 곳에서 과연 내가 살 수 있을까 싶었다.

그래도 한 번 살아보자는 생각으로 짐을 싸들고 상하이에 온 건 2001년 초여름이었다. 비행기에서 잠을 잘 자지 못한 고단한 나의 눈에 들어온 상하이의 하늘은 회색이었고, 마음은 묵직했다. 한참 뒤집어져 있던 99년 여름의 난징루를 생각하면서, 나는 그 먼지 구덩이 속에 섞여 들어갈 인생을 걱정하고 있었는지도 모른다. 오랜 여행의 피로로 몸이 젖은 솜처럼 무거워서였는지 어쨌든 나는 상쾌한 아침의 분위기를 제대로 느낄 수 없었다. 상하이의 공기 자체가 탁했을 것이다. 딱히 구름이 있는 것도 아니면서 칙칙한 분위기에, 거리의 건물들마저도 무채색 일관이다. 지은 지 얼마 되지 않는다는 공항은 왜 벌써 칙칙해 보이는가.

공항건물을 나서 택시 정류장 사인을 따라 걸어가니 어설프게 줄을 선 사람들이 있었다. 뒤에 서서 기다리자니 우리 차례가 되었다. 택시 운전사는 외국인을 태우게 된 것이 큰 횡재라도 된다는 듯, 기쁜 미소를 띠고 '헬로우!' 소리쳤다. 택시기사가 영어까지 다 하는구나, 새삼 상하이가 세련되었다고 생각하려는데, 가방을 트렁크에 싣고 차 안에 들어앉자 기분이 달라졌다. 세월의 더께를 안아 원래는 무슨 색깔이었는지 알 수도 없게 얼룩덜룩한 시트. 이런 의자에 엉덩이를 대고 앉아야 하다니.

묵묵히 창 밖만 내다보았다. 한국을 처음 떠날 때는 의기양양했었는데, 그 의기는 언어의 장벽과 문화적 충격에 부딪칠 때마다 조금씩 사그라들어 이젠 새로운 풍광에 대한 호기심도 그렇게 큰 힘이 되어주지 못하는 것 같았다. 사람은 한계가 있는 것인지도 모른다. 도착하는 날부터 이렇게 힘이 나지 않는 걸 보니. 새마을 운동이 있기 전 한국에도 있었을 법한 시멘트 색깔의 알회벽 건물들. 네모 반듯하고, 도무지 디자인이나 멋이라는 건 전혀 염두에 두지 않은 것같은 건물들. 누추하게 드러나 도로변에 아무렇게나 방치된 쓰레기들, 나무들, 하천들…

그런 상념도 잠시, 자동차가 이상한 소리를 내며 덜덜거리기 시작했다. 커다란 돌이 온통 깔린 도로를 달리듯 갑자기 덜컹덜컹하더니 갔다 서다 하면서 멈추는 듯 싶더니, 다시 아무 일도 없었다는 듯 달리다가 곧 덜컹거리고 앞뒤로 흔들리고 하는 것을 반복한다. 웃음으로 우리를 맞이하고 신바람나게 운전을 하던 운전사는 혀를 차며 고개를 갸우뚱거리다가 갓길에 차를 세웠다. 그리고 본넷을 열고 안을 들여다 본다. 그러나 곧 별 거 발견하지 못했다는 듯 운전석으로 되돌아 왔다.

시동을 걸고 출발시키자 자동차는 힘겹게 다시 달리기 시작했다. 속도는 나는 것 같은데 어째 속이 빈 강정같은 이상한 기분이다. 아무래도 자동차에 힘이 들어가지 않는다. 차 안에 앉아서도 그런 걸 느낄 수 있다는 게 신기했다. 자동차가 오르막길로 접어든다 싶더니 갑자기 속도가 뚝 떨어진다. 그러더니 힘없이 서고 만다. 다른 자동차들이 쌩쌩 달리는 넓은 도로에서, 그것도 오르막길인 곳에서 서다니, 이럴 수도 있는가 기가 막혔다.

　운전사는 난처한 표정과 함께 화가 나는 듯 밖으로 나가 본
넷을 열어젖혔다. 그가 어떤 조처도 취하지 않아 미터기는 마구
돌아가고 있었고, 본넷 안에 손을 넣어 이것저것 만져보고 운전석
에 돌아와 시동을 다시 걸어보고 하더니, 드디어 시동 걸기에 성
공했다. 불안한 마음으로 앉아 있던 우리는 이제 숙소까지 차가
잘 달려주기만을 바랠 뿐이었다. 그러나 그때부터 자동차엔 속도
가 붙지 않는다. 시속 30킬로 정도로 겨우 가고 있을 뿐이었다.

　이래서 어떻게 시내까지 가느냐고 남편이 불평하기 시작했
다. 그러나 운전사는 건성으로 고개만 끄덕이며 차를 세우지는
않는다. 그러다가 차가 다시 삐르르 멈췄다. 이번엔 남편도 안되
겠다 싶었는지 지나가는 택시를 세웠다. 택시가 서자 우리 차의
기사는 대뜸 그 택시기사에게 소리를 질렀다. 뭐라고 하는지 알
아들을 수는 없었으나 고장난 택시의 기사는, 이 사람들은 자기
손님이고, 조금 있다 다시 출발할 건데 왜 서는 거냐며 되려 호통
을 치는 것 같았다. 우리를 위해 섰던 택시기사는 기분 더럽다는
듯이 그냥 떠나고 말았다.

　저거 타고 갈 건데 왜 보냈느냐고, 이번엔 남편이 소리를 질
렀다. 운전사는 태연한 얼굴로 다 고쳐졌으니 들어가 앉으라고
말했다. 어쩔 수 없이 우리는 마지막 희망을 안고 다시 뒷자리에
앉았다. 그러나 차는 역시 속력을 내지 못하고, 정말로 화가 나기
시작한 것은 남편이었다. 당신이 우리 시간을 뺏고 있다, 이렇게
달리다가 언제 목적지에 도착하겠느냐, 차 고친다며 미터기도 그

냥 놔두고 시간을 보내느라 미터기는 미터기대로 올라가 벌써 택시비가 130위안이 넘었다, 등등.

택시기사가 이번엔 수그러든다. 알았다며 택시 잡기 쉬운 곳에 세워주겠다고 하더니, 옆으로 지나가는 택시를 하나 잡아 세워준다. 화가 단단히 난 남편은 택시비를 고스란히 다 주지 못하겠으니 20위안을 제하겠다고 했다. 그러나 택시기사는 질겁을 하며, 그럴 수는 없다며 트렁크 뚜껑에 몸을 기대고 서서, 그러면 가방을 안주겠다고 한다.

남편은 중국어를 조금 할 줄 알았다. 그러나 그다지 훌륭한 편은 못되었고, 그걸 아는 택시기사는 줄창 중국인처럼 생긴 내 얼굴을 쳐다보며 말을 했다. 그는 내게 중국어로 하소연하듯, 화내듯 말을 뱉았다. 답답해진 내가 "나는 중국어를 못한다!"고 영어로 했는데도, 들은체 만체 오히려 나를 중국어를 못하는 척 하는 외국에서 살다온 쓸개없는 여자로 취급했다. 이제 중국어 못하는 척 그만 하고 제 색깔을 찾으라는 듯.

결국 택시비를 다 주고서야 다른 택시로 옮겨탈 수 있었지만, 상하이 도착 첫날의 경험치고는 그다지 즐겁지 않은 경험이었다. 후에 알게 된 일이지만, 택시는 종종 중국인들에게도 바가지 씌우는 평판이 좋지 않은 교통수단이었다. 그 지역 사람이 아니어서 길을 잘 모르는 것 같으면 으레 가까운 길을 두고 먼 길을 돌아다닌다니, 정신 바짝 차려야 할 일이었다.

택시를 자연스럽게 타고 다니기까지는 많은 시행착오를 겪었는데, 알아두면 좋은 것은, 중국에서는 가고자 하는 지점의 가까운 도로 교차점을 말해야 한다는 것. 예를 들어 '행샨루, 우루무치루'라고 말하면, 행샨길과 우루무치길이 만나는 교차점으로 가게 되고, 거기에서 교차로를 지나느냐 안 지나느냐 지시해 서면 된다. 또 그들은 영어를 하지 못하므로 중국어로 쓰인 주소를 보여주면 도움이 되고, 중요한 것은 영어 이름이 있다 해도 반드시 중국어 호칭을 가르쳐 줘야 한다는 것이다. 예를 들어 영어로 '번드'라고 불리는 '외탄'은 중국어 '와이탄(外灘)'이므로 반드시 '와이탄'이라고 말해야 그곳으로 가게 되고, 힐튼 호텔이나 오꾸라 호텔, 피스 호텔 같은 호텔들도 시알톤, 화유엔 판디엔, 허핑 판디엔 등 중국식 이름이 있으므로 그렇게 말해 주어야 그곳으로 갈 수 있다.

상하이 택시는 기본요금이 10위안이고, 3킬로미터 당 2위안이 올라간다. 그리고 10킬로미터 이후부터는 3킬로미터 당 3위안이 올라간다. 시간으로는, 전체 주행시간 중 5분마다 2위안의 요금이 추가된다. 밤 11시부터는 야간요금이 적용되며, 기본요금 13위안, 3킬로미터 당 2.6위안, 10킬로미터 이후부터는 3킬로미터 당 3.9위안이 올라간다. 택시는 반드시 미터기를 사용하도록 되어 있다. 한국처럼 중국에서는 합승하는 일이 없으며, 큰 짐을 실었다고 돈을 더 내거나 하지 않는다. 상하이에서는 택시요금도 영수증이 발급되므로 항상 받아두는 게 좋다. 탑승시간과 거리, 요금, 택시회사 이름, 자동차 번호가 명시되어 있으므로 혹시 물건을 놓고 내리는 경우 나중에 추적해 찾을 수가 있고, 불만사항이 있으면 회사에 전화해도 된다.

길 건너편 삼만리

산다는 건 익숙해지는 것이라고 나는 생각한다. 빨간등일 때 서고, 파란등일 때 조심스레 길을 건너는 거라고 배웠고, 그렇게 살아왔다. 빨간등일 땐 내가 서야 했고, 파란등일 땐 당연히 차들이 서야 했다. 거기엔 질서가 있었고, 규칙이 있었고, 그래서 신뢰가 있었다. 그 규칙을 깨는 사람들이야 어차피 주류가 아니니 그냥 무시하면 됐고, 그들은 규칙을 어겨도 상식이 벗어나지 않는 선에서 어겼다.

그러나 상하이에서 접하게 된 교통질서라는 것은 아예 규칙이 없는 듯했다. 그걸 지키는 주류라든가, 그걸 어기는 비주류같은 구분도 없이 무작정 자기 갈길을 아무 생각없이 가는, 그것이 '교통질서' 였다.

한국에서는 우회전하는 차만이 비교적 자유롭게 회전을 할 수 있다. 곧 직진이나 좌회전하는 차들은 반드시 신호를 받아서만 가도록 되어 있는 것이다. 그러나 상하이에서는 직진, 좌회전

차량이 함께 움직인다. 파란등이 들어오면 좌회전 차들이 직진하는 차 틈에 끼어 있다가 반대편 직진 차가 뜸해질 때 눈치 봐서 좌회전을 하는 것이다. 그러나 눈치 봐서 좌회전이지, 직진 차들도 줄줄이 늘어서 있어 간신히 직진하는 상황에 그런 줄을 끊고 좌회전을 하기란 거의 불가능한 것처럼 보인다.

그렇지만 역시 산다는 건 익숙해지는 것이다. 그러한 상황에 익숙하지 않다면 중국 사람이 아니다. 도저히 줄을 끊을 틈이 없어 보이는 데도 좌회전 차들은 직진 차의 범퍼를 받을 때까지 밀어부치고 본다. 그러면 그 차를 피해 직진 차중 하나가 밀릴 때까지 밀려 속도를 늦출 즈음, 좌회전하려고 머리를 들이민 차는 재빠르게 좌회전을 한다. 그러다보면 신호등은 어느새 빨간색으로 바뀌고, 사거리 한가운데의 엉킨 차들이 빠져나갈 때까지 다른 방향의 직진 차들은 가지를 못하게 된다. 경찰이 와 수신호를 해야 간신히 사거리는 정리가 된다.

자동차뿐만이 아니다. 자전거와 오토바이들은 또 어떠한가. 아무데서나 거리를 가르고, 심지어 도로 한가운데를 천천히 달리며 자동차의 앞을 가로막기도 하고, 반대편에서 마구 달려 오기도 한다. 심지어 그들은 인도 위도 마구 달려 보행자들이 마음 놓고 걸을 수도 없다.

그렇다면 보행자들은 무조건 피해자인가. 그들 역시 무법자이기는 마찬가지다. 멀쩡한 인도를 놔두고 굳이 차도로 내려와 걷는 사람들, 주위를 두리번거리느라 자동차가 옆에 와 있는지도 모르는 사람들, 횡단보도도 없는 곳을 자기네 집 마당마냥 태연하게

●● 도로 한 켠에 주차되어 있는 자전거들. 상하이엔 자전거 타는 사람들이 많다.

●● 상하이의 전동버스. 공기 오염 방지엔 전동차가 좋다는데…

팔을 휘저으며 건너는 사람들. 그들에겐 자동차에 대한 두려움도, 문명이 가지고 온 생활의 변화도 별 의미가 없는 듯 보인다.

내가 두려웠던 건, 안전이 보장되지 않은 세상이었다. 내가 지키면 역시 나를 지켜줄 그런 장막이라는 게 없다는 것. 모든 것이 나의 상식과는 맞아 떨어지지 않게 움직여지는 그런 것들, 그걸 너무나 당연하게 받아들이고 감수하며, 때로는 어기며 사는 사람들. 거기에 익숙해지는 데는 무수히 많은 날들이 필요했다.

집 밖을 나가고 싶지 않았던 건 단번에 벙어리와 귀머거리가 되어버리는 언어장벽보다도 본능으로 지킬 수 있는 것을 지킬 수 없는 것에 대한 원초적인 두려움, 길을 건너야 한다는 것이었다. 수퍼마켓엘 가자 해도 길은 작으나마 건너야 했고, 그 작은 길을 건너는 것조차도 내겐 고역이었다.

여기저기서 찌르릉거리며 나타나는 인도 위의 자전거도 자전거였지만, 길을 건너려 차도로 내려서는 순간부터 가슴은 심하게 콩닥거리기 시작한다. 사방에서 달려드는 자동차와 벌떼처럼 몰려오는 자전거, 오토바이들에 눈이 가물가물해진다. 존재하긴 하나 명색이 무실한 신호등.

파란등이 들어오면 차도로 내려선다. 그러나 왼쪽에서 우회전을 해 들어오는 차들이 끊임없으니 먼저 왼쪽을 살펴야 한다. 행여라도 차가 있으면 차에게 길을 먼저 내줘야지, 파란등이니까 안심하고 건너다간 속도를 줄이지 않고 달려오는 자동차에 뻐엉 치여 병원에 가야 한다.

왼쪽에서 오는 차가 뜸한 틈을 타 발을 내딛다보면, 신호등이 바뀌는 데도 사거리에 진입해 이제서야 이쪽 도로로 접어드는 자전거들을 조심해야 한다. 그들 역시 속도를 줄여주지 않으므로 부딪치면 나만 손해이다. 게다가 직진 신호가 들어왔으니 좌회전 하는 차들이 역시 파란등이 들어와 있는 이쪽 횡단보도와 만나게 되는데, 직진 차들을 뚫고 어렵게 들어왔으니 횡단보도 등이 파란색이라 해서 멈춰 서지는 않는다. 그러니 이 차들도 보행자가 잘 피해야 할밖에.

드디어 노란 선에 도착. 일단 직진 차들이 멈춰야 하므로 몇 걸음은 안전하게 걸을 수 있다. 그러나 반대편 인도에 다다르는 순간 우회전 차들과 만나게 된다. 역시 보행자를 위해 양보하지 않으니 스스로 살펴야 한다. 그러다보면 반대편에서 달려오는 자전거, 우회전을 하려는 자전거가 있다. 결국 횡단보도를 건너는 동안 보행자는 고개를 왼쪽 오른쪽으로 수시로 돌리고, 눈동자역시 여기저기를 이구아나처럼 동시에 살펴야 한다.

교통사고도 무수히 봤다. 하루에 두 건의 교통사고를 목격하는 때도 있었다. 고속도로가 아니므로 큰 사고는 아니지만, 사고가 나면 골치가 아파지게 마련이다. 자동차들은 상대방이 멈추려니 그냥 밀고 가고, 자전거는 자전거대로 자동차가 속도를 줄이겠지 그냥 달려간다.

브레이크도 없는 것 같고, 있다 해도 그걸 사용하는 건 무슨 명예라도 잃는 양 생각하는 것 같다. 앞차가 멈추는데 그냥 달려가 푹 박히는 자동차·자전거들도 보았고, 옆 차선을 살피지 않고 그냥 들어가다가, 또는 앞을 밀고 들어와 차선을 바꾸는 차를 보고도 그냥 돌진해 일으켜지는 접촉사고도 많이 보았다. 파란등으로 직진하는 자동차들을 횡으로 끊으며 달리다가 자동차에 치여 나가 떨어지는 자전거 탄 사람도 보았다.

한 번은 내가 타고 있던 택시가 오토바이를 치었다. 사거리 한가운데서 택시는 서고, 사람들이 모여들고, 경찰차가 오고… 택시기사는 손님인 나는 안중에도 없다. 미터기는 계속 돌아가고… 그의 난감한 상황을 생각해서 나는 택시에서 내려 약간의 돈을 지불하고 그 자리를 빠져 나왔다. 원래 중국 사람들은 그런 경우는 돈을 내지 않는지, 불만을 터뜨리기는 커녕 자진해서 약간의 요금을 내고 가는 내게 고마운 표정을 지었다.

속도를 늦추지 않고 택시 곁을 지나가려던 자전거는 그의 계산과는 다르게 택시의 속도와 힘을 이기지 못하고 텅 소리를 내며 부딪친다. 그 소리가 무지하게 커서 내 가슴이 다 벌떡거리는데도, 자전거를 탄 사람과 택시 운전기사는 그다지 놀라는 것 같지도 않다. 택시기사는 무표정한 얼굴로 네 몸 네가 알아서 지켜야지 멍청하게 차에 부딪치냐는 눈으로 자전거 탄 사람을 쳐다보고, 자전거를 탄 사람은 자전거도 찌그러지지 않았고, 그다지 아픈 곳도 없는지 불만스런 표정으로 택시기사에게 주의를 줄 뿐 그냥 페달을 밟고 제 갈길을 간다.

그것으로 그만이다. 가끔 난, 중국 사람들의 몸은 단단한 껍데기에 싸여 있는 게 아닐까 하는 생각을 한다. 홍콩 영화에서 보던 무술인의 기질이 모두에게 있는 것인지도 모른다.

상하이엔 점점 차가 많아진다. 중국이 WTO에 가입한 이후 자동차는 일반인들도 넘볼 수 있는 소유물이 되었는데, 그래서인지 출퇴근 시간에만 있던 교통체증이 이제는 하루종일이고, 따라서 교통사고도 증가하고 있다. 2003년만 해도 8월까지 상하이의 교통사고는 36,076건이었는데, 이는 그 전해의 같은 기간에 비해 17% 증가한 것이었다. 871명 사망에 7,691명 부상. 신고를 하지 않은 사람들까지 따지면 엄청나게 많은 숫자일 것이다.

2천만 인구가 사는 상하이에서 1천 명 정도 죽는 거야 별일 아닐지 모르지만, 상하이의 교통체계에 익숙하지 않은 사람에게는 참으로 위협적인 수치가 아닐 수 없다.

그러나 나는 이제 넓은 길 좁은 길 상관없이 아무데서나 길을 건널 수 있고, 한국이나 네덜란드에서 친구들이 오면 그들의 바들거리는 팔을 꾸욱 잡고 씩씩하게 안내한다. 사방팔방에서 다가오는 자동차와 자전거, 오토바이들의 속도를 아슬아슬하게 계산하고 피해 가면서.

옆 친구는 초겨울 서리에 떠는 토끼마냥 걸음도 못 떼고 바들거리지만, 나는 노란선 한가운데 서서도 당당하다. 최근엔 자전거도 샀는데, 잘못 타면 다른 사람의 눈총을 받거나 한마디 듣는 네덜란드보다도 오히려 아무도 규칙을 지키지 않는 이곳에서 자전거 타기가 더 수월하다니 우습지 않은가. 산다는 건 익숙해지는 것이다.

엽기 수퍼마켓

　어디로 이사를 가든, 가장 중요한 건 먹을 걸 어디에서 구할 수 있느냐의 문제이다. 레스토랑에서 밥을 사먹을 수도 있겠지만, 정말로 생활이 시작되는 건 집에서 밥을 해먹기로 작정하는 때이다.

　상하이로 오기 전 나는 좀 잔인한 조건을 내걸었던 것 같다. 분명 상하이는 남편의 목적지였으니, 그곳에 따라가는 대신 내 삶은 내가 원하는 대로 하겠다는 식이었다. 상하이에 가면 밥도 하지 않을 거고, 청소도 하지 않을 거고, 직장에 다니지도 않겠다, 뭐 그런 것이다. 그렇다면 뭘 하겠다는 거였는지… 그건 몇 년의 세월이 지난 지금도 분명하지 않다. 분명 난 뭔가를 하고 싶긴 했다. 그런데 그게 굼뜬 나의 감성 때문인지, 모자라는 능력 때문인지 아직도 제대로 이루어지지 않았고, 다만 상하이에 온 초기는 내가 세운 조건 때문에 하는 일 없이 집에서 어영부영 뒹구는 날들만이 계속되었던 것 같다.

먹고 싶은 음식을 음식 코너에서 사서 테이블에 펼쳐놓고 먹을 수 있는 따시다이(大食代, 푸드코트)에서 점심과 저녁을 먹었고, 맥도날드에서 별식을 즐겼으며, 레스토랑에서 주간 행사를 하다시피 했다.

그러나 그것도 잠시. 역시 사람은 집이 있어야 하고, 집에서 밥을 먹어야 하는 것이다. 끼니 때마다 옷 주워 입고 밖에 나가 밥먹고 돌아오는 것도 매일같이 반복되면 고역이 된다. 그래서… 밥을 해먹기로 했다. 그런데 문제는 집에 커피 마실 잔과 빵을 받쳐 먹을 접시 이외에 아무 것도 없다는 사실. 밥을 하기 위해선 쌀도 있어야 하고, 밥통도 있어야 하고, 후라이팬도 있어야 하고, 주걱도, 국그릇도, 소금과 간장과 후추와 설탕 등등의 조미료도 있어야 하는 건데… 모든 것들을 사자니 막막했다. 일단은 몇 달 살아보자고 온 것인데, 훗날 다시 유럽으로 돌아가게 된다면 그 많은 살림들을 또 어떻게 할 것인가.

그러나 필요한 건 필요한 것. 나는 아파트 지하에 있는 차오시(超市, 수퍼마켓)에서 살림을 양 팔에 옮길 수 있는 만큼씩만 사다가 날랐다. 고등학교 때 한자에 능통하던, 중문학과를 간 친구 은정이만큼은 아니지만, 그래도 중고등학교 다닐 때 한문 실력이 괜찮았는데 수퍼마켓에 진열된 상품들의 한자 이름은 쉽게 눈에 들어오지 않는다. 물건을 구분하는 것은 적당히 외모로 보아서이다.

간장, 기름, 설탕, 쌀, 쇠고기, 두부 등 이것저것 요리에 필요하다 싶은 것들을 감각으로 사가지고 올라왔는데, 막상 밥을 지

어 먹으려니 반찬에 들어갈 소금이 없는 것이었다. 다시 수퍼마
켓으로 내려갔다.

옷가지들과 가전제품이 있는 곳, 신발과 가방들이 있는 곳을
지나 아래층으로 내려갔다. 음식 관련 물품들이 있는 곳이다. 인
절미와 중국식 케이크가 빵들과 함께 진열되어 있고, 그 옆엔 북
쪽지방에서 많이 먹는 만두와 국수, 전병류가 요리되어 팔리고
있다. 광동지방의 구이류도 식탁에 올리기 편하게 준비되어 판매
되고 있다. 죽순을 이용해 만든 밑반찬과 고사리 나물, 두부를 이
용한 밑반찬들과 땅콩, 돼지족발 등을 지나면 생것들의 코너가
나온다.

얼음 위에 누워 있는 생선들, 수족관에서 헤엄치고 있는 커
다란 민물고기들과 온갖 종류의 새우들과 가재, 그리고 거북이,
자라… 커다란 황소 개구리들이 뚜껑 없는 수족관 안에 들어앉아
눈을 껌벅이고 있고, 그 옆엔 배가 십자로 갈려 다듬어진 거북이
와 사지를 발기발기 찢긴 채 파헤쳐져 있는 개구리들이 배를 하
늘로 향한 채 포장되어 있다. 아무리 잘 봐주려고 해도 봐주기 힘
든 수퍼마켓 풍경이다. 생선이나 고기를 각을 떠 포장한 건 봤어
도 거북이나 개구리가 그렇게 돼있는 건 좀 보기가 민망하다. 우
리나라 수퍼마켓의 생선 코너와 다르게 냄새도 더 고약한 건 왜
인가.

다음으로 건어물이 진열된 곳이 나오고, 온갖 건조식품들이
널려진 곳이 나오더니 드디어 조미료 코너다. 밀가루, 튀김가루,
전분, 미원… ? 이상하다. 밀가루, 튀김가루, 전분, 미원… 그리고

설탕과 차, 커피…? 분명 이곳 어딘가에 있어야 할 것 같은데, 왜 소금은 안 보인단 말인가.

국수와 라면과 분유가 있는 곳을 지나 가니 수프와 소스 종류가 가득하다. 소금은 어디에도 없다. 분명 봉지 속에 들은 하얀 가루라면 척 보면 알아볼 수 있어야 하는 건데… 고개를 갸우뚱거리며 다시 가루식품이 있는 곳으로 간다. 밀가루, 튀김가루, 전분, 미원… 으아! 소금 주세요, 소금!

직원에게 뭐라고 물어야 할지 알 수가 없었다. 음식을 만드는데 넣는 짠 거라고 말해? 짠 거라는 말은 또 어떻게 하는 거야? 스스로 생각해도 한심했다. 집으로 돌아와 사전을 찾아보고 다시 가는 수밖에 없었다. 머리가 아프니 중국어는 안배우겠다고 결심을 했다해도, 먹고 살기 위해선 중국어를 배워야겠구나 하는 순간이었다.

그렇게 감각으로 찾으려 할 땐 보이지 않던 소금. 종이에 이엔(盐)이라고 적어 보여주니 금방 찾을 수 있었다. 미원 바로 아래 칸에 있었던 것을… 나는 그때 장님이었단 말인가?

상하이 수퍼마켓의 특징은, 냄새가 나는 곳일수록 사람들이 많이 모여 있다는 것이다. 생선 코너와 살아 있는 거북이, 개구리와 뱀들을 뒤집어 다듬어 놓은 것들이 있는 곳엔 유난히 더 사람들이 웅성거렸고, 소시지 코너, 두부 코너, 특히 초우또푸(臭豆腐, 냄새나는 두부)가 있는 곳은 더 줄이 길었다.

김치 대용으로 빨간 양념 반찬들을 사던 때였다. 빨간 양념으로 버무려진 깍두기 모양의 두부를 보고 덜커덕 샀다. 그러나

●●● 산채로 포장되어 팔리기를 기다리고 있는 수퍼마켓의 거북이들

뚜껑을 여는 순간, 나는 커다란 실수를 했음을 깨달았다. 그것은
바로 초우또푸였던 것이다. 머리카락이 찌리리 설 정도의 냄새에
도 불구하고, 이왕 산 건데 한 번 눈감고 먹어보자고 용기내어 하
나를 입에 넣고 우물거리다 결국은 삼키지 못하고 뱉어버렸다.
이렇게 역겨운 것도 사람 먹으라고 만들어 놓은 것인지. 그래도
거리의 초우또푸를 파는 리어커 앞엔 늘 사람들이 서서 출출한
배를 달랜다.

　원래는 중국식 동네 수퍼마켓이던 것이 뚝딱거리며 실내장
식을 과감히 바꾸더니 경영팀마저 바뀌어 최근에는 현대식 수퍼
마켓이 되었다. 이제는 된장도 고추장도 살 수 있고, 김치도 살

수 있게 되었다. 일본 음식 코너와 더불어 한국 음식 코너도 들어 섰기 때문이다.

뿐만 아니라 온갖 가전제품도 판다. 불량품이 있으면 따지지 않고 바꾸어 주기도 잘 한다. 정수기를 샀을 때, 더운물 튜브에 먼저 물이 다 들어가도록 한 후 전기코드를 꽂으라고 설명서에 되어 있는 것을 모르고 우리는 그냥 빈 정수기를 전기코드에 꽂았다가 더운물 튜브를 태워버리고 말았다. 설명서가 중국어로 되어 있어 그걸 읽지 못한 우리가 일부러 저지른 실수는 아니었지만, 그걸 상자에 다시 넣어 수퍼마켓으로 가지고 갔다.

외국인인데다 중국말도 잘 못하는 것을 보고 그들은 아무 말 없이 제품을 바꿔 주었다. 엽기적이지만 동시에 인간적인 수퍼마켓이다.

어떤 중국어를 배워야 하나?

나는 홍콩영화를 보며 십대 후반기를 보냈다. 〈천녀유혼〉을 비롯해서 〈영웅본색〉이니 〈영웅호걸〉, 〈영웅지존〉 등 '영웅'이라는 단어가 들어간 영화들을 밥먹듯 섭렵했으며, 장국영과 유덕화, 장만옥, 성룡 등을 이웃집 언니 오빠인 듯 친근하게 느끼며 살았다.

그때는 중국이 개방을 하지 않은 상황였던 데다 중국 관련 문화는 무조건 홍콩에서 들어오다시피 했으니 홍콩은 내게 중국을 대표하는 나라나 마찬가지였다. 어렴풋이 이상하다 느낀 게 있다면, 어떤 영화에서는 유난히 콧소리가 섞인 고음으로 끄는 소리가 많이 들어가는 중국어를 사용한다는 것 뿐이었다.

상하이 사람들의 중국어는 또 다른 색으로 다가왔다. 말투가 이상했다. '쳐' 소리가 많이 들어가기도 하고, 침튀기는 소리에, 무례하게 끝나는 듯한 발음 투성이었다. 까막귀인 나에게 익숙하게 들리는 중국어도 아니고, 끝이 이상하게 올라가는 그 홍콩 영화의 언어도 아니었다. 오래 지나지 않아 그게 지역어 상하이화(上海活)라는 걸 알았다. 발음이 우리가 알고 있는 중국어와는 완전히 딴판이다.

그러고보니 홍콩 영화에서 끝이 유난히 리듬을 타고 올라가던 언어는 홍콩에서 쓰이는 광동화(广东活)였던 것이다. 그러다가 나는 알게 되었다. 중국어에는 무수한 방언들이 존재한다는 것을, 게다가 그 방언들이 서로 통용되지 않는다는 것을.

신장과 티벳을 비롯한 자치정부 지역을 제외하고라도, 그리고 55개에 이른다는 소수민족들의 언어는 또 그렇다 치더라도, 한족들이 쓰는 중국어에만도 무수한 방언이 있으니, 광동 지방에서는 광동화가 쓰이고, 허난 지방에서는 허난화가 쓰이며, 쓰촨 지방에서는 쓰촨화가 쓰인다는 것이나. 상하이 인근 지역만 해도 장쑤에서 쓰이는 방언과 쩌장에서 쓰이는 방언, 심지어는 푸시와 푸동에서 쓰이는 방언이 다르다니 완전히 요지경이다.

그러면 도대체 어떤 언어를 배워야 한단 말인가? 언어 문제는 중국에서도 일찌감치 골치거리였었다. 거대 국가를 통치하기 위해 통일된 언어가 필요했으니, 그것이 표준어인 푸동화(普通活)이다. 푸동화는 베이징을 비롯한 북쪽 지방에서 쓰이는 언어로, 중국 정부는 이 언어를 표준어로 잡고 어느 지방에서든 학교에서는 이 언어를 사용하도록 했다. 그러니 외국인이 배우는 중국어도 푸동화인 것이다.

일단 홍콩어부터 시작해 보자. 홍콩어는 중국의 남부지방인 광동 지방의 말, 즉 광동화에 속한다. 중국 본토의 광동화와 홍콩에서 발달된 홍콩어 사이에는 차이가 있으나, 기본적으로는 같은 언어권에 속한다. 홍콩 영화에서 보면, 홍콩어는 유난히 끝이 노래처럼 올라가면서 말을 끝내지 않고 길게 여운을 남긴다. 한편으론 늘 부산한 중국 시장의 분위기가 연상되는 언어이기도 하다. 닭 대여섯 마리를 한꺼번에 운반하는 사람, 자전거를 타고 시장길을 가는 사람, 후루룩 소리를 내며 국수를 먹고 있는 사람, 야채들을 잔뜩 쌓아놓고 있는 사람, 마른 생선에 성가시게 달라붙는 파리를 쫓는 상인 등, 이 모든 장면은 내 기억에 꽂혀있는 홍콩의 모습이면서 진짜 중국의 모습이다.

대만에서는 푸동화도 쓰이지만 민난화가 쓰이는데, 이 언어는 중국 본토의 푸지엔에서 사용되는 언어이다. 산동 지방은 좀더 남성적인 언어가 쓰인다고 보면 될 것 같다. 산동 남자들은 술마시기를 좋아하고 영웅인 척 하는 분위기가 있는데, 한반도에 가장 가까워서인지 우리나라 남자들과 분위기가 비슷한 것 같다.

반면 상하이는 부드럽고 계산적인 남자들이 많기로 유명하다. 남자들이 돈에 눈이 밝으면서 여자 앞에서 제대로 길 줄 안다는 얘기다. 여자 입장에서 보자면 사랑스러운 남자들의 세상이라고 하면 될까. 그런데 상하이말은 매우 귀에 거슬린다. 얼핏 들으면 한국말 비슷한 것 같기도 하면서 일본어 같기도 한데, 거친 소리와 혀짧은 소리가 많이 섞여 있다. 문장도 푸동화에 비하면 훨씬 짧다. 예를 들면 이렇다.

'니하오'는 짧게 '농호'가 된다. 이리 오라는 뜻의 '니꾸워라이'는 '농꿀래'가 되고, '베이징'은 '보칭', 한국의 김치를 뜻

●● '이렇게라도 잠을 청해보자' 피곤을 달래는 홍콩식 낮잠즐기기

●● 구룡반도와 홍콩섬을 잇는 스타페리. 멀리 홍콩에서 가장 높은 빌딩 파이넨셜센터가 보인다.

하는 '파오챠이'는 '포채'가 된다. 그리고 기본적으로 상하이화에는 핀인 sh, zh 등 h로 구분되는 '알'(혀를 꼬부려서 내는) 발음이 없다. 그래서 상하이라는 이름도 푸동화로 발음하면 '샹하이'가 되겠지만, 상하이에선 밋밋하게 그냥 '쌍하이'가 되는 것이며, 같은 푸동화로 해도 '시디엔'(열시)은 상하이 사람들에 의해서 '쓰디엔'이 되고, 얼마냐는 뜻의 '두오샤오치엔'은 '두오싸오치엔'이 된다.

한번은 택시를 타고 '화샨루'에 가자고 했다. 택시기사는 우리의 발음이 어딘지 덜 떨어지게 들렸는지 정정을 해 주는데 '화싼루'라고 발음한다. 고집이 센 휴고는 '화샨루'(성조가 틀렸을 가능성이 많으나 '알' 발음 강조)라고 자꾸만 반복했고, 택시기사는 웃으며 '화싼루'('알' 발음은 꽝이나 성조를 강조)라고 자꾸만 정정하다 두 사람 다 얼굴색이 변하며 삐치는 일이 발생했었다. 엄마 게가 옆으로 걸으며 아이 게에게 똑바로 걸으라고 호통치는 거나 마찬가지 아닌가.

리본을 사러 렌민루(人民路)에 가던 날은 더 기가 막혔다. 내가 렌민루, 장시루에 가자니까, '뭐? 셴머루(무슨 길)?' 하고 자꾸 물었다. 내가 '렌민루', '런민루'(발음을 조금 변형시키면 알아듣는 때도 있다), '런민광장'의 그 길, 이렇게 말하자 택시기사는 '성민광장이야 알지', '그러니까 성민루에 가잔 말이지'라고 했다. 더 이상 참다못해 종이에 '人民路'라고 썼다. 종이를 보더니 택시기사는 '거봐, 성민루 맞잖아!' 하고 소리를 질렀다. '(성민루도 못 알아듣는 한심한) 너네들 어느 지방에서 왔어?' 물으며.

상하이화였다.

특히 '맞지!' 라고 다짐을 할 때의 '뚜에이바'는 상하이에서 '뜨발라아~'이다. 그것도 목청을 높여서 주위 사람들의 귀청이 땅땅 울리도록 큰 소리로, 눈을 부릅뜨면서 하는 말이다. 이 말 여러 번 듣다보면 얼른 그 사람 말이 맞다고 동의를 해버리는 게 속편할 것 같을 정도다.

상하이에서 산 아파트에 입주했을 때, 시공회사가 약속했던 실내장식이 아직 끝나지 않았었다. 계약대로라면 이미 끝나 있어야 한다. 그런 상태라면 이사를 미룰 수도 있었으나, 다른 집에 살면서 가끔 얼굴만 내밀면 아무 것도 진행되지 않을 거란 생각에 그냥 밀고 들어왔던 것이다.

완성되지 않은 집에서 사는 건 아무나 할 수 있는 일이 아니었다. 매일 드나드는 일꾼들에게 매번 문을 열어줘야 했다. 한가지 위로가 되는 게 있다면, 욕실 천장을 붙이고, 보일러를 설치하고, 싱크대를 조립하고, 벽장을 꾸미는 일꾼 중의 하나가 이병헌을 닮았다는 것이었다. 그를 쳐다보면 한국과 관련한 여러가지 일들이 연상되어서 행복했다. 잘 생긴 남자를 쳐다본다는 것만으로도 얼마든지 스트레스가 해소될 수 있는 일이었다. 어느 날, 이병헌을 닮은 일꾼이 미소를 지으며 내게 물었다.

"샤오지에(小姐, 아가씨), 셴머디팡(什么地方, 어느 지방)에서 왔어?"

"옹? ㅎㅎㅎ 한국…"

"우와~ 그렇구나. 남편은?"

"헐란(荷兰, 네덜란드)."

"그럼 둘이 사용하는 언어가 징뉘야?"

"엉?"

"둘이 하는 말이 징뉘야?"

징뉘? 그게 무슨 말일까 곰곰히 생각하다가 알아차린다. 영어라는 것을.

"아~ 잉위(英语)~ 응."

"야, 쩐빵(진짜 멋지다)이다."

이병헌이 씨익 웃으며 엄지 손가락을 들어보인다.

"당신은 어디에서 왔는데?"

"나? 안페이."

"엉? 어디?"

"안페이."

다시 곰곰… 생각… 어디일까 안페이가. 알아차린다. 안훼이
(安徽)라는 것을.

"아~ 안훼이~."

이병헌이 흐뭇한 표정으로 고개를 끄덕거린다.

대화가 어려웠다. 그가 진짜 이병헌이라도 되는 것처럼 조금은 떨리는 마음으로 멋진 대화를 하고 싶었으나, 그의 발음을 알아차리지 못해 조금 헤맸다. 안훼이 발음 때문이었을까, 그건 아직도 알 수가 없다.

푸동화로 돌아가서… 푸동화가 베이징을 중심으로 사용되는 언어이지만, 서울말이 따로 있듯이 베이징에도 베이징 말이 있

다. 베이징에선 유난히 '알' 발음을 많이 사용한다. 그래서 '내일 보자' 라는 뜻의 '밍티엔지엔(明天見)' 은 '밍티엔지알' 이 되고, '조금' 이라는 뜻의 '이디엔(一点)' 은 '이디알' 이, '그러지' 라는 뜻의 '씽' 은 '쌍' 이 된다.

중국에서는 표준어를 엄격하게 유지하기 위해 베이징시 공무원들에게 푸동화 시험을 치르게 하고 있다. 공무원들은 표준어 실력이 3급갑 수준에 달해야 한다고 한다.

국가어언위원회 관계자는 "푸동화는 북방지역의 언어를 기초로 하기 때문에 북방사람들은 대부분 기준에 도달해 있다"며 "광동, 푸지엔 등 남방 사투리가 심한 지역은 훈련을 해야만 일정 수준에 이르른다"고 강조했다.

중국 정부는 표준이를 강조하는 섯뿐 아니라 중국어를 영어와 쌍벽을 이루는 국제어로 키우기 위해 노력하고 있는데, 중국어 세계화 전략을 책임지는 '국가대외중국어교육 영도소조(領導少組)'를 신설하고 중국어를 배우는 외국인을 5년 안에 1억 명으로 늘린다는 계획을 세웠다고 했다. 중국어는 13억의 중국인이 사용해 세계에서 가장 많이 사용되는 언어이며, 현재 중국어를 배우는 외국인은 1백여개 국 2천 3백 개 대학의 3천만 명으로 추산되고 있다.

나는 중국어를 중국에 오고 나서야 배우기 시작했다. 개인교사를 일주일에 한 번씩 불러다가 겨우겨우 공부했지만, 그나마 여행을 하거나 바쁠 때는 건너뛰었고, 숙제라는 건 전혀 하지 않았다.

중국의 방언 예

	푸동화(표준어)	상하이화	티엔딘화	허난화	광동화
안녕하세요	니하오	농호	니하오	니하오	레이호우
식사하셨나요	츠러메이요우	농웨처꾸와	츠러마	츠미얼	레이쌕죠우판(f)메이
먹었어요	츠구어러	처꿀러	츠구얼러	츠구얼러	오쌕우러
안 먹었어요	메이츠구어	오애마처꾸	메이츠구어	메이츠구어	오종메이쌕판(f)
감사합니다	씨에시에	쌰쟈	씨에시에	씨에시에	음고이
미안합니다	뚜에부치	뚜에와(v)치	뚜에부치	뚜에부치	또위음줘
안녕(바이바이)	짜이지엔	쨔웨이	짜이지엔	짜이지엔	죠이딘
이거 얼마예요	쯔거 두오샤오치엔	거거 지디야	푸동화와 동일	푸동화와 동일	게이 또친
돈	치엔	차오퍄오	치엔	치엔	친
너 이리와	니꾸워라이	농꿀래	니꾸워라이	니꾸워라이	레이꼬라이
어서 오세요	환잉광린	후잉광린	환잉광린	환잉광린	푸(f)닝공런
오이(黃瓜)	황과	황꾸	황과	황과	윙과
좋아요	하오	하어	하오	종(中)	호우
어때요	하오부하오	하어버하어	하오부하오	종부종	호우음호우
무엇	셴머	싸마즈	마(嘛)	샤(啥)	메리가
너 뭐해	니간셴마	농주싸	니간셴마	농샤러(弄啥了)	레이죠우간디맛애
오늘	진티엔	진자오	진티엔	쯔거얼	감얏
내일	밍티엔	밍자오	밍티엔	밍거얼	텐얏
모레	호티엔	어티	호티엔	호거얼	하오얏
정오	종우	종랑	종우	샹우(晌午)	0음
사랑해	워아이니	워애농	워아이니	워나이판(耐煩)니	오오레이
외할머니	와이포오	아부	라오라오	포오	죠우모
시골사람	샹싸런	샹우닝	라오타	라오자(老𣎴)	헝하

숙제를 하지 않았다는 건 일주일에 두 시간인 수업시간이 끝나면 다음 수업시간까지 중국어에 대해선 도통 고민을 하지 않았다는 말이 된다.

그러다가 본격적으로 중국어를 배울 수밖에 없었던 건 영어를 전혀 하지 못하는 쟝 아줌마를 만났을 때였다. 나의 중국어 회화는 쟝 아줌마와의 대화에서 발전되었고, 쟝 아줌마가 상하이 사람인 관계로 난 '얼' 발음에 약하다. 처음엔 몰라서, 그러나 나중엔 헷갈려서 아예 '얼' 발음을 무시한다. 상하이 사람처럼 혀짧은 중국어를 한다고 남편은 늘 나를 놀리지만, 그래도 다 알아듣던데 뭐…

바가지 쓰기 참기

　　상하이가 좋은 걸 두 가지 말하면 단연 낮은 물가와 늦게까지 문을 열고 있는 쇼핑센터들이다. 음식은 아무데나 널려 있고, 사먹는 것이 직접 요리하여 먹는 것보다 훨씬 싸게 먹힐 정도였다. 외식을 하는 일이 잦았고, 음식을 사먹으러 밖에 나가면 두리번거리며 상점을 둘러보게도 되었다.

　　놀라운 것은 상하이엔 옷가게와 시장들이 도처에 널려 있다는 것이며, 거기에는 호기심을 끌도록 예쁜 옷들이 많이 진열되어 있다는 것이다. 패션이라는 것에 별 관심이 없는 나라에 살다 상하이에 오니, 모든 옷들이 내 사이즈에 맞게 아기자기하고, 디자인도 가지각색, 색깔도 휘황찬란하여 나를 완전히 녹였다. 문제가 있다면 막상 옷을 사려고 상점에 들어가보면 가격이 아예 적혀 있지 않거나, 얼토당토않은 가격이 적혀 있어 진짜 가격을 따로 물어야 한다는 것이다. 제일 먼저 배운 중국어는 '두오샤오 치엔(多小钱, 얼마예요)?' 이었다.

중국어를 전혀 못할 때 영어로 얼마냐 물으면 이상스레 쳐다보면서(중국애같이 생긴 게 왜 중국어를 못하는 거야, 하는 짜증 반 호기심 반의 표정으로) 중국어로 대화하려고 노력하다 결국은 계산기를 들이민다. 우리가 아라비아 숫자를 사용한다는 것은 그럴 때 참 편리하다. 이집트 숫자를 사용하는 이집트에 있었을 땐 세계 공통어일 것같은 숫자조차 구분할 수 없어 고생스럽지 않았던가. 그러나 중국에선 적어도 숫자는 우리와 같은 것을 쓴다.

가격을 물으면 상인들은 계산기를 두드려 대답한다. 그러면 나는 그 가격에 반을 쳐서 숫자를 누른다. 물론 이건 가상의 현상이다. 난 절대로 그렇게 심하게 값을 못 깎는다.

원래 흥정하는 것에 담을 쌓은 나는 한국에 살 때도 시장에서 물건 사는 걸 그다지 좋아하지 않았다. 머뭇머뭇거리다 상인들의 밥이 되는 건 물론이고, 깎으려다가 상인의 얼굴이 굳어지면 얼른 지고 만다. 결국 좋은 얼굴이 아니면서도 내 가격에 물건을 건네주는 상인에게 돈을 주고 돌아서면 너무 심하게 깎은 것은 아닐까 또 마음이 편치않다.

그래서 한국에선 주로 수퍼마켓이나 백화점에서 물건을 샀지, 시장이나 작은 상점에선 사지 않았다. 물건을 사고 돌아서면 늘 바가지를 쓴 것 같아 찝찝하거나, 지나치게 깎은 것 같아 마음이 불편하거나 둘중 하나이기 때문이다. 장사꾼은 절대로 밑지는 장사는 하지 않으니 그런 걱정 붙들어 매라는 충고를 진작에 들었건만, 그래도 여전히 난 흥정에 익숙치 않다.

난징시루(南京西路)에서 밥을 먹고 돌아오는 길에 샤오딩(小

后)이라는 시장에서 치마를 봤다. 빨간색의, 중국식 문양의 천으로 만들어진 치마였다. 신선한 느낌이었다. 그런 치마는 이전에 보지 못했었다.

걸음을 멈추고 치마를 뚫어지게 쳐다보자 상점 아줌마가 얼른 뭐라고 말을 건다. 분명 상하이 말이었을 것인데, 그걸 못 알아들은 나의 멍한 표정에 말을 바꿔 푸동화를 했을 것이다. 그러나 그 역시 못 알아들었으니, 아줌마는 이게 너한테 잘 어울릴 것 같다, 다른 색깔도 있다, 맘에 들면 입어봐라 등등의 말을 손짓과 미소로 했다. 아줌마의 미소와 유혹에 밀려 치마의 값을 묻는 데까지 이르렀다. 120위안이란다.

내가 열심히 유로로 환산을 해서 가격을 생각하고 있는 사이에 아줌마는 스스로 값을 내렸다. 안 그래도 별로 비싼 가격은 아니라고 생각했는데, 치마는 이제 85위안이 되었다. 하, 그 정도면 10유로도 안되네… 기쁜 마음으로 치마를 입어봤다. 엉덩이에 딱 맞는 것이 나를 날씬해 보이게까지 하는 치마였다. 입으니 더 맘에 드는 치마, 안 사고 배길 수 없다. 그래서 그냥 치마를 사고 말았다.

얼마나 흐뭇했던가. 그러나 두 달 여가 지나서 나는 그것이 다른 상점에 79위안의 가격표를 달고 진열되어 있었다는 것, 그리고 흥정으로 더 내려갈 수 있다는 것을 알아차렸다. 그렇게 기분이 나쁠 수가!

아무튼 그리해서 나의 상하이에서의 쇼핑 생활은 시작되었다. 백화점들과 시장, 상점 골목을 발품 팔아 돌아다닌 후에 어디에 가면 좋은 물건을 살 수 있는지, 어떤 세일 품목이 많이 있는지, 어느 상점에서 명품(名牌, 밍파이)의 그럴듯한 짝퉁 상품들을 살 수 있는지, 내 취향에 맞는 것들은 어디에 있는지 등을 알게 되었다.

바가지를 쓰지 않는다면 상하이에서의 쇼핑은 반은 성공하는 셈이다. 그 다음의 반은 어디에서 올까. 무엇보다도 동작이 빨라야 한다는 데 있다. 좋은 물건이 있어도 동작이 빠르지 못해 그걸 차지하지 못한다면 이익을 놓치는 거나 마찬가지다.

남편은 평소 쇼핑을 잘 하지 않는 편이다. 어떤 땐 내가 그냥 눈대중으로 적당한 걸 사다주는 적도 있으나, 중국에 있다보니 사이즈가 영 아니다. 덕분에 엑스라지 샀다가 남편이 못 입는 옷들, 한국에 있는 내 동생들이 딕 봤다. 그래서 가끔 가는 곳이 쌍양시장(襄阳市场)이다. 주로 짝퉁상품들을 판매하고, 외국인 손님이 많은 거기에서는 거대한 외국인들 사이즈가 많다. 오죽하면 남편의 몸으로도 감당못할 엑스엑스라지, 혹은 엑스엑스엑스라지 같은 사이즈들이 있을 정도이다.

어느 날 남편과 함께 쌍양시장에 갔다. 디비디를 사려고 갔다가 들른 것이다. 다른 겹치는 스케줄이 없다면 그는 시장 같은 덴 절대로 가려고 하지 않는다. 그러나 나로서도 어쩔 수 없는 것은, 그가 직접 보고 오케이 하지 않으면 꼭 뭔가 맘에 들지 않아 결국 그 옷을 입지 않는 까다로움 때문이다.

온갖 짝퉁 가방과 시계, 안경, 가짜 디비디 등으로 길을 막는 사람들을 헤치고 시장을 도니 그가 마음에 들어하는 옷들이 몇

벌 있었다. 반가운 마음으로 "그럼 이거 사자" 했더니 그는, "오늘은 준비가 안돼 있어" 하며 꽁지를 뺀다. 옷 사러 나온 게 아니니, 옷을 살 마음의 준비가 안되어 있다는 얘기다. 그럼 언제 옷을 살 준비가 될 것인가. 남자란 이상한 동물이다. 쇼핑할 준비가 안되어 있을 때도 있다니.

"언제 다시 올 건데?"

내가 묻자, 남편은 다음 주에 오자, 간단하게 말한다. 분명 그때가 되면 또 다른 핑계를 대고 안 오려 하겠지만, 난 일단 그를 믿는다. 행여라도 그를 끌고 올 수 없다면 나 혼자서라도 와서 사버리고 말자.

일주일 후에 우리는 쌍양시장에 다시 갔다. 그런데 웬일인가. 쌍양시장의 분위기가 이상하다. 분명 지난 주까지는 우리가 사고 싶은 옷들이 진열되어 있었는데, 단 일주일만에 분위기가 완전히 새 계절로 바뀌었다. 가을이 오고 있었다. 우리가 사고자 하는 것은 남편의 반팔 와이셔츠와 얇은 양복바지 등등이었는데, 그런 것들은 온데간데 없고, 선선한 가을 날씨에 맞는 양모로 된 바지와 긴팔 와이셔츠들만이 있을 뿐이다. 간혹 눈에 띄는 반팔은 후줄근한 이상한 것들 뿐이었다.

울고 싶었다. 웬만하면 사야할 것 못 샀다고 아쉬워 하지 않던 남편의 얼굴에도 서운한 표정이 드러났다. 상하이에선 눈에 띄는 게 있으면 당장 지갑 열고 사야 한다는 걸 왜 모르고 있었던가.

다니다보면 우연히 세일 품목으로 나온 좋은 물건들을 맞닥

●●● 거리에서 망고스틴을 파는 과일상과 과일을 고르는 사람들

뜨리게 될 때가 있다. 그러나 마음의 준비가 안 되어 있어서, 혹은 다시 한 번 생각해보고, 등의 이유로 발걸음을 돌렸다가 나중에 다시 가보면 찍어놨던 물건들은 당연히 사라지고 없었다. 그 많은 물건들이 다 어디로 팔리고 없는 건지. 내 머리로는 도저히

상상할 수 없는 인구의 힘이다. 전 세계가 중국이 마지막 시장이라며 몰려오는 것도 이상한 일은 아니다.

상하이에서 쇼핑을 할 때 또 한가지 중요한 것은, 두 번 걸음하지 않으려면 물건을 살 때 반드시 물건을 확인해야 한다는 것이다. 프랑스 수퍼마켓 체인점인 까르푸는 상하이에도 여러 곳 있지만, 특히 외국인들이 많이 사는 구베이에 있는 까르푸에서 우리는 곧잘 물건들을 사곤 했다.

치즈도 있고, 파스타도 있고, 베이컨도 있고, 스시도, 김치도 있고 해서 우리는 종종 그 까르푸에 갔다. 전자제품, 의류, 침구류 등등 온갖 생필품이 있는 곳이라, 중국어 공부를 위한 카셋트 테이프 플레이어도 그곳에서 샀다. 진열되어 있는 모델들을 보고 하나를 찍으니, 직원이 새 상자를 아래칸에서 꺼내줬다. 고맙다는 인사를 하고 돈을 지불한 후 집으로 왔다.

집에 와서 지난 주에 배운 중국어를 복습하고자 카셋트 테이프 플레이어를 꺼내 보니 이런, 전기 코드가 없는 것이다. 건전지로만 작동되는 것은 분명 아닐텐데… 설명서 그림으로 봐도 분명 전기 코드가 하나 들어 있어야 했다. 그러나 아무리 뒤집어보고 들여다보아도 전기 코드는 없는 것 아닌가.

중국어 선생님에게 이야기하니 살 때 상자 안을 확인했냐고 물었다. 고개를 저으니, 확인하지 않은 우리가 되려 이상하다는 식으로 중국어 선생님은 혀를 찼다. 새 상자를 꺼내주면 거기에 당연히 들어 있어야 할 모든 것이 들어 있는 줄 알지, 전기 코드가 빠져 있을 줄 누가 알았나.

며칠 후에 까르푸에 가 자초지종을 이야기했다. 왜 전기 코드가 없느냐 등의 반문도 하지 않고, 아주 당연하다는 듯 새 물건으로 바꾸어 줬다.

후에 다른 수퍼마켓에서 파스타 냄비를 샀는데, 집에 와서 꺼내보니 뚜껑과 냄비 바닥이 찌그러져 있었다. 전의 교훈으로 상자를 열고 빠진 게 없나 확인을 하기는 했는데, 일일이 비닐봉지 안의 것을 꺼내 상태를 살피지 않은 게 잘못이었다. 꼼꼼해지려면 끝이 없다.

새치기는 국민운동

한국에 사는 한 일본 여인이 '무서운 한국 아줌마들'에 대해서 책을 낸 적이 있다. 나도 한 나라에 살고 있는 외국 사람으로, 한국에 사는 외국 사람들의 문화적 충격에 대한 글에 많은 관심을 가지고 있었던 터라 바로 그 책을 사서 읽었다.

주로 예절을 무시하고 남의 시선 의식 안하는 한국 아줌마들의 뻔뻔함에 대한 공포감을 적고 있었다. 그 책을 읽으면서 고개를 끄덕끄덕. 나도 아줌마다운 아줌마가 되어가고 있는 시점이지만 정말로 한국의 아줌마들은 무섭다. 어린 시절에 겪었던 그 공포감이 아직도 나의 기억에 남아 있다.

한국 아줌마들의 횡포가 이루어지는 곳은 주로 전철이나 버스 등 대중교통수단. 빈 자리가 있으면 멀리에서도 백미터 달리기 16초의 실력으로 달려오고, 젊은 사람이 앉아 있는 곳에 가서 몸을 은근히 기대며 압력을 주거나 아픈 척 인상을 쓰고, 그것도 아니면 작은 틈새에 모르는 척 엉덩이를 들이민다. 두 다리로 엉거

주춤 몸무게를 지탱하느라 벌벌 떨면서도 절대 포기하지 않는다.

보다 못해 옆 사람이 슬쩍 공간을 내주면 아줌마는 이때다 하고 등받이에 넓은 등이 다 닿도록 몸을 뻗고, 그런 아줌마 때문에 다른 사람들은 골반 크기를 상대적으로 줄여야 한다. 엉덩이 들이밀기도 남들보다 먼저 목적지에 진입해야 가능하다. 그러므로 길게 늘어선 전철 줄을 못본 척 노란 선이 있는 곳에 가 선로를 내려다 보는 척, 누구를 찾는 척 옆에 애매하게 서 있다가 전철이 다가오면 잽싸게 문 안으로 미끄러져 들어간다.

요즘은 '아줌마, 줄 서세요!' 혹은 '아줌마, 뭐하세요!' 하는 따끔하고도 직선적인 구박을 받기 때문에 그 일도 힘들어졌지만.

한국에서는 아줌마들만 피하면 불쾌한 경험을 덜 하게 되지만, 상하이에선 아줌마와 아저씨, 젊은이와 청소년 구분없이 새치기 횡포가 일어난다. 눈도 꿈쩍 않고 새치기를 하고, 남의 새치기도 아무렇지 않은 듯 받아들인다. 어떻게 보면 중국에서 새치기(차뚜에이, 揷队)는 한마디로 국민운동이다. 인간평등의 저력을 꽉꽉 보여준다. 아줌마라는 명성이 따로 없고, 무식한 사람들의 행동이라는 차별화도 되어 있지 않다. 집 밖을 나설 때마다 어떻게 차뚜에이를 할 것이고, 어떻게 차뚜에이를 하는 사람들을 상대할 것인가 각오해야 한다.

전철표를 살 때부터 차뚜에이와의 싸움은 시작된다. 한가한 역이야 별 문제 없겠지만 쇼핑몰이 밀집한 쒸자훼이나, 관광지를 비롯해 고층빌딩들이 빽빽한 루자쮀이같은 역에선 표 사는 게 여간 힘든 일이 아니다. 매표기 뒤에 서 있어 보지만 두리뭉실하게 만들어진 줄이 여간해선 줄지 않는다. 자세히 보면 일행인 척 기웃거리며 사람들이 끊임없이 새치기를 하고 있기 때문이라는 걸 알게 된다. 이쯤 되면 나도 착하게 사람들 뒤에 서 있는 걸 포기하고 기계 앞으로 나아간다. 그리고 나의 몸이 제일 앞자리를 차지했다고 생각될 때 표를 산다.

그러나 그것도 동작이 빨라야지, 제일 앞에 서서 기계 사용법을 그제서야 읽는다거나, 내가 어디로 가더라? 하며 지도로 시선을 던진다거나, 동전을 꺼내느라 고개를 숙인다거나 하면 영락없이 다른 사람들이 내 앞으로 손을 넣어 기계를 조작한다. 모든 것이 준비가 되었다 하더라도 현재 진행되고 있는 표 구입이 끝남과 동시에 손가락을 저돌적으로 움직여 버튼을 눌러야지, 그렇지 않으면 표에 굶주린 다른 손가락들이 독수리처럼 버튼을 쫀다.

기계로 표 사는 것만 힘든가. 매표원에게 표를 산다는 것 역시 상당한 전투력을 필요로 한다. 뒤에서 점잖게 기다리고 있으면, 옆으로 모여든 사람들이 앞 사람이 표를 사고 빠져나감과 동시에 나보다 먼저 창구에 돈을 들이밀기 때문이다.

한 한국 여인의 말이 우습다. 그녀는 키가 작은 편이었는데, 한 번은 전철표를 사는데 자기 차례가 되어 표를 사려하니 어깨 너머에서 긴 팔이 넘어와 창구 안으로 돈을 들이밀더란다. '3위안짜리 한 장!' 하고 외치며. 옆에서 팔이 뻗쳐 와도 황당한데, 어깨 너머로 팔이 뻗쳐 왔다는 말에 그 자리에 있었던 사람들 모두 웃었지만, 이런 일을 자꾸 당하게 되면 더 이상 웃을 수가 없게 된다.

동생들이 상하이에 왔을 때의 새치기와 관련한 에피소드도 예외가 아니었다. 와이탄의 야경을 봐야겠다 해서 푸동으로 가기 위해 디티에(地鐵, 전철)를 타려고 역으로 갔다. 상하이의 전철은 현재 세개 노선이 있는데, 황푸강(黃浦江)의 서쪽이면서 오리지널 상하이인 푸시(浦西) 지역의 변두리와 중심을 잇는 서민들의 1호선과, 푸동(浦東)과 푸시를 잇는 좀 발달된 개념의 2호선, 그리고 지하가 아니라 땅 밖으로만 다니며 표도 따로 받는 밍주씨엔(明珠線).

상하이 전철의 기본요금은 2위안(한국돈 300원 정도)이다. 그리고 거리가 조금 멀다 싶으면 3위안, 가장 먼 곳도 4위안을 넘지 않는다. 우리가 가는 곳은 3위안 구역이었다. 3위안 맞지! 하고 손에 동전을 잔뜩 준비한 규민이가 값을 확인하고 3위안짜리 버튼을 누르려는 찰나, 어디에선가 다른 손가락이 나타나 2위안 짜리 버튼을 벌써 눌러 버렸다. 오잉? 화면엔 3위안 대신 2위안이라는 숫자가 떴다. 순식간에 벌어진 일이라 모두 어안이 벙벙해졌다. 분명히 우리의 앞엔 아무도 없었는데, 갑자기 규민이의 손가락이 버튼에 닿으려는 순간 다른 손가락이 총알처럼 날아오다니…

화면에 2위안이라는 숫자가 떴으니, 이번 표는 그 손가락의 주인이 가져가게 되는 것이었다. 벙벙해진 우리가 꿈에서라도 깬 듯 고개를 돌려보니 거기엔 의젓한 회사원 분위기의 40대 남자가 서 있었다. 세 사람의 시선이 동시에 꽂히는데도 그 남잔 표정 하나 흐트러짐없이 너무나도 당연한 동작으로 여유있게 자기 표를 살 만큼의 동전을 기계 안에 밀어넣고는 뱉아낸 표를 가지고는 유유히 사라졌다.

"으이구, 이럴 수가~"

규민이와 준호가 그제서야 새치기당한 걸 억울해 했다. 규민인 자기의 민망해진 손가락을 내려다보고… 왜 그렇게 굼떴던가 생각하고… 이런 상황에 익숙해진 나만이 선인의 미소를 짓고 있었다.

거리에서야 온갖 류의 사람들이 다 있으니 그렇다고 쳐도, 사무실 근무를 하는 인텔리들이 있는 곳은 다를 것도 같은데 현실은 그렇지 않다. 내가 다니던 회사 건물에는 회사식당이 있어서, 사무실 사람들과 함께 종종 그곳에서 점심을 먹었다.

그곳 역시 사람들은 많았다. 줄을 서 있다가 차례가 되면 먹고 싶은 반찬을 말하고 식판을 받는 건데, 시간을 잘못 맞춰 내려가면 줄이 무한정 길었다. 여기서도 새치기 방식이 있다. 자기 회사 사람들이 앞쪽에 서 있으면 아는 척을 하고 그 앞에 가 서는 것이었다. 아는 사람이 없으며 줄의 애매한 부분에 가 어정쩡하게 서 있다가 먼저 식판을 받기도 한다. 아가씨들도 예외가 아니다. 나는 새치기를 당하면 화가 나는 편인데, 그러면 그 사람의 어깨를 툭툭 치고 뒤에 가 파이뚜에이(排队, 줄서기)하라고 눈치를 준다. 그러나 나의 중국인 동료들은 절대 그러는 법이 없었다. 줄 서라고 꼬집어 주기는 커녕 모르는 척 그들에게 자리를 양보해 주고, 내가 노골적으로 새치기한 사람에 대해 험담을 늘어놓으면 얼굴이 빨개지기도 했다.

도로에서도 상황은 다르지 않은데, 특히 푸동과 푸시를 연결하는 수웨이따오(隧道, 지하터널)에 들어가는 길에서 심각하다. 출근시에는 종종 이 줄이 몇 킬로미터가 되기도 한다. 경찰이 있을 때야 그러지 못하지만, 그렇지 않으면 여기에서도 새치기는 여지없이 일어난다. 한국같으면 빵빵거리고 비켜주고 난리가 났을 텐데, 여기 사람들은 좋아하는 눈치는 아니지만 끼어들게 해준다. 자기도 급할 땐 어쩔 수 없다는 식의 인정어린 여유를 두고 있다. 그것이 대륙 기질일까.

정말로 황당했던 순간은 퇴근길에 택시를 잡던 날이었다. 날씨가 궂어져서인지 택시가 귀했다. 처음엔 희망으로, 다음엔 포기 상태로, 그리고 악으로 버티고 서서 택시를 기다리는데, 택시 한 대가 마침 오고 있었다. 그곳에 서 있은지 오래되고, 내가 손을 흔들었으며, 운전기사는 분명히 나와 눈이 마주쳤고, 내 앞에 와서 섰으니 내 차임에 분명한데, 내가 손잡이에 손을 대는 순간 어디에서 나타났는지 남자 하나가 뒷문을 열고는 잽싸게 올라탔다. 내가 손잡이에 손을 댔을 땐 그 남자의 엉덩이가 벌써 뒷좌석에 자리를 잡은 상태였다. 언제 그 일이 일어났는지… 동작이 빨라도 그렇게 빠를 수가 없었다.

너무나 억울했다. 내 택시라고 소리를 치니, 남자가 미안하다는 말을 그나마 신사적으로 남길 뿐 내리지도 않았고, 운전기사도 그에게 나를 태우려고 선 거라고 말하지도 않는다. 동작 빠른 사람이 임자라는 법칙이 철저하게 적용되고 있었다.

이것이 중국이다. 자기 것은 자기가 싸워서 얻어야 하는 곳. 거기에서 밀려났을 때 순순히 자신의 어설픔을 인정해야 하는 곳. 사기를 쳐서 돈을 버는 사람들에 대해서도 중국인들은 그렇게 말한다. 그럴 능력이 있으면 그게 뭐 그렇게 나쁜 거냐. 사기도 하나의 능력이란다. 줄을 서지 않고 새치기하듯 돈을 버는 그 수단이.

한국과 유럽에서 익숙해진 사회예절, 공공질서, 비즈니스 에티켓 등이 무시당하는 걸 볼 때 참 당황스럽다. 처음엔 어이없이 당하기만 했는데 나중엔 싸움도 여러 번 했고, 결국은 나도 새치기를 용인하는 쪽으로, 무시하는 쪽으로, 혹은 이해하는 쪽으로 타협을 하게 되었다. 결코 바람직한 일은 아니지만, 환경이라는 건 참 무서운 것이다.

차 마시는 사람들

중국에서 음료수를 시키면 늘 받는 질문이 있다.

"야오 빙더마(冰的, 차가운 걸로 원하세요)?"

콜라를 시켰는데 차가운 걸 원하냐, 그럼 따뜻한 콜라라도 있단 말인가? 맥주를 시킬 때도 마찬가지다. 처음엔 농담을 하나 했는데, 이유인즉슨 어떤 사람들은 찬 것을 못마신다는 것이다. 전에 읽은 책에 의하면, 중국인들(특히 한족)은 기름기있는 음식을 많이 먹기 때문에 찬물을 마시면 기름과 물이 따로 놀아 배탈이 난다고 했으니, 그게 사실인 모양이었다. 하지만 소프트 드링크나 맥주까지도 미지근하게 마셔야 하는 사람들이 있다면 그건 좀 심하다.

택시를 타면 종종 물병(꼭 커피 프림병처럼 보인다)에 찻잎을 잔뜩 넣고 수시로 마시는 기사들을 볼 수 있다. 오른쪽 의자 등받이 옆에 병이 하나 매달려 있는데, 그 안에는 찻잎이 가득하고, 운전사는 가끔 그 병을 들어 이미 실내온도로 변했을 찻물을

●● 다도를 시범보이는 사람

●● 다도엔 이렇게 많은 도구들이 필요하다.

 상하이에서 악녀가 되다

마신다. 우리가 보리차를 끓여 냉장고에 넣고 마시거나 실내온도에 맞게 그냥 마시는 것처럼, 그들은 물을 끓여 찻잎을 넣은 후 그렇게 하루종일 마시는 것이다. 아파트 경비 아저씨도, 주차장 안내원도 예외는 아니다. 그들의 차마시기 문화는 물마시기 문화보다 더 앞서는 것같다.

중국의 차 역사는 4천년 이상 되었고, 차의 종류에도 뤼차(綠茶, 녹차), 홍차(紅茶), 우롱차(乌龙茶, 오룡차), 바이차(白茶, 백차), 화차(花茶) 등이 있는데, 각 지방마다 고유한 차가 있어 특산물로서 즐길 수 있다.

내가 가장 많이 마시는 차는 윈난의 푸얼차(普洱茶, 보이차)와 항조우(杭州)의 룽징차(龙井茶, 녹차), 황산(黃山)의 고산차(高山茶) 등이다. 윈난성의 푸얼투오차(普洱沱茶)는 권투글러브처럼 생긴 커다란 반원형의 차이다. 이 차는 포도주와 비슷하게 몇년산이냐에 따라 가격에 많은 차이가 나며, 때로는 포도주보다 비싸기도 한다. 푸얼차를 마실 때 주의할 점은, 푸얼차는 오랜 시간 건조한 것이므로 한 번 물을 부어 헹구어 내고 두 번째 첫물부터 마시는 게 좋다는 것이다.

중국에선 차가 쌀과 나란히 생활필수품으로 여겨진다. 당나라와 송나라 이후부터 차가 보편화되었는데, 당나라 때부터 중원지방에서는 소수민족들의 말을 얻기 위해 정부에서 차마사(茶馬司)를 설립, 차마법(茶馬法, 차와 말을 교환하는 법률)을 제정하였다고 한다. 이는 그들의 생활에서 차를 떼어놓을 수 없는 약점을 이용, 차로 말을 사오는 것이다. 그래서 차로 변강지구를 통치

●● 항조우의 녹차 롱징차가 나오는 곳. 롱징의 입구.

●● 대중적인 차마시기 방법. 잔에 찻잎을 넣고 뜨거운 물을 부어 마신다.

 상하이에서 악녀가 되다

하는 정책이 나온 것이다. 당시 차는 정부에서 통제하여 개인이 판매하는 것은 금했다. 당나라 때 차는 지방 관원들의 급여로도 지불되었다. 이런 사례는 모두 차가 특수한 지위를 갖고 있다는 것을 설명하고 있다.

전설에 의하면 신농씨(神農氏)가 차의 성분을 발견한 후부터 중국에서 차를 마시기 시작했다고 한다. 신농씨는 중국 고대 신화에 나오는 황제로, 지식이 풍부한 학자이기도 하고 중의약 전문가이기도 한데, 그는 끓인 물만 마셨다고 한다. 기원전 2737년의 어느날, 신농씨가 나무 밑에서 물을 끓이며 휴식을 취하고 있는데, 바람이 불더니 나뭇잎이 끓고 있는 물에 떨어졌다. 그러자 물이 향기를 띠었고, 향기는 마음속 깊이 스며들어 기분이 상쾌해짐을 느꼈다. 이로써 차가 발견된 것이다.

기원 4, 5세기 경 차는 전 중국에서 유행되었으며, 창쟝(長江)유역의 구릉지방에 새로운 차 생산지역을 만들었다고 한다. 기록에 따르면 서기 476년에 차로 터키와 물물교환을 했다 한다. 그리하여 차상인들은 점점 부유해졌고, 자기(瓷器)상인들과 금·은 가공기술자들은 정교롭고 아름다운 다구(茶具)를 만들어 차상인들의 재부와 지위를 드러냈다고 한다.

당나라 시기는 차의 황금시대로, 차는 보신용으로 뿐만 아니라 몸과 마음을 다스리는 약리작용으로 더욱 많이 사용되었다. 차의 제조와 마시는 행위는 점점 복잡한 의식으로 발전되었으며, 차의 재배와 가공과정에도 엄격한 규정이 내려졌다. 차의 채집자, 채집시간, 채집방법과 채집 후의 처리방법을 규정하였고, 채집자의 위생에 대해서도 엄격히 요구하여 채집자는 파, 마늘, 기타 강한 향기가 있는 음식은 먹지 못하게 되어 있었다. 이는 그들의 손에 남은 냄새가 차를 오염시킬 수 있다고 믿었기 때문이었다.

　육우(陸羽)가 차에 관한 책 『다경(茶經)』을 편집할 즈음 차는 더욱 중요해졌다. 『다경』은 차의 정통서적으로 공인되었으며, 『다경』에서는 차의 기원, 특징, 품종, 가공과정, 필수공구, 다구, 지역의 수질, 차의 약성(藥性)과 차마시는 전통 습관에 대해 설명했다.

　당나라 시기 일부 사람들은 차를 마실 때 쓴맛과 떫은맛을 감소시키기 위해 차에 생강, 귤껍질, 정향, 박하 등을 넣었다고 한다. 송나라 때는 차를 타는 방식이 조금 변했다. 이 시기에 차는 여러 번 물에 담그어서 마실 수 있게 되었으며, 더욱 다양한 조미료가 있었는데, 그것들은 쟈스민, 국화, 연꽃 등이다. 차나무의 원산지는 윈난, 궤이조우(귀주), 쓰촨(사천) 일대의 깊은 산속이다. 이 지대는 기후가 따뜻하고 습기가 알맞아 차나무가 생장하기가 쉬웠다.

　명나라에 이르러 전통차의 발전은 최고봉에 이르렀다. 명나라 때에 녹차가 발전했고, 동시에 화차(花茶), 흑차(黑茶), 홍차(紅茶), 청차(青茶)도 널리 보급되었다.

　중화인민공화국 수립 이후 중국의 차문화는 더이상 발전하지도 쇠퇴하지도 않은 상태로 유지되다가 최근에 다시 활성화되고 있다. 현대의 중국인들이 쉽게 가는 곳이 찻집인데, 그곳에선 차를 마실 수 있고, 차를 마시면서 카드 놀이나 게임도 할 수 있다. 또 배가 고프면 음식을 시켜 먹을 수도 있다. 한마디로 차 한

●● 상하이의 구도시 유유엔에 있는 전통 찻집

잔을 마시면서 모든 것을 해결할 수 있는 곳이다.

서구 문물이 들어오면서 중국인들의 차 문화에도 많은 변화가 일었는데, 젊은이들은 차 대신 콜라나 사이다, 커피를 마시게 된 것이다. 스타벅스가 막 들어온 2001년만 해도 밥값보다 비싼 커피를 파는 스타벅스는 늘 한산했다. 런던의 커피값이 단위만 인민폐로 바뀌었다 뿐이지, 그 값 그대로 들어와 있다는 것은 커피가 얼마나 사치한 음료였는가를 보여준다. 그러나 지금은 미리 자리를 잡고 커피를 주문하지 않으면 한참 기다려야 할 정도로 인기가 좋아졌으니 상하이 사람들의 생활과 문화가 어떻게 변하고 있는지 짐작할 만하다.

이밖에도 보노미(Bonomi café), 델리프랑스(Delifrance), 커피빈 & 티리프(Coffee bean & Tea leaf), 쎄가프레도(Segafredo), 피가로 커피(Figaro coffee), 빠오즈 카페(Pao's café), 덴마크 사람이 세운 와가스(wagas) 등 여러 체인 커피점들이 서구화된 입맛을 차지하려 상하이 곳곳에서 경쟁하고 있다.

상하이에서 집 구하기

　　그녀의 중국 이름은 알 수 없다. 그녀가 영어로 비비안이라 불린다는 것밖에. 상하이에 온 지 얼마 안되던 때 나는 귀를 반은 접고 다닌 거나 마찬가지였다. 그리고 그 접어진 귀 때문에 들을 수 없었던 것들은 아예 궁금하지도 않았었다.

　　비비안은 아주 작은 상하이 여인이었다. 키가 150센티미터나 될까. 한국 여자 평균 키 정도인 내가 옆에 서 있기 미안할 정도였다. 아무튼… 비비안은 토종 중국 여인이다. 내가 그녀를 그저 비비안으로밖에 모르는 이유는, 중국인들은 모두 영어식 이름을 하나 따로 갖고 있고, 외국인들에겐 그 이름을 사용하기 때문이다. 비비안이나 그레이스, 리사, 마이클 등은 가장 흔한 이름 중의 하나이다.

　　이상한 이름들도 있는데, 포레스트(Forest, 숲), 헤븐(Heaven, 천국), 애플(Apple, 사과), 캔디(Candy, 사탕), 쥰(June, 6월), 레이니(Rainy, 비오는), 캣(Cat, 고양이) 등은 이름으로 불러

주기도 이상하지 않은가? 로맨틱 족속들도 있어서 더러는 신데렐라, 엔젤(Angel, 천사) 등으로 이름을 밝히는 사람들도 있다.

처음 상하이에 와 묵었던 호텔에서 우리를 구해준 사람이 바로 비비안이었다. 시차 적응도 되지 않은 두번째 날부터 우리는 비비안과 집을 보러 다녔다. 아이도 없는 데다 집을 많이 비울 예정이었으니 우리에게는 주택보다 아파트가 적당했다. 그리고 일단은 6개월만 계약하려 했으니, 보통의 아파트를 렌트하는 것은 무리였다. 아파트 렌트는 1년 이상을 기본으로 이루어지기 때문이었다. 그래서 고른 것이, 우리의 여러 조건을 충족시키는 죠디엔쓰 공유(酒店式公寓, 서비스 아파트)였다.

서비스 아파트는 장기 출장을 오거나 프로젝트 때문에 자주 와서 한 동안 머물다 가는 외국인들을 대상으로 지어졌다. 아파트처럼 방과 응접실, 부엌이 있고, 기본적 가전제품들이 갖추어져 있으면서 1일부터 일주일, 한 달, 3개월, 6개월 등 원하는 기간만큼 렌트할 수 있다. 호텔보다 싸면서 공간은 넓고, 리셉션이나 청소 서비스 등을 받을 수 있으며, 수영장과 헬스클럽 시설을 갖춘 곳도 있다.

우리가 둘러본 곳은 푸동의 루좌쮀이 지역과 푸시의 난징시루 지역이었는데, 번지르한 현대식 빌딩들이 들어서 있고 길이 넓게 뚫린 푸동보다는 상하이 고유의 주택들이 밀집하고 풍경이 아기자기한 푸시에 살기로 결론을 내렸다. 그리고 그곳에서도 시 중심에서 멀지 않으면서 너무 혼잡하지 않고, 전철역에서 가까운 곳을 택했다.

결과적으로 우리의 선택은 크게 잘못되지 않았다. 나중에 장기로 아파트를 렌트할 때도 그 서비스 아파트에서 한 블럭 떨어진 곳을 택했고, 아파트를 살 필요가 있어지자 그곳에서 두 블럭 떨어진 곳에서 찾았다. 나는 지금까지도 우리 동네에 매우 만족감을 느낀다. 키는 작지만 고객의 상황을 잘 파악할 줄 아는 비비안 덕분이다. 상하이에서 아파트를 렌트할 때는 다음 사항들을 고려하는 것이 좋다.

▲ 웨이지(位置)

로케이션, 로케이션, 로케이션… 이건 집을 구하려 하는 사람들에게 가장 중요한 사항이다. 렌트하고자 하는 집이 직장이나 학교와 가까운지, 장을 보는데 편리한 곳인지 등을 고려해야 한다. 우범지역이나 가까운 곳에 유흥가가 있는 지역보다는 조용한 이웃이 있는 곳이 좋을 것이다.

한국 사람이라면 한국인들이 많이 모여 사는 곳에 집을 얻는 것도 괜찮을 것이다. 한국 사람들을 많이 만나 그들로부터 조언도 받고, 한국 음식점에 가기도 편한 등 여러가지 이로운 점이 있을 것이다.

상하이도 지역마다 독특한 분위기가 있다. 토종들이 많이 사는 시 중심과 아름다운 서구식 주택들이 들어서 있는 프랑스 조계, 새로운 개발지역으로 떠오르는 르완, 한국 사람들이 많이 사는 구베이, 홍챠오 지역, 모던한 분위기로 떠오르는 공기 맑은 푸동 등, 원하는 바에 따라 지역을 고르면 된다.

▲ 교통의 편리

아무리 입지조건이 좋더라도 대중교통을 이용하기가 편리해야 한다. 부담없이 대중교통을 이용할 수 있고, 손님이 오거나 친구가 놀러올 때도 대중교통 편을 알려주면 좋다. 특히 비가 오거나 날씨가 좋지 않을 때는 그 흔한 택시도 동이 나니, 택시를 전적인 교통수단으로 의존하는 건 마음 상하기에 딱 알맞다.

상하이의 부동산 바람이 아니라 필요에 의해 아파트를 샀는데, 우리가 가장 중요하게 고려한 것의 하나가 교통수단이다. 우리 아파트는 전철역 바로 앞에 위치해 있어 상하이 어디를 가더라도 전철만 타면 집에 벌써 도착한 느낌이 든다. 도시 중심가에 있어 평화롭고 조용한 맛은 없지만 날로 늘어나는 자동차와 그로 인한 교통체증을 생각하면 전철역 바로 앞에 아파트를 산 것은 잘 한 일이란 생각이 든다.

▲ 짜거(价格, 가격)

시설이 훌륭하고 위치가 좋고 교통이 편리하더라도 자신의 능력을 초과하는 집은 구입할 수 없다. 또 싼 집은 마음에 안 들기 쉽다. 가장 합리적인 것은, 여러 조건들을 제일 많이 충족시키는 집일 것이다. 동네나 교통편은 그렇다고 치더라도, 주택의 경우는 단지의 보안이 잘 되어 있는지, 정원은 깔끔하게 손질되어 있는지, 수도나 전기 등 편의시설이 잘 작동되는지 등을 보아야 하고, 아파트의 경우는 높은 층이냐 낮은 층이냐, 북향이냐 남향이냐, 혹은 위성방송이 설치되어 있느냐, 가구가 얼마나 좋은 것이냐에 따라 값에 차이가 생기니, 반드니 여러 집을 비교해 보는 것이 좋다.

▲ 새 집과 오래된 집

상하이에는 1900년대 초 서구인들이 들어와 살던 시대에 지어진 집들이 많다. 프렌치 콘세션(프랑스 조계)에 있는 이 집들의 90%는 서양인들에게 팔리거나 렌트된다. 반면 새로 지어지는 아파트들도 엄청나게 많은데, 분위기를 생각해서 오래된 집에 살 것인지, 편리함을 위해 새 집에 살 것인지는 전적으로 자신의 취향에 달려 있다.

재미있는 얘기를 들었다. 두 프랑스 여성이 오래된 집에 세 들어 살았는데, 어느날 벽에 금이 가 있는 걸 발견했단다. 두 사람은 얼른 이 사실을 주인에게 알리고 조치를 취해줄 것을 요구했다. 그녀들이 직장에 나간 사이 고쳐놓겠다고 한 집주인의 대답에 두 프랑스 여성은 안심하고 출근했는데, 집으로 돌아와보니 벽에 스카치 테이프들이 붙여져 있더라나… 오래된 집에 얽힌 일화이다.

요즘은 옛날 집의 치장도 세련되어서 실내를 말끔히 개조하고 그럴듯한 가구를 들여놓아 편안하면서도 낭만적인 생활을 즐길 수 있도록 해놓았다. 이중창과 난방시설이 잘 되어 있는 집도 봤다. 독일 친구 토마스의 깜짝 생일파티를 위해 남아프리카인 키이스의 집에 갔었다. 등도 없는 허름한 계단을 더듬어 올라 들어선 그 집은 유럽식으로 라디에이터까지 설치된 전혀 다른 안식

처였다. 라디에이터는 우리집에도 없다. 물론 이런 집은 새로 지어진 집들만큼 비쌀 수도 있다.

▲ 팡동(房东, 집주인)

알고 지내는 한 한국 여성이 새 아파트로 이사했다. 새로 지어진 아파트라 깨끗하였고, 가격에 비해 시설도 좋았다. 좋은 가격에 렌트를 했노라고 자랑하던 그 여인, 하루는 눈이 움푹 파여 있었다. 무슨 일이냐고 물으니, 한 남자가 밤마다 전화를 해서 그 아파트는 자기 것이니 빨리 집에서 나가라고 협박을 한다는 것이다.

자초지종을 알아보니 이랬단다. 여자는 한 남자의 샤오미(혼외 여자친구)인데, 남자가 사준 아파트를 여자가 몰래 세를 놓은 것. 그걸 알고 화가 난 남자가 나가라고 세입자를 괴롭히는 것이다.

내가 렌트하려고 돌아다니던 때 보았던 한 아파트 주인은 필리핀 남자였다. 시설과 크기에 비해 값이 조금 싼 느낌이어서 호감을 가지고 집을 보러 갔다. 문을 열어준 40대 후반의 필리핀 남자는, 스무살이나 되었을까 싶은 상하이 여자애와 함께 있었다. 우리를 안내하는 그의 얼굴에 붙어 있던 기다란 여자애 머리카락… 어쨌거나 우리는 서둘러 되돌아 나왔고, 결국 그 아파트를 렌트하지 않았다.

위성방송을 달아주겠다, 인터넷 선을 설치해 주겠다 하고는 해주지 않는 주인들도 있다. 계약을 할 때는 집주인의 주민등록증 복사본을 반드시 받아야 한다. 또 그의 직장이 어디인지 알아 두는 것이 좋으며, 요구사항이 있으면 반드시 계약서에 넣어야지 말로만 그러겠다고 하는 걸 믿었다가는 나중에 마음만 불편해질 수 있다.

▲ 계약서 작성

중국어에 익숙치 않다면 중국어와 영어 두 언어로 되어 있는 계약서를 작성하는 게 좋다. 한국인들이 많이 사는 곳은 대개 한국어를 구사하는 직원을 두고 있으므로 그런 부동산을 이용하면 편리하다. 그렇지 않다면 부동산에 영어와 중국어가 동시에 되어 있는 계약서는 웬만하면 다 있으니, 그런 계약서를 요구한다. 작은 것일지라도 요구사항이 있으면 모두 세세하게 계약서에 넣는 것이 좋다.

▲ 계약하기 전 확인 사항

계약을 하기 전에 반드시 집안 구석구석을 살펴 망가진 부분은 없는지, 수리가 필요한 부분은 없는지, 바꾸고 싶은 설비는 없는지 주인과 이야기한다. 대부분의 경우 요구하면 주인이 새로 갈아 주거나 페인트 칠을 다시 해주거나 한다. 이사를 갔는데 고장난 것들이 발견되고, 맘에 들지 않는 부분이 눈에 들어온다면 편하게 잠을 잘 수 없으니, 미리 짚고 넘어가도록.

터키 화가 아리훼는 푸동의 런헌빙장유엔에 세를 들어 살고 있다. 그녀는 에이전트를 통해 아파트를 구했는데, 이것은 집주인이 상하이에 없거나 하는 이유로 부동산(에이전트)을 이용해 세입자 및 집 관리를 하는 것이다. 에이전트는 집세를 받아 관리하고, 일이 있을 땐 집주인 대신 해결하며, 대신 세의 일부를 서비스비로 받는다.

문제는 이들은 주인이 아니므로 책임감이 덜하다는 것. 어느 날 아리훼의 집 에어컨에 이상이 생겼다. 물이 뚝뚝 떨어지고, 껐는데도 에어컨이 계속 작동돼 그 달 전기세가 하늘을 찔렀다. 아리훼는 먼저 아파트 관리사무소에 알렸다. 그러자 관리사무소 기술자가 나와 보고, 이것은 자기 수준에서 해결할 수 있는 게 아니니 에어컨 수리공을 불러야 한다고 했다.

며칠 후 에어컨 수리공이 왔다. 그는 살펴보더니 부품을 교환해야 하고, 부품비로 460위안이 든다고 했다. 이런 건 집주인이 처리해주는 게 당연하다고 생각한 아리훼, 에이전트인 천씨에게 전화를 걸었다. 에어컨 수리공과 직접 통화를 한 에이전트는 부품비를 따로 내야 한다는 사실에 깜짝 놀라며, 그런 건 아파트 관리사무소에 맡기라고 했다.

먼길을 온 에어컨 수리공은 에이전트 천씨의 말 때문에 기계도 고치지 못하고 다시 회사로 돌아갈 판이었다. 이번엔 잘못된 전기료를 계속 물어야 할 아리훼가 깜짝 놀랐다. 집주인이 부품비만 내주면 되는 건데, 못고친다고 진작에 손을 든 관리사무소에 왜 다시 수작을 걸겠다는 것인가. 결국 수십 통의 전화와 관리사무소 직원들의 출동 끝에 에이전트 천씨가 부품비를 내기로 하고 마무리되었다. 몇 푼 아끼겠다고 여러 사람들의 시간을 낭비

케 한 괘씸한 에이전트에 대한 이야기였다. 이러니 에이전트를 통한 세들기는 조심해야 할 일이다.

　참고로, 현재 부동산업자들이 추천하는 상하이에서 가장 좋은 주거지는, △ 시내 전철역에서 10분 도보거리, △ 구베이의 까르푸에서 10분 운전거리인 홍챠오 지역, △ 푸동의 파이넌셜 센터인 루자쮀이에서 10분 운전거리이다.

2

···

상하이와 친해지기

설날인 춘지에에 폭죽을 터뜨리는 건 나쁜 귀신을 물리가게 하는 것이라고 한다. 그러나 다섯번째 날

폭죽을 다시 터뜨리는 건 재물신을 영접하기 위해서란다. 같은 폭죽을 터뜨리면서 한 번은 귀신

물러가라고, 또 다른 한 번은 오는 신을 맞으려고 한다니 묘한 풍습이다.

소음을 사랑하자

어느 공휴일 아침, 꽝꽝 폭탄 터지는 소리를 들으면서 나의 눈은 번쩍 떠졌다. 그러나 근육이 돌처럼 굳어 몸을 움직일 수가 없었는데, 그건 전쟁이 난 것이라 직감적으로 생각했기 때문이었다. 두려움이 극에 달하면 몸이 움직이지 않는다는 걸 그때 처음으로 알았다.

그러나 이상하게도 사이렌 소리도 들리지 않았고, 뭔가 어수선한 분위기도 아니었다. 얼마 지나지 않아 그것이 바오주(爆竹, 폭죽) 소리라는 것을 깨닫고, 몸을 추스려 창가로 가 밖을 내다봤다. 길 모퉁이의 한 가게가 개점 행사를 하고 있었다. 화환들을 잔뜩 내다놓고, 여러 명의 신사복을 입은 사람들이 도로 한가운데서 폭죽을 터뜨리고 있었다. 그들 주위로 자욱한 연기…

시계를 보니 아침 여덟시였다. 그 이른 아침에 개점 행사를 한단 말인가. 공휴일이니 그 시간까지 잠자리에 있던 사람도 많았을 텐데… 그러나 누구 하나 불평하는 것 같지 않았다. 차도를 차지한 그들 때문에 길을 빼앗긴 자동차들도 크락숀을 울리기는 커녕 폭죽이 터지는 곳을 피해 반대편 차선으로 운전을 해 갔다. 후에 중국어 선생님으로부터 중국인들은 사업을 시작할 때, 혹은 이사를 했을 때 부자되게 해달라고 폭죽을 터뜨린다는 것을 알게 되었다.

중국 설날인 춘지에 전야에도, 설날 5일째 되는 날에도 영낙 없이 대규모 폭죽이 터진다. 춘지에(春節)에 폭죽을 터뜨리는 건 나쁜 귀신을 물러가게 하는 것이라고 한다. 그러나 다섯번째 날 폭죽을 다시 터뜨리는 건 재물신을 영접(接財神)하기 위해서란 다. 같은 폭죽을 터뜨리면서 한 번은 귀신 물러가라고, 다른 한 번은 오는 신을 맞으려고 한다니 조금 모순인 것 같은 느낌도 든 다. 나쁜 귀신은 폭죽 소리에 섭을 먹고, 좋은 귀신은 폭죽 소리 를 좋아하는 모양이다. 새해가 시작되는 것을 기리는 의미에서 터뜨리는 서양의 폭죽과는 많은 차이가 있다.

그런 걸 모르고 있던 나는 설날 5일째 되던 날 밤, 일찌감치 잠자리에 들었다가 깜짝 놀랐다. 퍼벙퍼벙, 따다다딕, 꽈앙꽈앙, 피유우~ 쿵! 언제 끝날까 눈을 질끈 감고 기다리는데, 오래도록 끝나지 않았다. 소리도 소리거니와 번쩍번쩍 파랑, 빨강, 노랑, 은빛의 불빛이 커튼을 뚫고 방안으로 들어왔다. 결국 난 응접실 로 나와 베란다 밖을 내다보았다. 도시 전체가 활활 타고 있었다.

중국의 폭죽 터뜨리기는 거의 광란에 가까워서 사건 사고도 많이 일어난다. 자동차들이 다니고 있는데 버젓이 차도의 한 레 인을 차지하고 폭죽을 터뜨리는 사람들, 그걸 배경이라도 되는 양 뚫고 지나가는 자동차, 자전거들을 보면 아찔하다. 2000년 한 해만 해도 폭죽으로 인해 2천 5백여 명 부상, 14명 사망, 그리고 182건의 화재였다. 네덜란드에서도 새해맞이 폭죽놀이는 있으나 중국의 규모와는 비교할 수가 없다. 그리고 그것은 해마다 거대해진다. 높이 올라가는 폭죽들이 많다. 돈이 터지는 소리, 그만큼 부자가 되어가고 있는 사람들.

상하이에 살며 먼저 깨달은 것의 하나가 '소리에 놀라지 말라'는 것이었다. 자동차들은 크락숀을 연달아 눌러대고, 사람들의 목소리, 특히 여자들의 목소리는 온 동네를 쩌렁쩌렁 울리며, 안내방송도 최대로 볼륨을 올려놓고, 심지어는 전철의 닫힐 때 경고음도 삐익삐익 귀청이 떨어질 듯 하다. 마음의 준비를 단단히 하고 있지 않는다면 심장마비라도 걸릴 것이다. 크락숀도 위급할 때 울리는 것이 아니라, 여기 내가 달려가니 알아서 잘 피해라, 하는 식으로 연발탄이다. 거기에 자전거, 오토바이도 크락숀 누르기에 합세해 거리는 온통 아수라장이다.

핸드폰으로 통화를 할 때는 어떤가. 길 건너에 있는 사람이 웨이! 웨이! 하고 소리치는 소리가 백미터 떨어진 곳에까지 들린다. 호떡집에 불났다는 말이 그냥 생긴 것이 아니다. 6·25 전쟁 때 유엔군이 한반도를 거의 통일할 뻔 했던 상황에서 중공군의 인해전술로 역전되었다는 것, 그리고 호떡집에 불났다는 말이 내가 중국에서 실감하는 것들이다. 인구의 힘과 소음의 실체.

상하이에 오기 전에도 중국인의 시끄러움과 관련된 경험을 겪은 적이 있다. 네덜란드에서 한국 관광객들을 안내하던 여름인데, 암스테르담 시내를 도는 보트에 대만인 관광단, 홍콩인 관광단과 함께 타게 되었다. 안내방송이 따로 없는 보트라 현지 가이드들이 설명을 해야 했는데, 세 언어를 사용하는 사람들이 섞여 탔으니 가이드들끼리 상의한 것이, 먼저 한국 가이드가 설명을 하면 두번째는 대만 가이드, 그리고 그 다음엔 홍콩 가이드가 설명을 하자는 것으로 결정이 났다.

아무리 생각해도 그것밖에는 도리가 없는 것 같아 세 명의 가이드가 마이크를 번갈아 잡아가며 설명을 했다. 그러나 다른 나라 언어로 설명이 나올 때는 마구 떠드는 사람들 때문에 한 시간의 보트 투어가 찜통에서의 도깨비 시장 난리로 둔갑했다. 보트에서 내려 밖으로 나오니 몇 년 동안 흙 속에 묻혀 있다 하늘이 보이는 세상으로 나온 것 같은 느낌이었다.

한국이 조용한 동방의 나라라는 건 중국에 온 이후 확신을 가졌다. 유럽에서 한국에 가면 거리의 그 많은 사람들에 놀라곤 했다. 그런데 상하이에 있다가 서울에 가니, 웬 걸, 이건 조용한 시골마을이다. 나무들도 많고, 건물들도 아담하고, 사람들도 사뿐사뿐 걸어다니고, 말도 소곤소곤 한다. 모든 것이 상대적이다.

반대로, 한국에서 중국으로 출장 나오는 사람들은 소란스런 분위기에 크게 놀란다. 컨설팅 회사에서 일하던 때, 한국 자동차의 카클리닉 프로젝트를 맡게 되었다. 카클리닉이란 새 자동차를 론치하기 전에 먼저 장소를 빌려 자동차를 전시한 후, 거기에 일반 고객, 자동차 전문가, 미디어 관계자 등을 초대해 관찰과 시승 등으로 브랜드 인지도, 가격, 장점과 단점 등을 조사하는 것이다.

이 프로젝트는 베이징과 상하이, 광조우 세 도시에서 시행되었다. 먼저 상하이에서 했는데, 첫번째 카클리닉을 보기 위해 한국 회사에서 많은 사람들이 왔다.

그런데 처음으로 하는 중국에서의 카클리닉이라 가뜩 긴장을 하고 온 상황에서, 넓은 광장에 어수선하게 배치된 자동차에 한 술 더 떠 술렁술렁 떠들썩한 분위기가 영 마음에 거슬렸던 모양이다. 이런 분위기에서 자동차를 보면 차에 대한 인식이 나빠지지 않을까? 고급 자동차 카클리닉인데 어떻게 이런 분위기로… 한국 관계자들의 얼굴은 하얗게 질렸다.

내가 할 수 있는 일은 무엇이었을까. 조용하고 아늑한 분위기에 점잖은 사람들, 조용한 관계자들이 들어왔다가 나가는 한국식 카클리닉을 머리에 두고 있던 한국 회사 고객들의 실망과, 무엇이 문제인지 전혀 알아차리지 못하는 중국인 동료들 사이에서 땀이 많이 났었다. 그저 중국은 원래 이렇고, 그래서 중국 사람들은 여기가 시끄러운지 어수선한지 알아차리지 못하니 걱정하지 말라는 할밖에.

다행히도 그 자동차는 론치되자마자 엄청난 숫자로 팔려 나가 베이징의 거리를 압도하며 굴러다니고 있다. 중국인들이 늘 주위에 존재하는 소음 따위를 인식하지 못하는 탓이다. 중국의 많은 것들이 변한다. 그 동안 상하이는 몰라보게 세련되어졌으며, 건물들도 많이 들어섰고, 분위기도 바뀌었다. 그러나 한가지 영원히 바뀌지 않을 것이 있다면 그들의 소음이란 생각도 든다. 중국은 언제나 그렇게 유지되어 온 것 같으니 말이다.

잔인한 겨울, 더 잔인한 여름

2004년에서 2005년으로 넘어가는 겨울은 이상한 계절이었다. 생전 눈이 내리지 않는 상하이에 눈이 여러 번 내렸으며, 온도계가 영하를 가리키는 날들도 여러 날 되는가 하면, 바람도 매섭게 불었다. 겨울이 너무 길어서 고단했던 계절이었다. 약속을 할 때도, 날씨가 좋으면 밖에서 만나고 안좋으면 실내에서 보자, 라고 말할 정도였다.

눈이 왔다. 상하이에. 그것도 왕창 와서는 얼어붙었다. 창문을 열면 하얀 세상이 보이고… 상쾌하고 산뜻한 기분으로 축복된한 해를 시작하는 것 같지만, 사실은 그렇지가 않았다. 하얀 눈아래 숨어 있는 실체가 그저 하얀 것만은 아니듯이.

눈은 그 전 겨울에도 한 번 내렸었는데, 그게 십 몇 년만에내린 눈이라고 해서 상하이에선 난리가 났었다. 바닥에 쌓이지는않고 눈과 비의 중간, 그저 흩날리는 것이 하얀 색깔 비슷한 것이라는 데서 눈이라고 흥분해서 떠들었다. 그러나 2004년을 마감하면서 내린 눈은 규모가 달랐다.

　이틀 동안 연거푸 내렸고, 그 눈으로 모든 것들이 마비가 되었다. 게다가 눈이 물러가지 않고 거리에 쌓이는 이상현상도 보였다. 등따습고 배부른 젊은이들은 이게 웬 눈이냐 사진을 찍고 웃고 떠들고, 평소 만나고 싶었던 사람들에게 과감하게 메시지를 보내고 했겠지만, 즐거움을 위한 고통은 의외로 컸다.

　무엇보다 상하이는 눈이 내리지 않는 곳이라는 전제 하에 모든 것이 돌아간다는 데에 '고통'이라는 단어에 대한 해답이 있다. 눈이 내려 쌓이니 도대체 어떻게 처리를 해야 할지 아무도 모르는 것이다. 난방시설도 없는데다, 유리창도 한 겹인 집에 살고 있는 사람들이 견뎌야 하는 추위는 또 어떠 했겠는가.

　기후가 불순하면 발생하는 첫번째 현상(특히 자동차가 없는 나에게는 가장 짜증스러운)은 거리에 택시가 없다는 것. 남편, 아기와 함께 상하이를 방문중이던 제니와 안경을 맞추러 화이하이루(淮海路)에 갔다가 감기에 걸려 콧방울을 달고 다니는 아기 때문에 조금 걸으면 될 신티엔디(新天地)도 못 가보고 백화점 안에서 내리는 눈을 하염없이 바라보다 결국은 전철을 타고 돌아와야 했다.

　엄청난 인파가 얼키고 설키던 1호선과 2호선의 교차점 렌민광장(人民广场)역을 일방통행로를 만든 것까지는 좋았으나, 우리처럼 1호선에서 2호선으로 갈아타는 사람들에겐 멀리 돌아 가게 되어 있는 통로가 한없이 야속하기만 했다. 아기를 안고 빈 유모차를 밀고, 바리바리 챙긴 쇼핑 가방들에…

그래도 전철역 몇 안되는 곳에 나들이간 우리가 겪어야 했던 고단함은 제니의 남편 연이 수조(蘇州)에 있는 법원에 다녀오는 길에 비하면 아무 것도 아니었다. 그는 그 날 가벼운 마음으로 중국인 변호사와 만나 그의 차를 타고 수조에 갔었다. 갔다 오는데 얼마나 걸리겠나 하는 가벼운 마음으로. 양복도 완전 겨울용 대신 좀 쌈박해 보이는 춘추용으로 빼입고 갔다.

근데 하루종일 내린 눈이 얼어붙으면서 수조에서 상하이로 돌아오는 길에 문제가 생겼다. 보통 두 시간이면 그 길은 너끈하다. 그런데 그 날은 상하이까지 오는데 일곱 시간이 걸리는 긴 여정이 되고 말았다. 스노우 타이어나 체인이 아예 존재하지 않는 상하이 주변 자동차들, 이 차들이 진입하거나 내려오다 사고가 날 것을 염려한 교통부에서 고속도로를 아예 차단해버린 것이다.

고속도로가 덜커덕 막혔으니 이제 자동차들은 작은 도로들을 뚫고 상하이로 올라와야 할 판이었다. 그런데 양 방향 합쳐 2차선인 도로에서 급강하한 기온에 견디지 못한 자동차들이 하나 둘 고장나 길을 막고 서게 되니, 몇 킬로미터가 되지 않는 길이 그냥 자동차 전시장으로 바뀌고 말았다. 오도가도 못하고 서게 된 깜깜한 도로…

참다못한 운전자들이 도로 확장을 위해 준비중인 공사로에 무작정 범퍼를 밀고 들어섰다가 갇히는가 하면, 몇몇 사람들은 자동차에서 뛰쳐나와 주변의 집들로 무작정 달려가기도 했다. 음식이나 음료수에 대한 요청이었든, 전화를 쓰겠다는 것이었든, 화장실 사용 때문이었든 그 날 수조와 상하이 사이에 살던 사람들은 대난리에 덩달아 들볶여졌을 것이다.

그런데 엎친 데 덮친 격으로 연이 타고 있던 자동차의 히터가 망가지고 말았다. 더운 바람이 나와야 할 것이 찬바람만 불어내게 된 것. 덕분에 두 사람은 굶주린 배를 움켜잡고 차 안에서 몇 시간을 떨었다. 집에 도착한 연의 얼굴은 파랗게 얼어붙어 있었다.

눈이 내리던 날 상하이의 교통사고는 보통 때보다 40%가 늘었다. 상하이 제6 인민병원엔 5백 명이 넘는 환자가 들어왔고, 뤠이진 병원에도 평소의 두 배가 넘는 환자들이 몰렸다고 한다. 저녁엔 홍차오 공항도 폐쇄되었고, 그 때문에 죠우산에 갔다가 상하이로 돌아와 우리와 신년을 함께 맞기로 했던 리민 가족은 이틀을 그곳에 묶여 있어야 했다. 예상치 못했던 자연의 변화로 상하이에서도 힘든 날들이 계속되었다.

상하이의 집들엔 난방시설이 없다. 양쯔강 북쪽은 북방, 남쪽은 남방이니 난방시설은 북쪽에만 둔다는 규제에 따라 양쯔강 바로 아래에 위치한 상하이는 추운 겨울이 있음에도 불구하고 난방시설을 갖추지 못했다. 그리고 그 규제가 없어진지 오래인데도 아직도 상하이의 집들엔 난방시설이 없다.

처음 상하이에 왔던 해 겨울, 여름이 지나고 더 이상 에어컨을 사용하지 않아도 되는 것까진 좋았는데 상황은 점점 심각해졌다. 서서히 추워지기 시작하자 도저히 참을 수가 없었던 것이다. 전기난방기를 사지도 않았고, 전기 담요도 없었던 터라 서비스 아파트 관리실로 내려갔다. 명색이 서비스 아파트인데, 그래도 고객들을 위해 대책은 마련해야 하는 것 아닌가 하는 불만스런 마음을 안고서였다.

관리실에 가 날씨는 추운데 난방시설도 없고, 이렇게 어찌 살겠느냐 말하니 여자애가 눈을 동그랗게 뜨며 "난방이 왜 없어요, 있는데…" 했다. 그리고는 설명을 하려다가 말로 하느니 직접 보여주는 게 빠르겠다 싶었던지 여자애는 우리와 함께 올라왔다. 그리고는 당당하게 리모컨을 들어 단추를 몇 개 누르고는 에어컨을 작동시켰다.

얘가 지금 뭘하자는 건가, 솔직히 그런 마음도 있었다. 그러나 잠시 후 에어컨에서는 믿을 수 없게 더운 바람이 위잉 불어 나오는 것이 아닌가. 어이가 없고도 신기했다. 에어컨에서 더운 바람이 불어나온다는 게 이상하게만 느껴졌다. 차가워야 할 냉장고가 갑자기 뜨거운 보온통으로 바뀐 것처럼, 시원하게 마셔야 할 사이다를 뜨겁게 덥혀 마시는 것처럼. 더운 바람이 나오는 에어컨에 익숙해지는 데는 상당한 시간이 걸렸다.

그러나 더운 바람만으로 겨울을 난다는 건 애초부터 허술한 생각이었다. 창문은 홑창이고, 현관문은 옆으로 아래로 틈새가 벌어져 바람이 휭휭 들어왔다. 현관문 틈에 신문지를 갖다대면 사라락 공중으로 날아올랐다. 에어컨에서 나오는 더운 바람은 현관문 틈에서 불어들어오는 찬 바람에 섞여 흔적도 없이 사라졌다. 전기세만 엄청나게 나왔다. 엉덩이만 갖다 붙여도 사르르 몸이 녹는 한국의 따끈한 구들이 그리웠다.

유럽에 살 때는 따끈한 방바닥은 없었지만 라디에이터가 확

실했고, 잘 때도 이불을 덮으면 아쉽지 않았다. 그러나 상하이에
선 북극보다 더한 추위가 뼈를 갉아먹고 있었다. 겨울에는 집에
서 따뜻하게 몸을 녹이고 밖으로 나서면 그 기운으로 몇 시간을
버틸 수 있는데, 상하이에선 따뜻하게 몸을 녹일 곳이 없으니 몸
은 언제나 움츠러 있다. 낮에는 밖에 있는 게 더 따뜻하다. 솜이
잔뜩 들어간 잠옷, 외출복 아래 두 겹씩 껴입은 중국 사람들의 내
복이 다 이유가 있다.

지난 여름은 어땠나? 60년만의 폭염으로 시민들은 더위와의
전쟁에 시달려야 했다. 35도가 넘는 날들이 2주 이상 지속되었고,
습도는 80% 이상이었다. 거리는 양산을 들고 다니는 사람들로 넘
쳤고, 물과 전기 소비량도 최고기록을 갱신해 사무실들을 밤과
낮 교대로 가동을 시켜야 했다. 상하이의 전기가 모두 나가는 사
고가 발생한 다음이었다.

원래 상하이의 여름은 길다. 장마와 함께 다가와서는 오래도
록 물러가지 않는다. 가을이 다 지나고 겨울 바람이 나무기둥을
얼릴 때까지 상하이의 여름은 떠나지 않고 있다가 겨우겨우 밀려
간다. 상하이엔 여름과 겨울, 두 계절뿐이다.

한가지 상하이에서의 잔인한 여름을 꼬집자면, 길고도 습한
날씨를 들 수 있을 것이다. 상하이의 초여름엔 황매이티엔(黃梅
天, 황매천)이라 불리는 장마 기간이 있다. 이때는 사우나에 들
어가 있는 것처럼 덥고 답답하다. 빨래는 마르지 않고, 기분은
기분대로 울적해진다. 거리엔 사람들이 뜸하고 택시도 잡히지 않
는다.

상하이 사람들은 유난히 비를 싫어하는 것 같다. 비가 오면 모든 생활이 정지된다. 마루 걸레질도 하지 않고, 빨래도 하지 않으며, 밖에도 나가지 않는다. 행여 밖에 나가면 빠르게 용무를 마치고, 비가 오는 날 택시 잡기는 박물관에서 임금님의 마차를 불러오듯 어렵다.

어렵게 어렵게 우중충한 황매이티엔 기간을 보내고 나면 본격적인 여름이 된다. 상하이의 여름이다. 날마다 수은주는 30도를 넘기고, 태양은 오전 일곱시부터 쨍쨍이다. 이른 아침 공원에서 타이찌를 하는 사람들도 얼른 마치고 집에 들어가야지, 친구들과 어영부영 얘기를 하다보면 집에 가기 전에 열받게 태양이 뜨거워진다.

태양이 무섭게 내리쬐면 만사가 귀찮은 정도가 아니라 존재한다는 것 자체가 괴롭다. 걷는 것마저도 고통이다. 터벅터벅, 최대한 느리게 발을 터덜거리며 걷고, 그 위에서 몸은 흐느적거린다. 피부에 와닿는 따끈한 공기에, 화로에 들어 있는 것 같은 머리는 어떻게 해야 할지 모르게 된다. 자전거를 탄 여인들은 태양볕에 익어버릴까 어깨에 하얀 면 가리개를 덮는다. 등 윗부분을 지나면서 두 어깨와 팔을 덮는 이것은 마치 황금박쥐의 망또같기도 하다.

더위엔 몸에 걸쳐진 옷도 귀찮아진다. 무겁고 거추장스럽다. 양반의 나라 한국에서 온 사람의 눈에는 상상못할 옷차림이 거침없이 들어온다. 팔뚝이 다 드러나게 입는 건 보통이다. 짧은 치마를 입는 것도 기본이다. 그런데 그 짧은 치마를 입고 자전거를 탄다. 반대편에서 오는 사람들은 그 안을 들여다보고 싶어 안달이 난다. 긴 치마를 입은 여자들은 무릎 위로 대담하게 걷어 올리고 자전거를 탄다. 무릎 위에서 펄렁거리는 치마 안을 들여다보고 싶어지기는 짧은 치마나 마찬가지.

　골목 어구엔 바람이 몰려 다니는 지점을 찾아 의자를 들고 나온 사람들로 소풍 장소처럼 된다. 지나가는 사람들 구경도 하고, 짝이 맞으면 마쟝(麻將)도 하고, 몸에 들러붙어 피를 빼는 모기들을 부채로 내몰면서. 한마디로 상하이의 여름은 잔인하다. 추워 오돌오돌 떨어야 하는 겨울이나, 심한 악취에 민망한 패션이 넘쳐나는 여름이나, 상하이에는 잔인한 계절들만 있는 듯하다.

수박 엑기스로 만든 치약

수퍼마켓에서 치약을 하나 샀다. 포장에 수박이 그려진 것이었다. 이름도 '씨과솽'(西果霜, 수박서리)이다. 전에 한 직장 동료가 입술이 터진데 좋다며 퍼렇게 바르고 있던 수박 엑기스가 생각나 무조건 시장 바구니에 넣었다.

겉포장에는 씨과솽 만드는 방법이 적혀 있다. 50kg의 수박껍질(흰 부분)과 한약제 75kg을 함께 항아리에 넣는다. 그리고 2개월이 지나면 항아리 표면에 서리같은 것이 끼게 되는데, 이것이 씨과솽인 것이다. 긁어내면 0.8kg 정도의 씨과솽을 얻게 되는데, 그것을 섞어 만든 것이 이 치약이라는 것이다.

보기엔 그냥 하얀 것이 보통 치약 같은데, 양치질을 해보면 은단냄새같은 게 나는 게 조금 이상하긴 하다. 하지만 양치질을 하고 난 후의 개운한 기운은 그 어느 치약보다도 좋고, 특히 구강염이나 궤양 등에 효과가 있다니 그 예방에도 좋을 것이다. 한약의 일종인 것이다. 하긴 한약의 본고장인 중국에 왔으니 한약과 관련한 제품을 사용하는 건 너무나도 당연한 일이다.

몸이 약했던 엄마가 상복하던 한약 냄새를 제외하면, 한약과 관련한 첫 기억은 여섯살 때 쯤으로 올라간다. 사다리꼴 마당 집의 사랑방에서 할머니는 흰개미들을 고르고 계셨다. 왜 흰개미들을 신문지 위에서 고르고 계셨는지, 그게 누굴 위한 것이었는지 기억나지 않으나, 그게 한약이라고 설명해 주신 할머니의 한마디만 머리에 남았다. 참 이상한 걸 약으로 먹는구나, 하는 생각을 했었다. 할머니가 돌아가신 지금도 그건 알 수 없다. 불그스름하게 보이던 흰개미들이 정말로 한약재였는지, 누구를 위한 것이었는지, 어떤 증상에 사용되는 것이었는지…

몸에 좋다는 이유로 뱀을 먹는 사람들, 노루피를 마시는 사람들, 반은 병아리가 된 달걀을 먹는 사람들, 보신탕을 즐기는 사람들… 한국에서 흔히 보게 되는 광경들이다. 비쩍 마른 몸매의 동료 교사가 주말이면 친구들과 노루을 잡아 뜨끈뜨끈한 피를 받아 먹는다는 이야기를 실감나게 해서 속이 미슥미슥해졌던 기억도 있다.

몇 년 전 중국에서 한약과 관련한 엽기적인 사건이 발생했는데, 한 조선족 여인이 영아 사체로 가짜약을 제조해서 판 것이다. 병원 등에서 몰래 사들인 영아의 사체와 태반으로 만든 것을 '만병통치약'이라며 팔았는데, 그것이 상당한 인기를 끌기도 했다. 중국 헤이룽장(黑龙江, 흑룡강)성 미산시 공안국은 이 가짜 약을 만들어 팔아온 조선족 한씨를 체포했다.

체포된 한씨는, "두통을 전문적으로 치료하는 약은 영아의 대뇌를 갈아서 만든 것이고, 뱃병을 치료하는 약은 영아의 사체를 다져서 만들어낸 것으로 효과가 아주 좋다"고 태연하게 말했다고 한다. 그녀의 냉장고 안엔 영아 사체 13구와 태반 6개가 들어 있었다고. 짝퉁이 만연하고, 가짜술이 나돌아 사람들이 그걸 마시고 죽기도 하니 중국에서 명약 찾는 심리를 이용한 사기가 발생하는 게 당연한 일인지도 모른다.

중국의 화장품 회사가 사형수나 낙태된 태아의 피부조직을 이용해 만든 화장품을 수출했다고 해서 유럽이 발칵 뒤집어졌던 일도 있다. 주름 제거 등에 사용되는 콜라겐 제품에 사형수의 피부조직을 이용한다는 회사 관계자의 말이 대대적으로 보도된 것이다.

콜라겐은 피부나 연골, 뼈, 또는 기타 신체 연결조직에 있는 섬유질·단백질 성분으로, 입술을 도톰하게 하거나 주름을 제거하는 화장품의 원료로 사용된다. 콜라겐은 주로 동물 가죽에서 얻지만, 자발적인 기증 의사를 표한 사람에게서 추출하는 경우도 있는데, 싼 값에 콜라겐을 확보하기 위해 비밀리에 중국 교도소 당국과 인간피부조직 공급계약을 체결했다는 것이다. 중국에서는 지난해 3천 4백 명의 사형수가 처형되었으며, 현재 6천 명이 집행을 기다리고 있다. 공급은 충분한 것이다.

유럽의 몇 나라에서는 대대적인 조사를 벌이는 등 이 충격적인 뉴스에 대응했는데, 사형수나 태아의 피부를 이용하는 연구를 당연하게 받아들이는 중국에서는 오히려 유럽 국가들이 왜 그렇게 호들갑을 떠는지 이해하지 못했다.

다시 한약 얘기를 해보자. 감기에 걸리면 한국에선 귤껍질을 달여서 먹거나 대추차 등을 마시는 게 민간요법으로 알려져 있다. 감기 기운이 있으면 쌍화탕을 마시고 땀을 푹 흘리며 한숨 자고 나면 감기가 뚝 떨어지는 것으로 나는 알고 있었다. 그래서 감기 기운이 있다 싶으면 무조건 매운 음식을 먹고(개인적으로 좋아하기 때문이기도 하다) 땀을 흘린다. 그런데 중국에선 땀 흘리는 게 좋은 감기와 부드러운 음식을 먹어야 하는 감기가 따로 있다고 구분한다. 열성 감기와 냉성 감기의 차이라나.

감기 기운이 있으면 중국 사람들은 빤란근(板蓝根)을 마신다. 이것도 감기가 온다 싶을 때 마시는 거지, 감기가 일단 진행되기 시작하면 딴 걸 마셔야 한단다. 빤란근은 그래뉼형 가루로 차를 마시듯 물에 타서 마시면 되는데, 정말로 감기가 올 듯하다 싶을 땐 맛이 고롬고롬하고 달콤한 것이 마실만 한데, 몸상태가 좋을 땐 구역질이 날 것처럼 냄새와 맛이 이상하게 느껴진다. 상태가 좋고 안 좋은가를 몸 스스로 알아채는 모양이다. 그래서 입에 당기는 걸 먹는 게 가장 좋은 다이어트라고 하지 않던가.

빤란근은 사스가 돌았을 때 중국에서 가장 먼저 동이 난 상품이기도 하다. 사스를 독감의 일종이라고 생각한 사람들이 빤란근을 마시면 예방이 될 거라고 생각한 때문이었다.

얼마전 네덜란드에서 친구 노버트(Norbert)가 왔을 때, 한의사를 만나고 싶다고 해서 함께 한의원에 갔다. 한국분을 통해서 소개받은 한국인 운영의 한의원이었다. 여러 중국 한의원을 소개받긴 했었지만, 아직까지 가지 못하고 망설였던 것은 의사를 만

난다는 것에 대한 두려움에 언어적 문제까지 장애가 되어 발목을 붙잡았기 때문이었다. 한국말로 설명을 듣고 질문도 할 수 있고 대답도 들으니 얼마나 속이 시원한가!

나는 영국과 네덜란드에 살던 때부터 건강에 관한 한 반만 해결하며 살아온 지도 모른다. 그리고 반만 해결하는 생활은 언제까지 계속될지 알 수 없다. 얼마나 서러웠던가. 몸이 아팠을 때, 고열이 계속되었을 때, 방광염으로 화장실에서 고생했을 때, 사랑니로 몸도 함께 신열에 떨었을 때, 등줄기를 타고 통증이 진동했을 때, 머리가 아파 아무 것도 할 수 없었을 때, 가슴에서 응어리가 만져졌을 때의 그 두렵고 암담했던 날들. 그런 날들에 있었던 언어적 문제와 의사와의 약속, 생소한 병원체계와 약을 구입할 때의 어려움 등.

여러 나라를 다니며 사업을 하는 노버트는 나라와 문화에 따라 다른 처방을 하는 것을 인정하는 사람이었다. 한의원에 가보고 싶다는 것도 순전한 그의 아이디어였던 것이, 서양의 의료처방에 신뢰감을 잃었기 때문이기도 했다. 서양 의사들이 설명할 수 없었던 여러가지 증상들이 한방 의사에 의해 증상을 말하기도 전에 설명되었다. 기가 막힌 순간이었다.

나의 입장에서는 그저 자랑스러울 따름이었다. 한방이란 정말로 신기하다. 서양의학으로 해결해야 할 것이 따로 있고, 한방으로 해결해야 할 것이 따로 있으며, 그 둘이 조화를 이룰 때 완벽한 치료가 이루어진다고 나는 믿는다.

홍콩과 대만은 원래부터 한약제가 무한정 많은 곳이고, 중국 본토에서도 현재 한약 사업이 본격적으로 발전되고 있는데, 대표적인 회사가 베이징의 통렌탕(同仁堂)이다. 통렌탕은 1669년 청나라 강희제(康熙帝) 때 설립된 330년 전통의 제약회사이다. 오랜 역사를 거쳐 대규모 제약 그룹으로 발전한 통렌탕은 현재 세계화 전략을 추진하고 있다. 홍콩에 4개의 분점을 세운 것을 비롯해 말레이지아, 호주, 영국에 이미 자회사를 설립했고, 한약제품을 현대화한 신의약품 개발을 통해 세계시장에 나서겠다는 시도가 활발하다. 한의약은 현재 타이찌, 요가 등과 함께 유럽에서 주목을 받고 있는 새로운 건강생활 비결 중의 하나이다.

지난 5월, 여러 개의 프로젝트가 겹치는 바람에 일주일을 잠도 제대로 못자고 일을 했다. 그러던 어느날 덜커덕 왼쪽 쇄골 가운데에 응어리가 볼록하게 솟아오른 것을 발견했다. 거울로 보기에도 확연한 혹이었고, 만져보니 단단하면서 통증이 느껴졌다. 이상한 기분이었다. 뼈에 그런 게 생길 수 있는지. 왼쪽 뒷목과 어깨가 한참 땡기던 후여서 왼쪽 쇄골에 그런 일이 생겼다는 게 더욱 이상했다.

의사를 찾았다. MRI를 찍고 난 의사는 사진상으로는 뼈에 이상이 없고, 다만 물렁뼈에 염증이 생겼다고 했다. 통증은 가시겠지만 튀어나온 것은 사라지지 않을 것이라며, 심각한 상태가 아니니 수술까지 할 필요는 없고, 연고를 바르고 약을 먹으며 낫기를 기다려야 한다고 한다.

튀어나온 뼈가 그대로 굳을 거라니 조금 찜찜했다. 여름에 드러날 수밖에 없는 쇄골에 혹이 불룩 튀어 나와 있다니, 아름다운 쇄골선은 둘째치고 보는 사람을 불안하게 만들게 아닌가. 오랫만의 휴식으로 수영을 하러 갔다가 갑자기 힘이 주욱 빠지는 왼쪽팔에 이번엔 정말로 큰일이다싶어 한의원에 갔다. 왼쪽 몸에 무슨 이상이 있는 건가.

한의사는 이 증상들은 모두 스트레스로 인해 혈액순환이 잘 되지 않아 생긴 것이며, 그로 인해 면역력이 떨어진 틈에 쇄골 부분이 공격을 받은 거라며 간단히 설명했다. 보름 동안 먹으면 나을 거라며 약도 지어줬다. 나는 그걸 착실하게 토요미가 만들어온 체리술도 마다하며 복용했다. 그리고 보름 후… 나의 뒷목과 어깨의 통증도, 사라지지 않을 거라던 쇄골의 혹도 다 사라졌다. 한약 만세다!

발 큰 여자 못난 인생

끈이 여러 개 달린 샌들을 불편하게 신고 다니던 정희가 신발을 사야겠다고 말했을 때 난 환호성을 질렀다. 평소 신발 사러 다니는 걸 싫어하는 터에 누군가 다른 사람이 있다면 신발을 고르면서 수다도 떨고, 서로의 선택을 봐 줄 수도 있어 쇼핑이 한결 즐거워질 것이기 때문이다.

종샨공유엔(中山公元) 근처 백화점에 갔는데, 한 상점에 눈에 띄는 디자인의 신발이 있었다. 그중 하나가 엄지 발가락을 끼우는 고리에 왕다이아몬드가 박힌 슬리퍼였다. 대범해 보이면서도 귀엽고, 세련돼 보이면서도 편안해 보이는 신발이었다. 정희가 신으니 스타일이 괜찮았다. 그러나 다이아몬드가 너무 튄다며 정희는 다른 신발로 눈을 돌렸다. 여전히 왕다이아몬드를 비롯 전반적 스타일에 미련이 가는 나는 그녀가 놓아 둔 신발을 주워 발에 꿰어 봤다. 음… 커버되어야 할 부분들이 너무 노출되어 발이 넙적해 보인다. 내 신발이 되기는 어려운 상황.

발이 큰 편인 나는 상하이에서 신발 사기가 쉽지 않다. 샘플로 내놓은 신발들이 모두 터무니없게 작기 때문인데, 보는 것과는 다르기 때문에 신발은 신어보고 사야 한다. 그렇다고 맘에 드는 것들을 일일이 점원에게 내 사이즈대로 갖다 달라 말하려니 좀 미안하다. 갖다주겠다는 점원들의 반응이 조금 시큰둥하기도 하려니와, 서너 켤레를 신어보고도 아무 것도 맘에 안든다고 돌아선다면 뒤통수가 따가울 것이다. 일단 점원들에게 말을 걸면 뭔가를 사야 할 것 같은 압박감이 가득하다.

그래서 신발을 사는 게 내겐 스트레스가 되는데, 올 여름에 유난히 반갑지 않은 신발 쇼핑을 해야 했다. 기회가 있을 때 신발을 사고, 신발이 해지기 전까지 버리지 않는 편인데, 올 여름에 신발 세 켤레를 버리는 일이 발생했기 때문이다. 작년 여름 한국에서 사 온 신발은 얼마나 자주 신었던지 끈이 떨어져 더 이상 신을 수 없게 되었고, 역시 작년 여름 세일중에 상하이에서 산 슬리퍼는 이웃집 개 '쿄쿄'가 물어뜯어 없어졌다. 내가 컴퓨터를 들여다보고 있는 동안 조용하다 했더니 그 녀석이 나의 슬리퍼 하나를 작살낸 것이다. 눈물을 머금고 그 아리따운 알록달록 슬리퍼를 버렸다.

또 다른 한 켤레는 6년 전에 런던에서 산 건데, 네덜란드와 스위스에 갔다가 상하이로 돌아오는 길에 짐무게가 초과해 그걸 버려야 했다. 아무리 그래도 멀쩡한 신발을 버리는가. 나도 그렇게 생각한다. 멀쩡한 신발을, 게다가 내가 아끼는 신발을 버릴 순 없는 거였다. 그러나 짐초과 요금 250유로에 비하면 신발은 보잘 것없는 것이었다.

지금도 가슴 한 켠이 뭉클하는 것이, 정이 든 물건은 함부로 버리는 게 아니다. 그때는 당황스럽기도 하고 비행기 시간도 그렇고 해서 마구 손에 잡히는 대로 버렸건만… 그래서 올 여름엔 어쩔 수 없이 신발을 사야 했다.

사야 하는데 사고 싶은 것이 눈에 띄지 않을 때의 초조감과 허무감이란. 게다가 일일이 샘플들을 꺼내줘야 하는 발 큰 여자의 시중을 드는 게 못마땅한 점원들의 눈총까지 받으면서. 중국 여자들은 왜 이리도 발이 작단 말인가.

중국 여자들의 발은 '역사적으로' 작다. 한국에서도 고무신을 신는 발은 작아야 한다라든가, 여자는 발이 소박해야 예쁘다는 식의 의식이 있는데, 중국에서는 특히 작은 발에 대한 선호가 강하다. 중국 여인들이 작은 발을 선호하는 것은 전족 풍습에서 유래된 것이라 할 수 있는데, 이제 한없이 늘어나는 신발들을 신고 있지만, 아직도 '여자의 발은 작아야' 라는 식의 의식이 남아있다.

전족이 완전히 사라진 게 1930년대 초였으니, 중국에 남아 있는 마지막 전족 여인들은 이제 노년에 접어들었다. 그들을 상대로 하는 신발가게가 텔리비전에서 다루어질 정도니, 얼마나 적은 인구가 남아 있는지 알 수 있다. 기념품 가게에 가면 볼 수 있는 골무처럼 작은 신발들, 마지막 전족의 여인이 사라지고 나면 그건 앞으로 신어질 일이 영영 없을 것이다.

전족이 언제 시작되었는지는 확실치 않다. 당나라 말기라는 설도 있고, 북송 시대라는 설도 있는데, 주로 허베이 한민족의 풍습으로, 특히 산씨(山西)지방의 다퉁(大同) 부근에서 가장 성행했다고 한다. 남쪽 지방에서는 그다지 심한 편은 아니었으나, 만주 기인(滿洲旗人)도 도조라는 일종의 전족을 했다.

전족은 남자의 성적 유희에서 비롯되었다는 설이 강하다. 여성이 자신의 신체 부위에서 수치심을 느끼는 부분이 몇 군데 있는데 그 하나가 발이다. 그런데 여인들이 수치심을 느끼는 곳이 곧 남성들로서는 성적 매력을 느끼는 부분이라는 것이다. 옛 중국에서는 여인이 맨발로 남자를 맞이한다는 것은 곧 몸을 허락하는 의미로 통할 정도로 중국 여인에게 있어 발은 매우 중요한 부분으로 인식되어 왔다. 그리고 전족을 하면 작은 발로 몸을 지탱하기 위해 둔부에 힘을 가하면서 평생을 지내니 자연적으로 음부가 발달한다는 것이다. 또 발을 부자연스럽게 만들어 도망을 방지하도록 만들어진 시술이라고도 전해진다.

아무튼 전족은 일반인들에게 널리 성행했고, 특히 부자집에 시집을 가기 위해서는 전족이 필수였으며, 따라서 여자 아이의 미래를 결정하는 전족에 관한 한 어머니에게 전적으로 책임이 있었다. 어떤 어머니는 고통이 따르는 전족을 하는데 마음이 약해져서 그냥 방치하기도 하는데, 나중에 딸이 좋은 곳으로 시집갈 수 없어서 원망을 들어야 했다고 한다.

전족의 시작은 빠르면 생후 2세, 혹은 3~4세 때부터 시작되는데, 보통 4단계를 거치며 2, 3년이 소요된다. 간단하게 요약하자면 이렇다.

먼저 따뜻한 물에 발을 씻긴 후 엄지 발가락을 제외한 네 발가락을 발바닥 쪽으로 구부려 넣는다. 발가락 사이에 피부의 수축을 돕고 염증 방지를 위한 약을 바르고 30~40센티미터의 길고 흰 천으로 발을 힘껏 동여서 꿰맨다. 이때 어머니들은 구부려진 발 위에 무거운 돌을 올려놓고 발가락이 납작해지도록 누르기도 했는데, 고통으로 비명을 지르면 어머니는 아이의 입에 헝겊을 쑤셔넣었다. 모든 것이 마무리되면 끝이 뾰족한 작은 신발을 신겼다. 그리고는 사나흘에 한 번씩 발을 풀어 씻긴 다음 다시 동여매는데, 횟수가 거듭될수록 더 세게 조인다.

6개월 쯤 지난 후 세 번째로 발을 더욱 수축시키는 단계를 6개월 정도 지속하는데, 이때 피부가 벗겨지고 고름이 생기며 심할 경우 발가락이 썩을 수도 있다. 마지막으로 발등을 더욱 동그랗게 오그리고, 엄지 발가락과 네 발가락을 함께 발바닥의 오목한 쪽으로 구부려 넣는다. 그러면 발등은 곡면이 되고 발바닥은 움푹 파이게 된다. 이 단계 역시 6개월이 소요되는데, 마지막 단계에선 발바닥을 더욱 굽혀 공처럼 휘게 만든다. 이때가 되면 발가락도 자연히 아래로 쳐지게 되어 전체의 발 모양이 전족 형태로 자리잡고, 길이가 10센티미터 정도가 되면 전족이 완성되는 것이다.

과거 중국의 미녀에는 두 유형이 있었다. 하나는 한나라 성제가 사랑했던 조비연과 같은 '날씬한 형'이고, 다른 한 형태는 당나라 현종의 양귀비와 같은 '풍만한 형'이다. 이 두 여인은 서로 다른 형태의 미녀들이지만, 한가지 공통점은 두 사람 모두 작고 고운 발을 갖고 있었다는 것이다. 그러나 작고 고운 발도 정도가 있다. 얼마전 인터넷에서는 전족 여인들의 발 사진이 나돌아

네티즌들을 경악시켰다.

여름에 전철을 타면 난 무의식적으로 반대편 자리에 앉은 여자들의 발을 쳐다보게 된다. 누가 말했을까, 발이 여자의 수치심을 느끼는 신체 부분이라고? 요즘 중국엔 그런 의식은 전혀 남아 있지 않은 것 같다. 상하이 여자들의 발은 노출이 심한 샌들, 슬리퍼와 매니큐어로 날로 대범해지고, 덩달아 질세라 나도 여름 패션을 즐긴다. 발 큰 여자는 불행한 인생을 가져야 했던 옛날과는 달리 이제는 발 큰 여자도 아름다운 인생을 누릴 수 있는 세상이니까.

국제 결혼한 자들의 슬픔

처음 나와 데이트를 시작하던 휴고, 자기 여자 친구가 한국 사람이라고, 중국에서 함께 일하던 스페인 친구 토마스에게 자랑했다. 그러자 그는 축하의 말 대신 전에 학교에서 있었던 일을 말해 주었다. 당시 푸단대학에서 공부하던 유학생들의 이야기이다.

한 한국인 여학생이 서양인 남자와 친구가 되었다. 둘이는 데이트도 하고 사이좋게 잘 지냈는데, 한국 유학생들이 어느 날 그 서양 남자를 집단으로 구타했다는 것이다. 자기네 여자에게 접근하지 말라는 경고와 함께. 그뿐만 아니라 한국의 여학생 부모에게 전화를 해, 당신네 딸이 공부는 안하고 외국 남자애랑 시시덕거리기만 하니 한국으로 데려가든지, 아니면 어떤 조처를 취하는 게 좋을 거라고 했다는 것이다. 여학생은 졸지에 한국으로 불려 들어갔고 '서양놈'과의 교제는 금지되었다. 여자는 한 동안 단식으로 저항해 결국 상하이로 돌아왔다는 게 그 줄거리였다. 그러니 한국 여자 사귀려면 마음의 준비 단단히 하라고, 그리고 한국 사람들은 굉장히 이상하다고…

얼토당토않은 이야기를 사실처럼 한다고 나는 휴고에게 되려 화를 냈다. 그런 이상한 소문을 내고 다니는 친구 만나지 말라는 말도. 나중에 토마스를 만나게 되었을 때, 난 첫날부터 그를 미워했다. 그리고 내 상식에 거짓말쟁이였던 그를 오래오래 미워했는데, 그 오해는 몇 년이 지난 후에야 풀리게 되었다.

중국에서 유학하다 러시아 남자와 만나 결혼까지 한 한국 여인을 상하이에서 알게 되었는데, 그녀의 얘기인즉슨 학교에서 공부하기가 너무나 힘들었다는 것이다. 다른 한국 친구들이 '그 놈 때려줄까' 제안을 하는가 하면, 교회에서는 사탄과 어울리면 안 된다고 말하는 등, 그녀의 남자 친구를 사탄으로까지 몰더라는 것이다. 그러한 수난에 그녀는 오히려 오기가 나 남편과 결혼까지 하게 된 것 같다고 말했다.

많은 사람들이 묻는다. 국제결혼을 해서 불편하지 않느냐고. 솔직히 난 국제결혼이 나쁜 것보다 좋은 게 더 많다고 믿는 편이다. 가장 큰 문제로 들먹여지는 게 언어와 문화 차이인데, 언어는 솔직히 문제가 될 수 없다. 집에서 하는 대화를 생각해보면 된다. 어려운 단어 동원해 가며 철학을 논하고, 의견 교환하고, 고상한 시 읊고 하는 부부 거의 없다.

밥 먹었냐, 오늘 늦는다, 이번주에 부모님께 가자, 이웃이 나한테 뭐라고 그랬다 뭐 그런 식을 넘는 수준의 대화는 필요하지 않다. 한마디로, 먹고 잘 수 있으면 불편할 거 없다. 게다가 오랫동안 살다보면 두 사람만의 대화 방법이 생겨서, 제까닥 알아듣지 못한다고 분위기가 망쳐지거나 서로에 대한 사랑이 반감되거나 하는 일 없다.

문화에 있어서는, 역시 나쁜 것보다는 좋은 게 더 많다고 믿는다. 서로 이해가 되지 않는 부분이 있으면 그냥 문화적 차이려니 하고 넘어가니까 개인 대 개인으로 헐뜯거나 흠잡을 필요가 없다. 다만, 익숙하지 않은 상대방의 문화에 대한 호기심이나 존경심이 있느냐 없느냐가 행복을 좌지우지할 뿐이다. 무조건 자기 문화를 따라서… 하는 식으로 상대방을 이끌어가려 한다면, 아닌 게 아니라 문화 때문에 갈라서야 할 것이다. 난 각 가정의 문화, 개인의 몸 속에 밴 문화가 국가 문화보다 더 무섭다고 생각한다.

국제결혼한 사람으로 받는 다음 질문은 음식 때문에 고생하지 않느냐는 것이다. 『네덜란드 엿보기』 출간 이후 KBS 라디오에 출연했을 때도, 쉬는 시간 동안 프로그램 진행자였던 이주향 교수님이, 음식은 어떻게 해먹나요, 하고 물었을 정도니, 음식과 관련한 문제는 참으로 모든 사람들의 관심사이다. '김치'라는, 외국에서는 왕따의 원인이 될 수 있는 음식을 가진 한국인들에겐 특히 더 큰 관심사다.

영국 남자와 결혼한 어떤 한국 여인은 남편이 김치 냄새를 너무 질색하는 반면, 본인은 김치없이 살 수 없어서 아예 냉장고를 두 개 놓고, 하나는 한국식으로, 다른 하나는 영국식으로 채운다고 한다. 그녀는 한국 사람 초대해서 그 핑계로 한국 음식 거나하게 먹을 때가 가장 행복하다나. 음식에 대한 고정관념이 없는 나는 일단 행운아다. 그렇다고 남편을 위해 김치를 양보한다는 건 아니다. 김치는 생각날 때 사먹고, 떨어질 때까지 그냥 같은 냉장고에 넣어두고 먹는다. 이중뚜껑을 가진 강력 프랑스제 반찬통을 사용한다는 게 나의 최대한의 배려랄까.

나한테만 해당되는 일이긴 하지만, 네덜란드 사람을 만나서 좋은 건 아담하고 연약한 척할 필요가 없다는 것이다. 연약하고 가녀리고 귀여운 여인들에게 후한 점수를 주는 한국에선 나처럼 건강, 씩씩, 솔직하고 애교는 없는 여자들은 견디기 힘들다. 남자들은 나보다 키가 조금만 크거나, 어떤 땐 허리가 더 날씬하려 하기도 하고, 손도 나보다 조금만 크다. 덩치에 대한 강박감은 20대 초반의 나를 무던히도 내리눌렀다. 미팅을 나가기가 두려웠다. 나보다 왜소한 사람을 만나게 될까봐서.

그런데 네덜란드에선 내가 작다. 남편 친구들을 만나면 모두 머리통 하나씩은 나보다 하나 더 가진 데다 여자들마저도 170센티미터가 기본이니 몸이 좀 통통해도 난 아담 사이즈다. 거기에다 진짜 한국 여자들의 애교를 접해보지 못한 그 사람들은 나의 웃음만으로도 상냥한 동양의 미소 어쩌구 하며 살살 녹는다. 우리가 결혼하던 해, 남편은 친구들 사이에서 그 해의 가장 운좋은 놈으로 꼽히지 않았던가.

국제결혼 때문에 한가지 불편한 게 있다면 친구들과의 교제이다. 네덜란드에서 나고 자란 남편 친구들과 만나 대화를 하자면 다른 사람들은 모두 알아듣는 과거의 일이라든가 단어를 내가 알아듣지 못해 불편할 때가 있고, 한국 사람들을 만날 땐 역시 언어의 벽과 문화적 차이로 남편이 어울리기 힘들다.

런던에 살던 때, 한 한국인이 파티를 열었는데, 영국에 살고 있지만 다른 한국인들 앞에선 영어를 사용하고 싶어하지 않는 습성과 한국인들 특유의 빙 둘러앉아 농담을 주고 받는 식의 파티 문화 때문에 남편만 혼자 떨어져 나가 있었던 걸 본 적이 있다. 결국 그는 고기를 굽고 있던 나의 동료와만 열심히 이야기를 나누어, 서양에서 볼 수 있는 잔 들고 맞닥뜨려 이 사람 저 사람과 자연스레 말을 트는 그런 파티와는 차이가 있었다.

상하이에선 아예 꿈도 꾸지 않았다. 한국 사람들을 사귀겠다는 것. 한국 사람들은 보통 교회 단위로, 혹은 회사 단위로 뭉치게 되어 있어서 나같은 사람은 아무리 한국어에 굶주렸어도 헤집고 들어갈 틈이 없다. 한국 사람들을 안만나고 사는 것에도 이력이 났으니 걱정은 없다. 한국 레스토랑에 가서 한국 신문을 가져와 읽는 것으로 하루하루를 소일하던 어느날, 눈에 번쩍 띄는 광고를 보게 되었다. 국제결혼한 한국 여성들의 모임을 만든다는 것이다. 당장에 전화를 걸었다.

자상한 목소리의 여성이 한국어로 전화를 받았고, 곧 어느 나라 사람과 결혼했는가, 상하이에 온지는 얼마나 되는가 등의 대화로 이야기가 이어져 갔다. 미디어의 위력은 무시할 수 없는 것이어서, 내가 첫번째로 전화를 한 사람이었는데, 곧 십여 명이 모였다. 일본인과 결혼한 사람, 미국인과 결혼한 사람, 호주인과 결혼한 사람, 홍콩인과 결혼한 사람, 중국인과 결혼한 사람, 네덜란드인과 결혼한 사람, 대만인과 결혼한 사람… 각각 다른 나라 사람들과 결혼해서 다른 나라에 살다가 상하이에 모인 사람들이라 할 얘기도 많고 재미도 있었다. 남편을 어디에서 만나 어떻게 연애를 했는가 하는 이야기를 듣는 건 가지각색이어서 더욱 흥미로웠다.

그리고는 곧 쇼핑 문제와 청소하는 아줌마에 대한 이야기, 음식에 관한 이야기가 주를 이루기 시작했는데, 모두들 국제결혼한 것에 만족해 하면서도 조국을 그리워 하는 마음이 조금씩 있었다. 재미있는 것은 남편의 국적에 따라 부인들의 문화도 다르다는 것이었는데, 남편이 미국인인 경우 역시 재물에 대해 솔직히 드러냄을 무시할 수 없었고, 홍콩이나 대만 남편의 경우 외도에 은근히 대비하는 분위기였으며, 중국인의 경우 중국에 대한 타인들의 시선에 민감했다.

중국 사람과 결혼한 사람을 제외하면 모두 주재원으로 상하이에 온 터라 '패키지' 얘기가 끊이질 않았다. 얼마짜리 집에 살고 있으며 자동차는 있는지, 자동차에 운전사가 딸려 있는지, 혹은 아이들 교육비는 얼마가 나오고 식사비로 얼마를 사용할 수 있는지, 자신의 취미생활비로 얼마를 받을 수 있는지 등 대화가 끝이 없었다. 월급 외에 나오는 돈이 없이 내 주머니에서 나가는 돈으로 생활해야 하는 나는 상대적으로 패키지에 대해 할 말이 거의 없었다.

후에 직장을 얻어 일하게 되면서 더 이상 나가지 못했지만, 그 모임을 통해 다양한 사람들을 만났고, 나와 비슷한 처지의 사람들이 자기 운명의 이질감을 어떻게 해결하며 사는지 들여다보는 것도 재미있는 경험이었다.

미국인은 이상해

    미국인에 대해 막연한 존경심을 가지고 있었던 것은, 미국이라는 나라에 대한 한국에서의 선입견 때문이었는지도 모른다. 어쩐지 미국은 우리의 큰형님같았고, 한국전쟁으로부터 남한을 구해준 은인이며, 어려운 일이 있을 때마다 우리를 재난에서 구해주는 구세주같았다.

    자유롭고 선입견없고 모든 일이 가능한 평등의 나라 미국에 대한 환상이 깨진 건 상하이에 살면서부터이다. 상하이에서 알게 된 미국 사람들은 일 때문에 접촉하게 된 트레이닝 회사 사람들, 그리고 그들의 친구들, 후에 내가 직장을 다니면서 사귀게 된 사람들 등이다. 미국인들을 만나면서 발견한 놀라운 몇가지를 요약하자면 다음과 같다.

    △ 과장이 심하다

    미국인들은 사람을 만나면 매우 반가운 척한다. 만나서 '좋다' 정도면 충분할 것이 '굉장히 좋다' '너무나 반갑다' 등으로 둔갑하고, 웃음도 함박웃음이다. 고개를 흔들면서 제스처도 크게 한다. 그러나 돌아서고나면 그 호들갑의 의미는 싸악 사라지고, 언제 만났던가 하는 분위기가 된다.

몇 년을 만나지 못하다가 우연히 만나게 되어도 그들의 인사는 "만나서 너무너무 반갑다" 혹은 "굉장히 궁금했다"인데, 마치 그 동안 나를 찾아 여기저기를 헤맨 사람인 것 같다는 생각이 들 정도이다. 그러나 역시 헤어지고 나면 나와 함께 할 비즈니스가 없는 한 그들로부터의 연락은 없다.

예쁜 옷을 입은 사람을 봐도 그냥 '예쁘다'라고 하면 될 것을 '너무너무 예쁘다' 하는 식으로 과장한다. 사업을 새로 시작한 친구에게도 그레잇(great)!, 이사를 했다는 친구에게도 그레잇!, 직장을 옮겼다는 사람에게도 그레잇! 그러다보면 이혼을 한 사람에게도 그들은 '그레잇!'이라고 인사할 것이다.

△ 비지비지비지(busy busy busy)··· 바쁜 사람이 성공한 사람

월요일에서 금요일까진 사무실에서 일을 한다. 일의 내용은 알 수 없으나 아무튼 그들의 몸은 늘 사무실에 있다. 저녁 늦게까지 사무실에 남아 일을 하는 건 물론이고, 일거리를 집에까지 가지고 가기도 한다. 주말도 소홀히 보내지 않는다. 토요일엔 다음 일주일을 위한 쇼핑을 하고, 친구들과 테니스를 치거나 다른 운동을 함께 하고, 저녁식사는 또 다른 친구들과 함께 한다. 일요일엔 봉사활동을 하거나 교회에 가는 등 잠시도 쉬는 날이 없다.

그리고 그들은 그것을 매우 자랑스럽게 생각한다. 주말에 남편과 커피숍에서 커피나 마시련다거나, 집에서 텔레비전을 보며 쉬겠다는 사람은 도저히 이해할 수 없어 한다. 조금이라도 느슨한 날이 있다는 것을 그들은 용납할 수 없고, 그런 인생을 즐기는 사람들을 한심하게 여긴다.

△ 돈으로 좌지우지되는 우정

상하이 미국상공회의소의 임원이거나 임원이었던 사람들로 이루어진 단체와 어울리게 되었었다. 상하이에 살기 시작한 초창기였는데, 어쩌다가 그런 사람들과 어울리게 되었는지 지금도 이해할 수가 없다. 친구들이 많지 않았던 때인데, 휴고가 아는 사람을 통해 얼떨결에 그들의 모임에 나가게 되었던 것이다.

그들은 형식적이지 않으나 우정을 나눈다는 분위기로 자주 만나고 있었다. 여러 사람이 만나거나, 그중 친한 사람들끼리 만나거나, 만남의 시간을 이메일로 돌리면 시간있는 사람들이 나타나는 식이었다. 얼핏 보기에 그들의 우정은 매우 진하고 좋아 보였다. 상하이에 있다가 미국으로 돌아간 사람들을 방문하기도 하고, 전화도 자주 나누며, 도움이 필요한 사람에겐 위로의 저녁을 마련하기도 했다. 그러나 나중에 알고보니 그건 순전히 언젠가 갖게 될지도 모를 금전적 관계, 프로젝트를 딴다거나 하는 비즈니스 관계를 위한 네트워킹이었다.

과장된 미소를 띠며 친한 척하다가 자신이 챙길 몫이 얼마가 되느냐의 상황에 이르면 갑자기 이빨을 드러내고 으르렁거린다.

상대에게 무례한 이메일을 보내는 건 물론이고, 험한 말들도 마구 늘어놓는다. 그러나 더욱 더 이상한 건 이런 상황을 보내고나서도 특별히 미안하다거나 하는 사과의 단계도 없이 우정(?)의 관계를 지속한다는 것이다. 마음 속에선 서로를 죽이고 싶은 감정으로 부글거리는지 모르나, 겉으로는 여전히 미소를 지으면서, 언젠가 받게 될 프로젝트를 위해…

△ 좋은 기회를 위해 끝까지 비교

미국인들과의 약속은 늘 쉽게 이루어진다. 다음 주에 한 번 보자. 그래 보자… 마치 다음 주에 보지 않으면 큰 일이 날 것처럼, 마치 우리가 그렇게 친했던 사이인 것처럼. 그렇게 해놓고 그 사람을 다음 주에 만날 수 있을 것인가 하면 그건 순전히 기회의 문제이다. 그러니까 대충 약속을 해놓고 다른 더 좋은 일이 생기면 막바지 순간에 약속을 취소하거나 다음 기회로 미룬다는 것이다.

먼저 약속된 게 선약인데, 뒤의 일로 그게 깨지다니 말이 되는가? 이해할 수가 없다. 그렇지 않으면 약속을 해놓고는 아예 나타나지 않는 것. 물론 여러 사람과 약속을 한 경우에 일어나는 일이지만, 만약 나와 단둘이 약속을 했는데 그런 식이라면 매우 화가 날 것이다.

△ 까다로운 열병

"난 육지 동물(land animals)은 먹지 않는다."

미국인 밥(Bob)이 말했다.

"그럼 어떤 동물을 먹나요?"

소고기 그린카레를 쳐다보고 있던 내가 물었다. 이건 내가 제일 좋아하는 음식인데… 생각하면서.

"바다 동물, 하늘 동물…"

음, 그럼 생선과 해산물, 뭐 그런 건가.

"닭고기는…?"

"닭고기는 괜찮아."

하지만 닭은 육지에 사는 동물인데? 나는 그의 '이론'에 조금 의문이 간다. 날개는 달렸지만 닭은 날지 못하는 새 아닌가. 어쨌든 그 날은 나처럼 아무 고기나 먹는 사람들도 있었으므로 눈치를 보며 소고기 요리도 시켰지만, 미국인들과의 외식은 늘상 어렵다. MSG가 들어간 것은 절대로 안먹고, 오믈렛을 시킬 때 노른자가 제거돼야 하고, 빨간 고기는 안 먹고, 유제품은 독과 같으니 손도 안대고, 기타 등등… 이 사람들이 햄버거의 나라 미국에서 온 게 맞나 싶을 정도이다.

하기야 '건강'이라는 단어만 들어가면 모든 제품이 날개돋힌 듯 팔린다니, 미국이란 나라는 요지경이다. 한쪽에선 정크 음식으로 몸무게가 날로 불어나는데, 다른 한쪽에선 지나치게 건강을 챙기는 사람들이 있으니.

비즈니스를 제외하면 모든 관심사가 건강에 있는 한 미국인 커플이 있는데, 비쩍 마른 두 사람은 당연히 위에 열거한 다이어트가 몸에 배어 있고, 비타민, 칼슘 등의 영양소를 하루 20개의 알약에서 섭취하고 있었다. 그 커플과 여행을 하다가 나는 노이로제에 걸릴 뻔했다. 음식을 먹을 땐 옆에 있는 사람이 불편할 정도로 까다롭고, 식사를 마치고 나면 알약을 한 주먹씩 꺼내 입에 털어넣던 그들이었으니.

△ 이메일 건강보고서

미국인 마이클의 부인이 암에 걸려 병원에 입원하게 되었다. 그러자 그는 매일 여러 사람들에게 이메일을 보내기 시작했다. 우리는 그를 단 두번 만났을 뿐이었다. 어느 날인가부터 우리에게 배달되는 이메일. 오늘 부인의 증상은 어땠고, 어떤 검사를 받았고, 지금은 어떤 병원에 있고… 서로 잘 알고 지내는 사이도 아니기에 조심스러운데, 그런 이메일이 매일 날아오니 어떤 반응을 보여야 할 지 난감했다.

처음엔 물론 안됐다, 빠른 회복을 빈다 등의 인사말을 보냈다. 그러나 매일같이 계속되는 불안과 슬픔의 이메일을 받을 때마다 단어를 겹치지 않게 골라 '안됐다, 빠른 회복을 빈다' 는 답장을 보내기도 그렇고, 알지 못하는 뉴스를 골라 마치 그에게 잘 아는 양 말해 줄 수도 없고, 매일 다른 반응을 보내자니 그것도 어렵고, 모른척 하고 있자니 그도 이상했다. 결국은 어정쩡하게 그와 멀어졌지만 지금 생각해 보아도 그때는 참 곤란했다.

상하이에서 만난 미국인이 하나 있다. 그는 휴고와 사업상 몇 번 만났으나 친구라고 부르기엔 좀 거리감이 있는 사이였다. 미국에 있는 그의 아버지가 병원에 입원하자 아는 사람들에게 이메일을 보내기 시작했다. 몇 번 만난 적이 있는 휴고에게도 당연히 그의 아버지에 대한 건강보고서 이메일이 일주일이 멀다 하고 날아왔다. 역시 어떻게 반응을 해야 좋은 건지 잘 모르겠던, 곤란한 상황이었다.

몸이 아프면 여기저기 소문을 내야 좋은 정보도 얻고 조언도 얻을 수 있다는 것쯤은 나도 알고 있다. 그러나 알고 있는 모든 사람들에게 이메일을 동시에 보낸다는 건 어쩐지 정성이 담기지 않은 듯 느껴진다.

△ 거짓말쟁이 미국인

뉴욕에서 7년을 살다온 독일인 토마스(Tommes)는, 미국 사람들은 끊임없이 거짓말을 한다고 생각한다. 미국에서는 한번도 살아본 적이 없으나 상하이에서 만난 미국인들만으로도 그러한 추론을 갖고 있던 나는, 그 말을 듣고 나의 추론에 확신을 갖게 되었다.

상하이에서 가끔 만나는 미국인 커플이 있는데, 어느날 내가 아는 화가들의 전시회 오프닝에 찾아왔다. 면식이 있는 사람들이 다보니 한참을 떠들다 함께 저녁을 들기로 했는데, 저녁을 함께 먹겠다고 웃고 떠들며 시간을 보내던 이 커플은 사실은 다른 레스토랑에 예약을 해놓은 상태라 함께 가지 못하겠다고 발뺌을 했다. 저녁식사 이야기가 나왔을 때는 함께 갈 듯 맞장구를 치던 사람들이 막판에 다른 소리를 하니 그곳에 있던 사람들은 어안이 벙벙해졌다. 그러나 그들만이 그렇게 약속했던 걸 알아듣지 못한 것이었으려니, 사람들은 그들에게 안녕을 고하고 레스토랑에 가는 차에 올랐다.

그런데 나중에 그 커플을 다시 만났을 때 물어보니, 실은 화가들이 하도 담배를 피워대서 마음을 바꾸었다는 것이다. 그러면 그냥 맘이 변해 안 간다고 하든지, 솔직하게 들릴 만한 이유를 대던가 하지, 다른 레스토랑에 예약을 해놓았다고 거짓말을 하는가.

거짓말의 예로, 그들의 이력서를 들 수 있다. 미국인들의 이력서는 언제나 찬란하다. 이력서로만 따지면 한 20년은 실제보다 더 나이가 먹었어야 할 것 같다. 하기야 온갖 활동에 내일은 없다는 듯 참여하니 이력서가 빽빽해지는 건 당연한지도 모른다.

미국인의 이력서를 들여다보면 미국 문화가 한 눈에 보인다. 먼저 쓸데없이 많은 학위를 따며, 거기에 집착을 한다는 것이 특징이다. 가문을 따지는 분위기가 아직까지 사회에 깊숙이 깔려 있는 유럽과 달리, 역사가 길지 않아 따로 가문을 따질 수 없는 미국 사회에서는 돈이 가문이고, 돈을 잘 벌려면 일단 학력이 좋아야 한다는 것이다. 그래서 미국에선 악착같이 학위를 따려고 하고, 학위는 자신의 명예가 되는 것이다. 힘껏 소리친다. 나는 박사다! ○○ 학교를 졸업했다! 졸업 후엔 며칠의 공백도 없이 언제나 일을 '열심히' 하며, 경력 계발에 주력한 것처럼 보인다. 그러나 사업을 위한 리서치에 매달리며 대단한 보고서를 작성했다는 1년이 실은 취직하기 위해 안간힘을 썼으나 실패의 고배를 마신 아픔의 기간이었다는 걸 알면 배신감이 느껴질 것이다.

또 한가지 특징은 회사의 크기를 자기의 자존심에 빗댄다.

자기가 몸담았던 회사가 얼마의 이익이 있었고, 어느 정도 규모의 회사라는 걸 꼭 밝히며, 그것이 자신이 회사를 위해 벌어들인 것처럼 떠벌인다. 가족을 소개할 때도 모든 것이 완벽한 듯 남에게 보이려 노력하지만, 실은 밥먹듯이 이혼이 이루어지는 걸 보면 결코 그들이 말하는대로가 아닌 것이다.

조지 부시는 어느날 텔레비전에 나와 "우리 미국 소방대가 세계에서 가장 훌륭하다!"고 떠벌였다. 텔레비전을 시청한 많은 유럽 사람들이 이의를 제기했는데, 부시가 어떻게 노르웨이나 독일, 프랑스나 영국의 소방대보다 자기네 소방대가 더 좋은지 아느냐는 것이다. 확실하지 않아도, 미국인들은 무조건 소리높여 외치고 본다.

클린턴 전 대통령은 모니카 르빈스키와 섹스 스캔들에 휘말렸을 때도 전 세계인이 지켜보는 방송에 나와 "나는 그 여자와 성관계를 가지지 않았습니다" 하고 자신있게 발언했었다. 나중에 새빨간 거짓말이라는 것이 들통났지만, 미국인들은 그냥 그러려니 하고 받아들이는 것 같다.

대통령이라는 사람이 이런 식이니 그 나라의 문화가 어떤지는 뻔할 뻔자이며, 돈을 벌려고 '후진 도시' 상하이에 와 있으면서도 자신이 얼마나 훌륭한 나라에서 왔는가를 떠벌이는 상하이의 보통 미국인들의 행동이 어떠한지는 짐작이 갈 것이다.

대만인과 사귀기

93년도에 나는 대만을 여행한 일이 있다. 완전한 배낭여행자로서였다. 처음으로 혼자 나선 배낭여행이기도 했다. 그때 나는 왜 그렇게 여행에 미쳐 있었는지 모르겠다. 새로운 것을 본다는 사실, 현실을 잊을 수 있다는 사실, 다른 문화, 언어권의 사람들과 여행자라는 신분 하나로 마음을 트고 만날 수 있다는 사실 등이 한없이 매력적으로 느껴졌다.

타이페이의 파란 하늘을 즐겼고, 다양한 종류의 타이찌 인구가 있는 공원을 즐겼으며, 화리엔에서는 뗏목을 탄 여고생들과 대화를 즐겼다. 혼자 여행하는 외국 여자를 안쓰럽게 생각해 직접 택시를 잡아 길을 설명해 준 아주머니, 게스트하우스까지 차를 태워준 마음씨 좋은 부부, 손가락 하나가 없었던 열렬 산악인 등은 모두 내 기억의 좋은 사람들로 남아 있다.

그 날, 한 남자가 내게 다가왔다. 키가 훤칠한 삼십대 중반의 남자였다. 나의 대만에서의 마지막 날이었던 그 날, 너무나 가까이서 들린 목소리였기에 분명 내게 하는 말이라고 생각은 했으나 중국어였기 때문에 알아듣지 못했다. 의아한 표정을 짓자, 이번엔 영어로 "가방이 무척 예쁘네요. 여기서 산 거 아니죠?" 하고 물었다. 그 여름 가장 잘 쇼핑한 물건이라고 생각했던 그 밀짚 배낭이 화제가 된 것이었다.

어쩌다보니 그와 가방에 대해 잠깐 대화를 나누게 되었고, 그리고는 좋은 여행 하라는 인사를 나누고 헤어졌다. 그런데 한 시간 쯤 뒤 거리에서 우연히 그를 다시 만나게 되었다. 그 많은 사람들 중에서 잠깐 만났을 뿐인 사람의 얼굴이 한 눈에 들어오는 건 웬일인가. 인연이 되어 우리는 그날 저녁까지 함께 먹게 되었다. 로스앤젤리스의 대학에 몸을 담고 있는 그는 휴가를 맞아 대만에 온 것이라고 했다. 나중에 그는 한국으로 돌아온 내게 『내 영혼의 치킨 수프』를 선물로 보내주기도 했었다. 한국을 떠나면서 그와의 연락 역시 끊겼지만, 그로부터 나는 대만에 대해 아주 좋은 인상을 가지고 살았다.

대만인에 대한 이상한 이야기를 들은 건 내가 상하이에서 처음으로 대만 여자를 알게 된 다음이었다. 유난히 마음씨도 상냥하고 웃음도 많아서 그 여자가 참 좋다고 말하니, 대만 사람들을 믿어서는 안된다고, 상하이에서만 몇 년을 산 한 외국인 친구가 말했다. 이해할 수 없었으나, 이후 나는 그 말을 서서히 실감하게 되었다.

대만 사람들은 마주 대할 때는 아주 좋은데, 그들과 깊이 있는 만남은 이루어지질 않는다. 나는 마음이 헤픈 사람이어서 좋은 친구다 싶으면 전화도 마구 하고, 속에 있는 생각까지 주책없이 털어놓는다. 그러나 대만 여자들은 남편을 통한 만남이 아니면 따로 만나려 하지 않고, 대만 여자들끼리만 자주 만나는 눈치였다. 만났을 땐 이것저것 많은 대화를 나누는데, 헤어지고나면 언제 그런 얘기를 나누었냐는 듯 무심하다.

서로 연락하자 하고도 감감무소식이다. 내가 만나자고 하면 반드시 다른 핑계거리가 있고, 남편이 나서야지만 만나게 된다. 그런 일이 자꾸 반복되다보니 상하이에서 대만 여자들과의 우정은 포기하기에 이르렀다. 지금도 난 대만 여자를 내 친구라고 내세울 만하게 사귀어보지 못했다.

우리 아파트 단지의 독일식 펍 '빠올라나(Paulaner)'에 근무하는 대만 여인 청씨가 있었다. 정원에서 여러번 마주쳤으나 우리는 가까워질 듯 하면서도 일정한 거리 이상은 좁힐 수 없는 이웃 사이로 굳어버렸다. 하얀 몰티즈 '야야'의 주인 역시 대만에서 온 여인인데, 길 건너 대만 무역회사에 근무하는 그녀는 매우 좋은 인상을 가지고 있음에도 역시 가까워질 수 없었다. 이유는, 그녀의 민난화 억양이 너무 강해서이고, 어찌된 일인지 그녀 역시 나의 푸동화를 못알아듣기 때문. 친구 되기 힘든 이유도 여러가지다.

그러나 이건 어디까지나 나 개인의 경험이고… 전반적인 사회 분위기로는 어떤가. 상하이에선 대체로 대만인이 환영받지 못한다. 물론 거기엔 정치적 이슈도 걸려 있을 것이다. '같은 중국인이면서 중국인을 부려먹는 대만 사람들'을 상하이 사람들은 특히 싫어한다. 우리 단지 사람들 중에는 미국을 거쳐 중국으로 들어온 대만 사람들이 많다. 그들은 중국의 경제를 쥐고 흔드는 사업가 범주에 속하는 사람들이다. 엔터테인먼트, 헬스클럽 등을 포함하는 상하이의 체인스토어 중 3분의 1이 대만 회사 소유이고, 금융업과 보험 등 재정 분야는 23개 기업이 대만인 이름을 등에 지고 있다.

상하이에 있는 대만인들의 60%는 집을 소유하고 있다. 푸동 공항에서 멀지 않은 곳에 대만 회사가 개발한 '홍씨거주공원'의 경우 3백 개의 아파트 중 85% 이상이 대만인에 의해 소유되고 있다고 한다.

상하이에서 대만 사람들이 환영받지 못하는 이유는 무엇일까. 대만이 중국의 일부라는 생각 때문에 그럴 수도 있고, 일찌감치 자본주의 체제 아래서 자립을 해야 했던 대만인들이 경제에 밝아서이기 때문이기도 하다. 대만 회사는 짜기로 소문나 있고, 늘 약삭빠른 대만인들에게 상하이인들은 마음을 잘 주지 않는다. 그래서 상하이엔 그들을 빗댄 단어들이 많다. '징밍(精明)하다,' '타이빠즈(台巴子),' '샹샤런(乡下人)' 등이 그것이다. 모두 대만인이 맘에 안들 때 사용하는 말.

대만인을 '징밍'이라고 규정짓는 데는 나도 동의한다. 그들은 정말로 계산에 환하고 손해를 보는 일은 절대 하지 않기 때문이다. 한마디로 똑똑하다. 새로이 정착한 대만에서 자유경제 체제 하에 재산을 모으기 위해 안간힘을 쓴 사람들이 공산체제 하에서 대충 일하고 대충 먹고 사는 분위기로 80년을 버틴 본토 사람들과는 많은 차이가 있을 것이다. 그러나 악착 기질이 몸에 밴 대만인 상사들 때문에 일은 죽어라 하고 월급은 많이 받지 못하는(본토 사람들은 그렇게 생각한다) 대만 회사를 상하이 사람들은 좋아하지 않는 것이다.

보험회사에 다니는 홍콩 여인 도리스, 옛 직장 동료 조나단도 모두 대만인 상사 때문에 맘 고생을 한 경험이 있다. 나는 상하이에서 화랑을 운영하는 한 대만 여인 때문에 고통을 겪었는데, 본토 남자와 결혼한 그녀는 본토 사람들이 신의가 없고 일을 제대로 하지 않는다는 이유로 늘 화가 나 있었다.

예술을 향한 그녀의 염원에 감화되어 함께 몇 차례 일을 했는데, 나 역시 그녀 때문에 잠을 자지 못하는 날이 두루 생기게 되었다. 그래서 대만 사람들을 조심하라고 했던가… 스스로 위로하고, 여전히 마음 아파하고. 아무튼 우리는 서먹한 사이가 되었으나, 그녀는 여전히 내가 필요할 때 전화를 걸어온다. 감정과 일을 완전히 분리시키는 대단한 여인이었다.

그러나 대만 사람들이 가해자이기만 한가 하면 그건 아니다. 대만인들도 중국 대륙에서는 피해자가 된다. 한 대만인 사업가는 94년에 중국에 왔다. 샨동에 푸딩 공장을 세우고 사업을 했는데, 수익을 내기 시작하자 정부기관 사람들이 그에게 뒷돈을 달라고 귀찮게 굴기 시작했다. 결국 그는 사업을 걷어치우고 대만으로 돌아갔다.

많은 대만 사람들은 자신을 중국인이 아닌 대만인이라고 인식한다. 대만의 「연합보」에서 실시한 설문조사에 의하면, 대만에서 자신을 '대만인'이라고 인식하고 있는 사람이 63%에 이른다는 결과가 나왔다. 이유는 대체로 두가지일 것이다. 중국을 후진국이라고 여기는 의식과, 이념을 달리하는 정치적인 이유.

현재 대만인으로 자리잡고 살고 있는 사람들이 사실 1930년대까지만 해도 본토에서 정치권력을 쥐기 위해 죽어라고 싸우던 사람들이라는 걸 생각하면 이상한 일이다. 몇 십 년의 세월이 바꾸어 놓은 문화와 환경이다.

중국은 현재 대만을 중국 안으로 흡수하려고 많은 노력을 하고 있는데, 그중 하나는 대만 학생들을 본토 학생들과 동등하게 취급하는 것, 대만인들의 중국내 취업을 전면 자유화하는 것이다. 2005년 10월 1일부터 실시된 새 규정에 따르면, 대만 주민은 반국가법 규정을 위반하지 않는 한 중국 내에서 어떤 직종 어떤 직위에서도 근무할 수 있다. 중국 기업이나 단체는 수요와 재량에 따라 대만인을 고용할 수 있고, 대만인의 중국내 취업 창구는 시나 지구급 노동사무소로 이관됐다.

대만인을 고용한 업체는 이들의 사회보험비를 지불해야 하고, 중국 대학에 유학온 대만 학생들은 졸업 후 본토에서 직장을 얻을 수 있다. 중국으로의 방문자 수도 점점 늘어나서, 작년 말까지 대륙을 방문한 대만인은 누계 3천 388만 명에 달하고, 거주하고 있는 인구도 25만 명에 이르는 것으로 알려져 있다. 그 많은 대만인들중 진정 나의 친구라고 사귀게 될 사람이 과연 생길지, 그렇다면 그게 언제일지 궁금하다.

상하이의 유대인들

  상하이에 스튜디오를 가지고 있는 이스라엘 사진작가 드비르(Dvir Bar-Gal)는 2004년에 '유대인 묘지를 위한 제안'이라는 타이틀로 상하이에서 활동하는 외국인 건축가들과 함께 전시회를 연 바 있다. 여러 매스컴의 소개로 전시회 오프닝에 많은 사람들이 모여 그의 스튜디오는 터질 뻔했다.

  이 프로젝트는 그가 한 유대인 묘지의 비석을 골동품 가게에서 발견한 데서 시작되었다. 그리고 상하이에서 유명을 달리한 유대인들에게 묘지를 만들어 주고자 건축가들의 아이디어를 동원, 상하이의 유대인 묘지 프로젝트를 진행했던 것이다.

  상하이에 웬 유대인 묘지인가 싶겠지만, 사실 상하이는 유대인의 역사에서 아주 중요한 곳이다. 2차대전 때 나치의 유대인 학살정책을 피해 많은 유대인들이 상하이로 피신을 한 것인데, 당시 상하이는 유대인들에게 관대한 정책을 펴고 있었다. 특별히 정부에서 유대인 우호정책을 추진했거나, 누군가가 나서 유독 유대인을 반긴 건 아니었지만 상하이의 독특한 분위기가 자연스레 그런 상황을 만든 것이다.

상하이의 조계(租界)는 당시 서양 모험가들의 낙원이었을 뿐 아니라 각국 난민의 피난처였다. 중국근대사를 보면, 태평천국(太平天國)의 난에서부터 의화단(義和團) 사건, 신해혁명(辛亥革命), 군벌전쟁까지 수많은 난민들이 상하이로 대피해 왔다.

또한 외국의 상인이나 유랑민들도 앞다투어 상하이로 들어왔으며, 일본이 중국 대륙을 침략하면서 상하이 조계 난민 수는 대폭 증가하게 되었다. 이러한 외부 인구의 유입은 상하이의 발전을 유도하게 되었고, 인구 성장과 더불어 상하이의 번영이 이루어졌다고 볼 수 있다.

일본에 대한 8·13항전이 실패로 돌아가면서 중국 정부는 서쪽으로 밀리게 되고, 상하이가 일본군에 포위되자 조계는 유대인 유입에 거부의 뜻을 표했다. 그러나 뜻밖에도 일본이 유대인 유입을 묵인해 유대인 난민촌이 일본 관할지역인 홍코우취(虹口區)에 들어서게 되었다. 당시 일본은 중국 침략에 대해 영국·미국 등으로부터 압력을 받고 있던 터라 친유대인 정책을 폄으로써 새로운 분위기를 만들어 나가려 했고, 경제활동에 능숙한 유대인들을 홍코우취로 유도해 도시를 번창시키려는 의도도 갖고 있었다. 게다가 중국인과 유대인도 우호적 관계였으므로, 중국인들의 유대인에 대한 반대, 배척운동도 없었다.

이러한 이유로 유대인들은 상하이에서 비교적 안정된 생활을 영위할 수 있었던 것이다.

1942년 7월, 태평양 전쟁이 발발한지 8개월 후 일본 주재 게슈타포 책임자가 상하이에 와서 일본 점령군 당국에게 유대인 학살을 제안하기도 했으나, 유대인에 대한 독일과 일본의 입장 차이 때문에 그 계획은 실행에 옮겨지지 못했다. 일본은 '국가없는 난민들을 위한 구역'을 지정해 1937년 이후 상하이로 온 유대인들이 그 구역에서 살도록 했다.

그래서 쉰들러, 발렌버그, 스기하라와 함께 상하이는 유대인 학살 역사에서 구조와 피난처의 동의어가 되었다.

그러나 '상하이' 이전에도 중국엔 벌써 유대인들이 살고 있었다. 중국 최초의 유대인 그룹은 실크로드를 거쳐 들어온 당나라 때(8세기 경)의 유대인들이었고, 그 이전 바다를 통해 한나라 때(B.C 206~A.D 220) 중국에 발을 디딘 유대인들이 있다는 설도 있다. 어떤 학자들은 유대인들의 최초 도래 시기를 주나라 때(B.C 6세기 경)로 잡기도 한다.

대표적인 유대인 집단으로 카이펑과 세파르딤, 그리고 러시아계 유대인 집단이 있는데, 카이펑의 유대인 사회가 형성된 것은 송나라 때(960~1279)였다. 북송 시대 한 유대인 그룹이 수도인 둥징(오늘날의 카이펑)에 왔다. 그들은 관리들의 따뜻한 환영을 받았고, 자신들의 전통과 신앙을 지키면서도 중국인으로서 카이펑에 살도록 허락받았다. 그후 그들은 한족들과 똑같이 거주, 이전, 취업, 교육, 토지거래, 신앙, 결혼의 자유를 편견없이 누렸다. 이같은 안정적이며 편안한 환경에서 유대인들은 곧 상업과 금융분야에서 재능을 발휘했고, 성공을 거두어 부유층이 되었다.

동시에 그들의 종교적 활동도 활발해졌다. 1163년, 카이펑의 유대인들은 도시 중심지에 회당을 짓기도 했다.

명나라(1368~44) 시기에 카이펑의 유대인 사회는 가장 번성했는데, 5백 개 이상의 가문이 있었고, 전체 인구는 4천~5천 명에 달했다. 그들의 사회적 지위도 계속 향상되어 왕조가 시행한 과거시험을 통해 중앙정부의 관리가 된 사람들도 있었다. 일부 유대인은 사업을 통해 큰 부를 축적했으며, 다른 이들은 세공기술자가 되거나 부농이 되었다. 또 의사나 성직자가 된 사람들도 있었다.

당시 유대인들은 점진적으로 중국의 유교문화에 동화되어가고 있었다. 그들은 과거시험에 참여했고, 히브리식 이름을 중국식으로 개명했으며, 중국어로 말하고 공부했고, 다른 민족과 결혼했고, 중국식으로 옷을 입었고, 중국식 관습과 전통을 흡수하였다. 그러면서 그들 고유의 관습과 전통은 점차 희미해져갔다.

1642년 황하의 홍수로 카이펑의 회당이 붕괴되고, 많은 종교경전들이 유실되었다. 1663년에 카이펑의 유대인들은 회당을 재건하고 경전의 일부를 복구하였으나 유대인 공동체의 인구는 2천 명 이하로 줄어 있었다. 17세기가 되었을 때 중국의 유대인 사회는 다른 세계의 유대인 사회와 연결이 끊어져 버렸다. 19세기 중반이 되자 카이펑의 회당은 폐허가 되었고, 카이펑의 유대인들은 랍비없이 오랜 세월을 보내고 있는 처지였다. 그들은 히브리어를 읽을 수도 없었고, 종교의식도 중단되었다.

이 무렵 서구 선교사들이 카이펑에서 유대인들의 후예를 발견했고, 이를 계기로 유럽인들과 미국인들에 의해 카이펑의 유대인들에 대한 연구가 집중적으로 이루어지게 되었다. 그후 상하이의 유대인들이 나서서 카이펑 유대인 후예들의 유대적 전통을 회복하도록 도우려 했지만 성공하지 못했다. 결국 카이펑의 유대인 사회는 중국 문화에 흡수되어 버렸다.

또 다른 유대인 지파로 세파르딤 유대인들을 들 수 있는데, 세파르딤 유대인들은 아편전쟁과 그 뒤를 이은 영국과의 교역의 급증 결과로 중국에 정착한 그룹이다. 이들은 바그다드, 봄베이, 싱가폴 등 영국 통치지역 출신으로, 대부분이 영국 시민권을 가진 상인 및 사업가들이었다. 이들 중 싸순(Sassoon) 집안은 원래 바그다드에서 살던 사람들인데 사업의 근거지를 옮겨 인도로 갔고, 나중에 홍콩과 상하이에 회사를 세우고 정착한 최초의 유대인들이 되었다.

싸순 집안의 뒤를 이어 하르둔(Hardoon) 집안이나 카두리(Kadoori) 집안과 같은 바그다드 출신 세파르딤 상인들이 중국에 왔고, 외국인들에게 개방된 국제무역의 중심 홍콩과 상하이는 그들 사업의 거점이 되었다. 그들은 상하이와 홍콩의 지리적 이점들을 잘 이용, 영국인들과의 전통적 연결점들을 활용하여 수출입 무역을 크게 발전시켰고, 이를 통해 짧은 시일 내에 엄청난 부를 축적하였다. 그런 다음 부를 부동산, 금융, 공공사업, 제조업 등에 투자하여 점차 상하이와 홍콩의 가장 활발한 외국 기업군을 이루게 되었다.

그들은 또한 공공 복지와 자선사업에도 참여하였고, 회당을 세우고 학교를 설립하였으며, 러시아 유대인 이민자들과 유럽 유대인 난민들을 도왔다. 그들은 시온주의 운동을 후원했고, 자신들의 이익을 보호하기 위하여 중국 정치에도 때때로 관여하였다.

그러나 일본이 1937년 중국을 침략하고, 1941년 진주만을 기습 공격한 후 홍콩과 상하이를 점령했을 때, 세파르딤 상인들은 재산을 모두 잃어버리게 된다. 전쟁 이후, 중국내전이 일어나고 중화인민공화국이 세워지면서 세파르딤 상인들은 재산을 홍콩과 해외로 점차 이전했고, 1949년 이후 그들은 중국과 서구의 중요 무역 채널로서 홍콩의 역할을 활용하여 사업을 확장해 나갔다. 근래 중국이 개혁정책을 채택하고 외국 기업에 문호를 개방한 이후 많은 세파르딤 상인들이 다시 중국 본토에 투자하고 있다.

중국의 러시아계(아쉬케나짐) 유대인들은 1880년대 이후 러시아와 동유럽에서 격화된 반유대주의 운동을 피해 들어왔다. 이때 수백만 러시아 유대인들은 북미로 이주했고, 일부 유대인들은 시베리아를 거쳐 중국의 북동부와 몽골, 심지어 중국 남부지역에까지 흘러들어왔다.

처음에 그들은 주로 하얼빈과 그 인근에 살며 극동지역 최대의 유대인 사회를 형성했다. 일본이 중국의 북동부를 침략한 이후 그들은 남쪽으로 이주하여 상하이, 티엔진, 칭다오 등지에 공동체를 이루어 정착했다. 대부분의 러시아 유대인들은 가난하게 살았고, 작은 가업을 운영하며 근근히 생활했다.

훗날 그들은 열심히 일하여 중산층의 대열에 올랐다. 그들은 세파르딤 유대인들보다 숫자가 훨씬 많았기 때문에 활발한 공동체를 형성할 수 있었다. 그들중 기술자나 지식인은 중국, 러시아, 세파르딤 유대인, 기타 다른 외국인들이 세운 기업과 기관들에서 일하며 중국의 경제 문화 발전에 기여하였다.

1949년 중화인민공화국이 수립된 이후에도 많은 러시아계 유대인들이 이곳에 계속 남아 있었다. 러시아계 유대인들중 마지막 그룹이 중국을 떠난 것은 문화혁명이 시작될 무렵이었다.

중국과 이스라엘은 1992년 외교관계를 수립했다. 이로써 유대인들은 중국으로 다시 돌아오게 되었고, 현재 베이징과 상하이에는 사업가, 기술자, 외교관, 유학생들로 이루어진 새로운 유대인 공동체가 형성되고 있다.

미국이나 유럽, 러시아 등지에서 온 유대인들도 많으나, 이스라엘에서 온 정통 유대인들도 꽤 되는 편인데, 이들은 종교를 중심으로 한 유대인 행사를 통해 우호를 다지고 있다. 유대인 유치원은 홍챠오에 있고, 홍코우취에서는 유대인 박물관을 비롯해 여러 유대인들의 역사적 흔적을 찾아볼 수 있다.

3

커리어 우먼

상하이 여자들의 특징은 똑똑하고 아름다우며 시간 활용을 잘 한다는 것, 게다가 돈을 버는 능력까지
뛰어나다는 것이다. 학벌이 좋은 여인들이 많다보니 그 학벌을 이용하느라 직업전선에서 물러나지
않는 여성들도 많다.

낮잠자는 여자

내게는 늘 일이 넘쳤다. 대학에 입학하면서부터 늘 일이 떠나지 않았다. 많은 젊은 인력이 직장을 구하지 못해 안달을 하는 때에 아쉬움없이 일을 할 수 있었다는 것은 커다란 행운이기도 하다. 대학에선 학생들의 과외지도를 할 수 있었고, 졸업 후엔 곧바로 1차발령을 받아, 대학시절 내내 우등생이었으나 1차발령 명단에 들지 못한 학우들의 부러움과 질투를 사기도 했다.

유럽에 가서도 통신원, 여행사, 통역, 서비스, 리서치, 컨설팅 일 등 내겐 일이 끊이지 않았다. 어느 곳으로 거처를 옮겨도 나는 늘 쉽게 일을 구할 수 있었다. 어쨌든 나는 유럽에서 일하는 걸 즐겼다. 새로운 경험도 얻을 수 있었고, 사람들도 많이 만날 수 있었으며, 동시에 돈도 벌 수 있었으니.

어떤 땐 정식으로 회사에 다니는 사람들보다 더 많이 벌기도 했다. 하지만 상하이에 올 때 남편과의 조건은 내가 '일을 하지 않는 것'이었다. 남편이 나를 집에 앉혀 놓고 싶은 때문이 아니라, 가슴 속에 간직하고 있던 나름대로의 계획을 실행하고픈 스스로의 욕망 때문이었다.

상하이에 온 첫날부터 나는 잠을 잤다. 처음엔 시차적응 때문이었는데, 시차적응이 다 되었을 만한 때도 나는 여전히 낮잠을 자고 있었다. 피곤이 나의 온몸을 감싸고 있는 듯했다. 왜 그렇게 피곤한 지 알 수 없었다. 5월 말부터 찾아온 더위는 내 안에 거역할 수 없는 강한 게으름이라는 해초를 심어 나를 끝도 없이 잠의 세계로 밀어 넣었다. 밤에 잠을 잘 자고도 오후 두 시가 넘으면 눈을 뜨고 있을 수가 없었다.

상하이에 와서 먼저 한 행동은 교민 신문을 가져다 보는 것이었고, 거기에서 조선족 중국어 가정교사를 찾았다. 학교에 다니기 싫어하는 나의 성격 때문이었고, 한국말로 중국어를 배우면 전혀 문화와 문법이 다른 영어로 돌려서 중국어를 배우는 것보다 더 쉬울 것같은 생각에서였다.

그러나 중국어 진도는 잘 나가지 않았고, 밖에 나가면 여전히 택시를 타고 집에 돌아오는데 애를 먹었으며, 가게에 가면 나에게 말을 거는 점원들에게 무관심으로 일관해야 했다. 특히 쇼핑을 하면서 참을 수 없었던 건 내가 말을 못하기 때문에 바가지를 쓴 것 같은, 개운치 않은 기분이었다.

그런 와중에도 나는 매일 잠을 잤다. 오후가 되면 영낙없이 밀려드는 나른한 기운, 그 기운들 사이로 행복과 무료함과 창밖의 차소리가 조화로운 멜로디처럼 찾아들었다. 중국어 선생님이 나의 유일한 친구였을 뿐, 중국에 와 있다는 느낌도, 중국 문화에 대한 호기심이나 새로운 도시에 대한 관심도 전혀 없었다. 나의 생활은 그렇게 잠충이처럼 지속되고 있었다. 지루한 나날을 보내다보니 머리에 곰팡이가 스는 것 같았고, 집중이 잘 되기는 커녕 시간 관념이 느려지기만 했다.

그때 접한 것이 영문 잡지의 광고였다. 상하이에 살고 있는 외국인들을 위한 월간 영문 잡지가 서 너 개 있는데, 컨설팅 회사에서 한국어를 할 줄 아는 직원을 구한다는 광고가 한 잡지에 난 것이다. 그것도 파트타임이다. 눈이 번쩍 뜨였다. 중국어를 할 줄 알아야 한다는 조건도 없었다. 영어로 광고가 나왔으니 영어를 할 줄 알아야 하는 조건은 있는 것 같았다. 영어라면 아쉬울 게 없다.

당장에 잡다한 경력이 담긴 이력서를 이메일로 보냈다. 상하이에서 영어 잡지를 읽는 한국인이 나 혼자였는지, 런던 리서치 회사에서 일을 했었다는 경력을 등에 업고 덜커덕 그 회사에 취직이 되었다. 이제 낮잠 자는 여자에서 일하는 여자로 타이틀을 바꾸어야 할 때가 온 것이다.

이력서를 내고 2, 3일이 지나자 회사에서 전화가 왔다. 면접을 하러 오라는 것이다. 면접 날엔 비가 많이 왔다. 택시 잡기가 힘들어 전철을 타고 사무실에 갔다. 우산을 받쳐도 비가 퍼부어 반은 물에 젖어 면접을 했는데, 다시 2, 3일이 지나니 두번째 면접을 하러 오라 했다. 이번엔 사장과의 면접이었다.

그렇게해서 나는 취직이 됐다. 중국말은 한마디도 하지 못하였지만, 스위스 회사인데다 국제적 프로젝트가 많았기 때문에 영어가 회사내 기본 통용어였고, 따라서 모든 동료들은 영어를 할 줄 알았다. 어쨌거나 내 자리는 영어와 한국어만 잘하면 되는 자리였으므로, 내가 일을 구하는 덴 어려움이 없었던 것같다.

중국어를 모르는 한국인이 할 수 있는 일이 무엇인지 회사도 나도 불확실했던 때라, 우리는 별 마찰없이 시간 나는 때마다, 또는 필요한 경우에 근무를 하는 것으로 결정을 봤고, 월급은 반나절을 단위로 한 달에 몇 번 반나절 근무를 했냐는 것으로 계산하기로 했다. 회사로서는 처음으로 한국인을 고용하는 것이었고, 나로서는 문화와 언어가 익숙하지 않은 나라에서 처음으로 일을 하는 것이었다. 시행착오가 널려 있을 미래였다.

그러나 의외로 직장생활은 평탄했다. 천국같은 나날이었다고 하는 편이 맞을지도 모르겠다. 늦게 나온다고 눈치주는 사람도 없었고, 근무를 더 하라거나 덜 하라고 말하는 사람도 없었다. 필요하다고 생각되면 내가 알아서 시간과 일의 양을 조절하면 그만이었다.

처음으로 한 일은 회사 브로서를 한국어로 번역하고, 웹사이트에 한국어용 사이트를 만드는 것, 그리고는 한국에 있는 회사 리스트와 중국에 나와 있는 한국 회사 리스트를 만드는 것이었다. 중국 내 한국어 미디어에 광고를 내는 것도 나의 소관이었다. 꽤 많은 일이었으나, 나는 적절하게 취미생활과 일의 경계에서 개인시간을 이기적이다 싶을 정도로 잘 챙겨 먹었다.

그러나 회사로 한국인들의 전화가 걸려오기 시작하면서 출근하지 않았을 때의 시간이 눈치보이게 되었다. 한국인들의 전화에 동료들은 한국인인 내가 출근하는 내일 전화하라는 답을 해야 했는데, 그게 왠지 고객을 놓치는 일인 것 같은 생각이 들었기 때문이다.

결국 한국어를 할 줄 아는 사람을 더 고용하는 것으로 해결이 되었지만, 나의 업무량은 날로 늘어가고 있었다. 특히 큰 프로젝트라도 있을라치면 저녁 짜반(加班, 초과근무)은 기본에다 주말까지 일을 해야 했다. 누가 시켜서 그런 것은 아니었다. 그냥 일을 하다보니 그렇게 되었다. 그리고 그것은 커다란 스트레스가 되어 내게 다가오기 시작했다.

우울증에 빠진 출근길

우리집은 디티에짠(地铁站, 전철역)에서 멀지 않았으므로 난 전철을 타고 출퇴근했다. 가끔은 택시를 타고 집에 돌아오는 적도 있었으나, 왠지 출퇴근을 택시로 하는 건 사치처럼 여겨졌다. 대중교통을 이용하자. 그래, 택시비를 모으면 그걸로 좋은 옷을 사 입을 수도 있지 않겠어. 여성은 치장에 약한 듯, 난 택시비를 옷과 바꾸어 생각하며 그렇게 출퇴근을 했다. 그러나 문제는 대중교통을 이용하는 그 자체에 있는 게 아니었다. 함께 출퇴근을 하는 다른 출퇴근자들의 문제였다. 아니, 정확하게 말하자면 나의 사고를 바꿔야 하는 건지도 몰랐다.

런던에서 일할 땐 좋았다. 검은 정장과 긴 코트를 입은 출퇴근자들 사이에 끼면 뭔가 나도 그럴듯한 일을 하고 있는 것처럼 느껴졌다. 날씨가 우중충하고 추웠어도, 지난밤 마신 맥주로 피곤이 가시지 않은 얼굴을 하고 있는 사람들을 보아도 근면하게 일하는 사람들의 무리에 든다는 생각으로 마음은 한없이 들떴었다. 말끔하게 차려 입은 신사들과 상큼한 향기의 여인들. 여인들의 향기에 불쑥 나도 향수를 사야겠다는 생각이 들기도 했다.

재채기라도 하면 '죄송합니다' 하고 주위 사람들에게 사과를 하는 사람들, '블레스 유(Bless you)!' 하고 재채기한 이를 격려해 주는 사람들, 전철 안이 꽉 찼으면 들어서지 않고 기다렸다가 다음 기차를 타는 신사적인 사람들.

암스테르담에서도 마찬가지였다. 주로 자전거를 타고 다녔으므로 출퇴근 대중교통으로 시달릴 일은 없었지만, 가끔 대중교통을 이용해도 그렇게 사람이 많지 않았다. 게다가 막 샤워를 마치고 나온 사람들의 상쾌한 향기는 출근길을 항상 기분좋게 만들었었다. 그런데 상하이에선 분위기가 조금 달랐다.

누가 새우젓을 가지고 탔나? 아니면 말린 생선 박스라도? 전철을 타자마자 드는 생각이다. 퀘퀘하고 꼬리꼬리한 냄새가 고여 있다. 의심스런 사람을 찾으려 둘러보면 모두가 의심스럽다. 며칠을 감지 않았는지 떡이 진 머리에, 베갯자국이 그대로 남아 있는 까치집형 헤어스타일. 보따리 짐이라도 가진 사람이 근처에 있으면 쿰쿰한 냄새의 농도가 진해진다. 도대체 무엇을 싸가지고 다니는 걸까?

앉을라 치면 어디선가 잽싸게 나타나 자리를 차지하는 사람들, 여섯 명 앉으면 딱 맞는 자리인데 거기에 엉덩이를 들이밀고 끼어 앉는 사람들, 그런 사람들과 살을 대고 부대끼느니 그냥 서서 가자. 손잡이를 잡으면 끈적끈적하게 닿는 느낌. 으, 그 성분이 무엇일까. 땀? 때? 사탕? 쥬스? 아이스크림…?

사무실은 전철 2호선의 와이탄(外灘) 근처인 허난종루역(河南中路站)에 있었다. 허난종루역은 집에서부터 치면 1호선과 교차점인 렌민광장역(人民广场站) 다음 역이다. 그러므로 전철은 내가 타는 역부터 조금씩 차기 시작하다가 렌민광장역 부근이 되면 꽉 차게 되는데, 그때부터 조금씩 불안해진다. 사람들이 많기 때문에 바로 내릴 수 있을지 걱정이기 때문이다. 그렇다고 문 가에만 서 있을 수도 없는 것이 렌민광장역에선 거기에 서 있는다는 것 자체가 불가능하다. 내리거나 밀려 들어가거나 둘중 하나를 택해야 한다. 급류 한 가운데 꿋꿋하게 박혀 있는 돌을 상상해 보라. 사람의 물결에서 내가 할 수 있는 일이 아니다.

렌민광장역에 접근하면 사람들 틈에서 움직이기 거북해진 나는 뱃속으로 숨을 깊이 밀어 넣는다. 단단히 준비하지 않으면 넘을 수 없는 장벽이 있기 때문이다. 전철역에 서 있는 사람의 벽, 가히 두터운 벽이다. 다섯 겹, 여섯 겹으로 빈틈이 없이 전철역 대합실에 꽈악 들어차 있다. 겨우겨우 버티고 있는 장마철의 댐같기도 하다.

역에 도착해 문이 열리면 내리는 사람과 타는 사람들이 뒤엉켜 밀고 밀리고 잡아당기고 부딪친다. 럭비 경기장이 따로 없다. '아요오~ 아요오~' (아야, 혹은 아이고와 같은 말) 소리의 연발… 몸은 나가 있지만 핸드백은 안에 있어 잡아당기느라 용쓰는 아가씨, 남의 와이셔츠에 입술 연지 묻히는 아가씨(특히 내가 상습범이었다. 그렇다고 입술을 입 안으로 감추고 다닐 수는 없는 노릇 아닌가), 빠져 나오지 못해 내린다고 소리 지르는 아가씨…

밥 많이 먹어야 한다. 힘을 쓰지 않으면 살 수가 없다.

난리를 한바탕 치르고나면 문이 닫힌다. 가끔 한 두 명은 내리지 못한 채로, 타야 할 사람의 반은 타지 못한 채로. 어느새 다음 역에 내려야 할 나의 몸은 문에서 밀려나도 한참을 밀려나 깊숙한 안쪽에 들어가 있다. 어떻게 하나… 한숨이 나온다.

렌민광장역에서 문이 닫히면서부터 나의 힘겨운 여행은 시작된다. 신사적인 사람들은 기꺼이 자기 몸을 찌부러뜨려 가면서 길을 비켜준다. 그러나 그렇지 않은 사람들은 나의 존재를 완전히 무시하고 얼굴만 멀뚱멀뚱 쳐다본다. 드디어 문이 열리면 나는 마지막 힘을 짜내어 밖으로 돌진한다. 머리를 로켓으로 생각하고 그냥 밀어부쳐야 한다. 그러면 스프링에서 튀어나온 듯 갑자기 통 하고 밖으로 튕겨져 나가는 나. 옷을 추스리고, 자세를 가다듬고, 언제 그런 몸싸움이 있었냐는 듯 가방도 단정히 어깨 뒤로 붙이고 계단을 오른다.

에스컬레이터에 오르자면 또 기나긴 줄을 서야 하니 그냥 걸어올라가는 편이 맘 편하다. 에스컬레이터보다 속도를 빨리 하면 표 내고 나가는데도 더 수월하다. 그리고 사무실에 도착해 컴퓨터 앞에 앉으면, 아, 내가 오늘 아침에 어떤 일을 겪었던가, 난 여기에서 무얼 하고 있는가 하는 생각, 서러움에 눈물도 한 방울 나오고… 누가 나가서 돈 벌어 오라고 떠민 것도 아니었는데.

전철은 나에게 우울증을 안겨준 교통수단이었다. 전철에서 시달리고 있는 사람들은 나만이 아니다. 거지와 잡상인들, 그리고 중국에서도 수준이 떨어지는 사람들 때문에. 아이들을 앞세워 구걸을 하는 사람들, 몸이 부자유스러운 거지들, 앉은뱅이, 맹인, 그리고 집이 없는 홈리스에 비행기 티켓팅 회사 광고지를 나누어 주는 사람들까지. 신문을 파는 사람들도 있다. 그들은 정식 고용된 사람들이 아니라 개인적으로 사업(?)을 하는 이들이다. 그래서 일반가격에 5마오를 더 붙여 판다. 그런 줄도 모르고 신문을 샀다가 기분이 나빠지는 승객들.

전철 내에서 구걸을 하거나 물건을 파는 행위는 금지되어 있다. 2003년 4천 명 이상의 잡상인과 거지들이 전철에서 승객들을 괴롭히다 벌금을 물었다. 상행위, 구걸행위가 전철역 구내에서 금지된 것은 2002년 7월이다. 신문을 팔거나 구걸행위를 하다가 적발된 사람은 최고 1백 위안(한화 1만 5천원)의 벌금을 내게 되어 있다. 흡연, 침뱉는 행위, 쓰레기 버리는 행위, 바닥에 드러눕는 행위 뿐아니라 타고 내릴 때 미는 행위도 금지되어 있으며, 발각될 경우 1백 위안의 벌금을 물어야 한다.

이런저런 이유로 전철 대신 택시로 교통수단을 바꿨지만 이것 역시 늘어나는 교통량으로 우울증에 빠지긴 마찬가지가 되었고, 난 급기야 직장을 그만두게 되었다. 짧고도 길었던 1년 8개월 상하이에서의 직장생활이었다.

물과 기름, 외국인과 현지인

그래도 직장생활에서 나는 많은 것을 배웠다. 사람들도 많이 만났다. 점심시간이면 샌드위치를 먹으러 함께 나가 직장생활의 불만을 토로할 수 있는 동료들도 있었다.

그 회사의 비즈니스는 이런 식이었다. 중국에 들어오는 외국 회사들이 회사를 차리는 데서 시작해 파트너를 찾는 일, 프로젝트 실행, 시장조사 등을 하는 것이다. 여러 나라의 고객을 끌기 위해서 당연 그 언어권 직원이 필요했고, 그래서 고용된 사람들이 미국, 일본, 홍콩, 한국인 등이었던 것이다. 독일인이나 프랑스인, 이태리인도 임시직으로 고용했다. 정규 직원으로는 당연히 영어를 모국어로 하는 미국인들이 가장 많이 고용되어 있었는데, 로잔, 곳프리, 스튜어트, 조나단이 그들이었다.

로잔은 미국에서 중국어 공부를 하고 난징대학에서 1년간 중국 연구를 하고 있었던 아리조나 태생의 여인이다. 난징에서 공부하는 동안 그녀는 선전에서 온 중국 남자 한원을 만났고, 둘은 곧 애인이 되었다. 로잔은 남자 친구 한원보다 표준 중국어를 더 잘했다. 상하이에서 중국 사람들은 로잔이 하는 말은 알아들어도 광동 억양이 들어간 한원의 중국어는 잘 알아듣지 못했다.

커다란 몸으로 푸드덕거리고 다니며 이 사람 저 사람에게 소리지르고 성질 내고 목소리가 커서 '칠면조'라는 별명을 얻은 그녀도 남자 친구 한원에게 전화할 때만큼은 요조숙녀가 되었다. 갑자기 콧소리가 들어가면서 오늘 저녁은 뭘 먹을까, 이야깃거리가 가득했다. 그래서 그녀 곁에 앉은 동료들은 그녀가 한원에게 전화를 할 땐 귀를 막았다. 그 간지러움 때문에.

로잔은 중국어도 잘하고 남자 친구도 중국인이라 중국 문화를 잘 이해하고 있었다. 또 사장에 대한 존경심도 있었고, 미국인 답게 일도 열성으로 하는 사람이었는데, 이상하게도 다른 중국인 동료들과는 잘 어울리지 못했다. 분석해 보자면, 이태리 피와 미국인 피가 한꺼번에 돌고 있는 그녀는 전형적인 불의 여인이었기 때문인 것 같다. 싫은 것이 있어도 잘 내색하지 않고, 좋은 것이 있을 때도 그냥 웃고마는 미적지근한 동양 여자들에 비해 그녀의 성격은 너무 분명하고 독특했던 것이다. 당연히 다른 중국 동료들은 그녀와 가까이 하기를 꺼려 했다.

그녀가 같이 어울린 친구로는 홍콩에서 태어나 어린 시절 이민을 가 캐나다에서 살아온 홍콩계 캐나디안 위니가 있다. 그녀는 홍콩인과 캐나다인을 한 가슴에 품은 여인이었다. 캐나다에서 비즈니스 관련 공부를 하고, 상하이가 뜨는 도시라는 생각에 상하이에 와 직장을 얻었다. 그러나 그녀 역시 다른 중국 동료들과 잘 어울리지 못한 케이스다. 아무래도 생활방식에 차이가 있고, 문화도 무시할 수 없었다.

특히 상하이에선 홍콩인에 대한 선입견이 있다. 일찍 개방되었다는 이유로 가진 것도 없으면서 잘난 척 하는 사람들로 비춰지기 때문이다. 또 홍콩과 중국 본토의 중국어는 차이가 있어 위니의 중국어 실력에도 한계가 있었다. 위니의 경우는 같은 중국인이면서도 중국어를 못한다는 편견과 아니꼬움이 동시에 들어가 있었다. 중국 동료들은, 영어를 중국어보다 잘하는 그녀를 조금 못마땅해 했던 것 같다. 로잔과 함께 가장 일을 열심히 하는 사람이었으나 그만큼의 인정을 받았는지는 의문이 간다.

곳프리는 하버드 대학을 졸업한 친구였다. 머리가 비상하고, 모든 일에 빨랐다. 다른 사람보다 세 배 이상을 이해하는 그는 전문 연구원이 되었으면 딱 맞았을 사람이다. 그 역시 미국에서 중국어를 공부하였고, 중국에선 전문 연수기간을 거친 후 '중국인'으로 새로 태어난 사람이다. 그는 그 회사에서 썩기엔 아까운 인물이었다. 그는 1년 정도 다니며 후일에 남을 여러가지 기록과 자료들을 정리해 놓고서는 회사를 그만두었다. 중국 동료들은 잘난척 한다는 이유로 그를 잘 알지도 못하면서 기피했다. 그에겐 천재 특유의 고집스러운 면이 없지않아 있었으나, 그렇다고 동료들과 친하게 지내지 못할 이유는 없었다.

곳프리와 비슷한 시기에 입사했다가 그보다 일찍 회사를 그만둔 스튜어트가 있다. 예일대학을 졸업한 그는 미국인 아버지와 필리핀 어머니 사이에서 태어난 혼혈이다. 내가 아이를 낳으면 그와 비슷한 생김새와 미래를 가질 거란 생각에 난 유난히 그의 생활 하나하나에 관심이 많았다. 곱상한 외모에 부드러운 말투, 자상한 성격으로 여자 동료들의 사랑을 한몸에 받았던 스튜어트는 이상하게도 사장의 눈에 벗어나 직장을 그만두었다. 곳프리와 그를 동시에 채용한 회사에서 두 사람이 함께 필요하지는 않다는 걸 깨닫고 스튜어트를 내보낸 것이 아닌가 싶다.

로잔이 한원과 미국으로 돌아가면서 빈 자리를 채우기 위해 채용된 미국인이 조나단이다. 전형적인 남부 미국인인 (조지 부시 집단과 같은) 그는 어쩌다가 동아시아 역사를 공부하고 직장에 다니다 중국엘 왔다. 중국어는 물론 잘 한다. 미국인답게 이메일을 길게 잘 쓰고, 파워 포인트에 강세를 보이며, 미팅 소집에 취미가 있었다. 그는 내 옆 사리에 앉아 회사에 대한 불평을 나누다 내가 그만두던 시기에 회사를 그만 두었다.

의료보험 문제로 회사와 외국인 직원들간에 마찰도 있었고, 프로젝트 때문에 말도 많았으나, 외국인 직원들은 다른 외국인 동료가 없으면 중국인 동류들과 어울리기 힘들었다는 점이 내가 받은 느낌이다. 조나단이 자리를 뜨면서 20대 초반의 미국인 여직원이 새로 고용되었으나, 2년이 지난 이후 그녀도 그곳에서 나왔다는 소식이다.

우리들이 그 회사에 적응할 수 없었던 이유가 무엇일까 생각해 봤다. 회사 분위기와 정책, 자신의 포부와 일의 성격이 맞느냐가 관건이긴 하겠지만, 또 한가지 이유를 들자면 물과 기름처럼 겉돌던 중국인 동료들과의 관계에도 문제가 있었던 것이 아닐까 생각한다. 내 경우엔 언어문제가 가장 심각했던 것 같다. 중국어를 잘 하지 못했으므로 동료들은 나와 대화를 나누는데 부담을 느꼈을 것이고, 그들의 말을 내가 알아듣지 못했던 데에도 문제가 있었을 것이다. 같은 동양인이었으므로 문화적 차이는 미국이나 유럽 동료들에 비해 그다지 크지 않았던 것 같다. 다른 동료들은 모두 중국어가 유창하였으므로 언어의 장벽으로 겉돌았다는 건 말이 안된다. 그들에게는 익숙할 수 없었던 중국의 직장문화가 큰 요인으로 작용했던 것 같다.

지난 여름에 로잔을 만났다. 로스앤젤리스의 마켓 리서치 회사에서 일하고 있는 그녀가 프로젝트로 상하이에 오게 된 것이다. 2년만의 만남이었다. 그녀는 한원과 결혼식을 올렸고, 계획에 없던 임신을 했다. 그리고 상하이 시절 그렇게 시달렸던 여드름으로부터도 해방되었다. 깨끗해진 얼굴과 불룩한 그녀의 배를 쳐다보며 나는 지난 세월을 실감했다. 그녀가 한원과 돌아가 새 직장에 취직하고, 야자수 거리를 운전해 다니고, 새 생명을 잉태하는 동안 나는 무엇을 했나. 지역적 한계는 늘 내게 발전의 정체감을 느끼게 한다. 삶에는 눈에 보이는 변화 말고도 깊이의 변화라는 게 있는 법이건만.

현재 상하이엔 많은 외국인들이 몰려들어오고 있다. 외국인들이 만드는 그들만의 사회 문화도 있겠지만, 상하이의 문화도 많이 변하고 있다. 급격한 개방 속의 상하이, 그 특유의 문화가 어느 방향으로 나아갈지 궁금하다.

남편보다 귀한 파출부

'아이(阿姨)'라는 말을 들은 것은 아파트를 보러 다니면서였다. 한 아파트에서 문을 열어준 아주머니를 '아이'라고 소개받은 것이다. '아이(阿姨)'는 원래 이모를 뜻하는 말로, '아줌마'라는 단어로 사용되기도 한다. 거리에서 만나는 아줌마도 '아이'요, 상점에서 과일을 파는 아줌마도 '아이'이며, 청소를 해주는 아줌마도 '아이'다. 그러나 젊은 여자에게는 아가씨라는 뜻의 '샤오지에'를 사용해야 한다. '아이'라고 부르면 우리나라에서 아가씨에게 아줌마라고 부르는 것처럼 기분을 상하게 한다.

중국에서 '아이'는 생활에서 뺄래야 뺄 수 없는 요소이다. 서비스 아파트에 살고 있던 우리에게는 당장 '아이'가 필요없었다. 청소하는 아줌마 둘이 나와 집집마다 청소를 하고 다니기 때문이었다. 매일 와서 청소를 해주는 건 좋은데, 몇가지 마음에 들지 않는 게 있었다. 우선은 누군가가 매일 우리 집에 불쑥불쑥 들어온다는 것이고(사생활 침해), 두번째는 청소를 건성으로 한다는 것이며, 세번째는 두 사람이 들어오니 수다를 떨어 뒷말이 난다는 것이다.

이 아줌마들은 아파트에 소속되어 청소를 하는 사람들이기 때문에 내가 이래라 저래라 하기는 좀 곤란했다. 내가 그들의 직속 고용주가 아닌 것이다. 그렇다 하더라도 따지고 보면 청소비는 임대료, 혹은 관리비에 속한 것이니 결국 나는 그들의 고용주나 마찬가지인 셈이 아닌가. 그러나 그녀들에겐 전혀 그런 눈치가 없었다. 키가 크고 머리가 짧은 여인과, 뚱뚱하고 작으며 뽀글뽀글한 파마머리를 한 여인이 한 조가 되어 늘 우리 층을 청소했다. 그들은 사람이 없을 때 청소를 하고 나가기도 하고, 초인종을 눌러 청소하겠다고 하는 적도 있으며, 종종 복도에서 대걸레질을 하다가 마주치기도 했다. '니하오' 하고 인사를 하면, 그들 역시 반색을 하며 아는 체를 했다.

그들은 청소하러 들어올 때 그냥 신발을 신고 들어온다. 상하이는 한국처럼 실내에서는 신발을 벗는다는 개념이 없기 때문에 어떻게 보면 당연한 지도 모른다. 현관문을 열고 들어서면 으레 있어야 할 신발 벗는 곳도, 그보다 조금 턱이 높게 깔린 마루도 없다. 현관에서부터 응접실, 안방까지 한 높이, 같은 종류의 마루다. 실내에서만 신는 신발이긴 하지만, 그래도 운동화를 신은 채로 걸레질을 대충 하고 나가는 걸 보면 기분이 찜찜했다.

빗자루질도 따로 하지 않았다. 특별히 먼지나 쓰레기를 한 곳으로 모으는 것 같지도 않은데, 그렇다면 먼지가 가득한 마루를 그냥 쓱쓱 문지르기만 한다는 것 아닌가. 재수가 좋아 먼지가 대걸레에 붙어 있으면 좋지만, 그렇지 않다면 집안 어딘가에 오래된 먼지들이 이리 옮겨지고 저리 옮겨져 자리만 바꾸며 머물러 있다는 얘기다. 마루에 가방이라도 놓여 있다면 옆으로 밀어놓고 걸레질을 하는 것이 아니라 가방을 피해 걸레질을 한다. 나중에 가방을 옮겨놓고 보면 그 주변으로 하얀 먼지가 쌓여 있다.

그럭저럭 그녀들과 몇 달을 보냈다. 집이 그리 넓지 않았으니 아쉬운대로 내가 청소를 조금씩 할 수도 있었다. 그러나 다른 아파트로 렌트해 이사나갔을 땐, 나에게도 '아이'가 필요했다. 유럽이었더라면 끙끙거리며 청소도 하고 밥도 하고 온갖 집안일들을 내가 했겠지만, 상하이에선 '아이'가 없는 사람이 없었다. 비용은 한국에서는 상상도 할 수 없을 정도로 적었다. 한국돈 십만 원이면 상하이의 '아이'가 한 달 동안 매일 와서 반나절 일해주고 간다고 생각하면 된다. 청소, 빨래, 다림질, 요리, 장보기 등이 모두 포함된다.

군침이 도는 조건이었다. 친정에서 나오고 나서 내 생애 한 번도 파출부라든가 보조원, 혹은 요리사같은 사람을 집에 두어본 적이 없었으니, 그런 호화로운 생활에 대한 욕심이 생기는 건 당연했다. 그러나 나를 주저하게 만드는 것도 있었으니, 이런 이유들이다.

첫번째. 남편이 유럽인인 한국 여성 이야기이다. 이 여성은 집도 아직 유럽에 있고, 자녀들도 유럽에서 학교를 다니고 있기 때문에 여름 겨울이면 두 차례 유럽에 여행을 간다. 그래서 상하이 집은 파출부에 의해 지켜지는데, 한 번은 유럽에 갔다가 상하이에 돌아와보니 파출부가 없더라는 얘기다. 남편에게 파출부는 어디 갔느냐고 물었더니, 파출부가 자꾸 이상한 분위기를 풍겨서 해고시켰다는 것이다.

내용인즉, 다섯 시 쯤이면 벌써 퇴근을 했어야 할 이 아줌마가 매일 아저씨를 기다리고 있다가 밥을 차려 먹는 걸 지켜보고, 다먹고 나면 치우기까지 하더라는 것이다. 부담스러워 이제 됐으니 그냥 집에 가라고 해도 안 가더란다. 매일 그렇게 시간을 보내더니 어느 날인가는 양 팔을 벌리고 빙그르 돌며 아저씨에게 '댄쓰? 응? 댄쓰?' 하더라는 것이다. 그래서 그 아줌마를 해고시켰다는 얘기다.

두번째 얘기. 미국 회사에 다니는 남편과 함께 상하이로 발령받아 온 한국 여성. 홍콩에 살면서 고용하고 있었던 필리피노 파출부를 함께 데리고 왔다가 비자가 만료돼 그 파출부는 다시 홍콩으로 돌아가고 상하이에서 새 파출부를 소개받았다. 젊은 여자였다. 첫날 파출부에게 청소를 하라고 했더니, 걸레를 들고 우두커니 서서 두리번거리기만 하더라는 것이다. 참다못한 안주인이 걸레를 들고 직접 시범을 보였다. 여기는 이렇게 닦고, 바닥은 이렇게, 하는 식으로 구석구석 깨끗하게, 땀을 흘리면서. 그런데 이 여자가 걸레를 가져와 청소할 생각은 않고 안주인이 하는 양을 팔짱낀 채 방관한 자세로 끝까지 보고만 있더라는 것이다. 결국 그녀는 시범 보인답시고 집안 구석구석을 스스로 청소하는 꼴이 되고 말았다.

또 다른 사람의 얘기는, 중국인 파출부는 위생관념이 너무 없어 부엌 살림 맡기기가 찝찝하다는 것이었다. 한국의 맛있는 짜장면을 만드는 중국집 주방과 관련한 온갖 지저분한 소문들이 머리에 떠오르게 하는 이야기였다. 그렇다면 중국인들의 위생관념은 정말로 한국 사람들과 다른 것인가.

비온다고 걸레질을 마다하는 파출부 얘기, 다른 집에 비해 살림이 너무 부실하다고 일하기를 거절하는 파출부 얘기, 오자마자 자전거를 사내라고 요구하는 파출부 얘기, 의사소통과 음식, 문화면에서 조선족 파출부를 고용하는 게 훨씬 좋다는 사람들, 조선족 파출부는 한국말을 알기 때문에 사생활이 너무 드러난다는 이유로 좋지 않다는 사람들의 주장 등 내게는 너무도 많은 정보와 소문들이 쏟아졌다.

그러나 결국 파출부를 구하게 되었다. 상하이의 와이탄 근처 시내 한복판에 사는 진짜배기 상하이 여인 쟝아이었다. 처음 인사를 오던 날, 그녀는 자기 신분증을 보여주고, 주소와 전화번호 등을 알려 주었다. 사무실에 나가기 시작했으면서도 중국어를 하지 못하던 그때, 영어를 한마디도 하지 못하는 쟝아이와 중국어로 대화를 해야 할 참이었다.

처음 두 번은 내가 집에 있을 때 그녀를 오게 해 일을 하게 했으나, 사무실에 나가야 했을 때는 열쇠를 주지 않을 수 없었다. 나는 이 일을 놓고 심각한 고민에 빠졌다. 집에 아무도 없는 동안 뭔가를 훔쳐가거나, 여행을 갔다가 돌아왔는데 집안 가구가 홀라당 사라졌다거나 하는 그런 이상한 상상이 마음을 괴롭혔다.

마침 파출부를 데리고 있었던 미국인 동료 로잔에게 그 고민을 털어놨다. 로잔이 하는 말이, "파출부는 서로의 신뢰에 바탕을 두고 부리고 일하는 거야. 그런 사람에게 살림을 어떻게 맡기겠니? 열쇠는 당연히 건네 줘야지"였다.

맞다. 내 살림을 내놓고 거래하는 사이인데 열쇠를 주어야 완전한 관계가 성립되는 것 아닌가. 그녀의 이야기를 듣고 나는 눈 딱 감고 쟝아이에게 열쇠를 주었다.

쟝아이가 와서 일해주니 매일 마루가 반짝반짝하고, 설거지도 다 처리해 주고, 시장도 봐주니 난 별 할 일이 없었다. 또 쟝아이는 중국어를 못하는 나를 위해 방패가 되어주고, 내 친구들이 파출부를 필요로 할 때 이웃을 총동원해 소개시켜 주는 '아이뚜'가 되어 있었다. 파출부는 잘 만나고 볼 일이다.

남의 일은 곧 나의 일

번쩍번쩍 빛나는 머리에 우스꽝스럽게 생긴 안경을 끼고 다니는 캐나다 화가 제프리(Jeffery)가 자기 아뜰리에로 나를 초대했다. 먼곳에 있다가 상하이 중심, 나의 집에서 멀지 않은 곳으로 이사를 온 탓이다. 제프리는 늘 나를 주눅들게 하는 사람이다. 정신차리지 않으면 놓치기 십상인 총알처럼 튀어나오는 그의 말 속도도 그렇지만, 무엇보다도 어마어마한 그의 작업량이 나를 주눅들게 한다. 그의 중국어 이름은 그와 똑 맞아 떨어진다. '바이차오런'(白超人, 흰둥이 수퍼맨).

초록색 편지함이 달린 복도를 지나 현관문을 열고 들어서니 크진 않지만 시원하고 정갈한 공간이 나온다. 창문들이 큼지막하고 빛도 적당하다. 작은 공간을 최대한 활용하고 있는 그 아파트엔 뒷정원까지 있다.

"여기에 의자를 놓고 앉아 책을 읽으면 세상일 아무 것도 생각 안날 걸."

위를 쳐다보니 이웃들의 창문이 잔뜩이지만, 한 구석에 의자를 놓으면 이웃들도 볼 수 없을 거라는 계산을 그는 벌써 하고 있었다. 정원에 대한 애정도 과시하는데, 지금은 잡초가 무성하지만 나중에 등나무도 심고, 화초도 심고, 잔디도 깔겠단다. 그림을 그리다보면 언제가 될지 모르지만 꿈이 소중하다.

바닥엔 그림들이 마르기를 기다리며 비스듬히 누워 정렬해 있다. 다시 그의 열정에 감탄하는 순간이다. 여러가지 일을 한꺼번에 하거나, 여러 권의 책을 이것 저것 동시에 읽어나가는 나의 버릇은 문제가 있는 것으로 여겼지만, 여러 그림을 한꺼번에 그려나가는 그의 습관은 열정으로 비춰진다.

가을에 있을 전시회 얘기를 나누고 있는데 현관에서 노크 소리가 났다. 처음엔 잘못 들은 줄 알고 무시했다. 아무도 들어올 사람이 없는데… 제프리는 어깨를 올렸다 내린다. 그러나 두 번째 노크를 무시할 수 없었던 것은 집안을 쩌렁쩌렁 울리는 거대한 소리였기 때문이다.

미심쩍은 마음으로 문을 열었다. 아주 천, 천, 히… 문이 열리자 지방에서 올라온 게 분명한 검고 건조한 얼굴의 아주머니가 집안으로 덜커덕 들어선다. 그리고는 쏼라쏼라 알아들을 수 없는 말을 나에게 퍼붓는다. 가만, 가만, 이 아줌마가 뭐라고 하는 건가?

"네?"

내가 되물었다.

"아, 그러니까, 내가… 쏼라쏼라"

아줌마는 다시 알아들을 수 없는 말을 중얼거리고.

나보다 상하이에 오래 산 제프리가 알아들을까 건성으로 쳐 다봤는데, 제프리도 무슨 영문인지 모르는 표정을 지었고, 아주 머니는 중국인처럼 생긴 나의 얼굴만 뚫어지게 쳐다보며 얘기를 한다. 결국 여러번의 '네? 뭐라구요?' 끝에 그녀의 요지를 잡아냈 다. 건너 동 윗집에 사는 사람인데, 혹시 일거리가 있으면 자기를 찾아달라는 거다.

그랬군. 일자리를 찾고 있었군. 그런 간단한 걸로 당당하게 노크를 하고 들어와 두 외국인을 당황하게 만들다니. 그런데 우리 가 여기에 있다는 걸 어떻게 알았을까?

상하이 이웃들의 호기심은 끝이 없고 상상을 초월한다. 제프 리가 처음 이사들어왔을 때, 열려진 문으로 열 명 정도는 되는 사 람들이 성큼성큼 들어와 스튜디오를 구경하고 그림들을 들여다 보곤 했다고 한다. 이유도 없이, 허락도 받지 않고, 무조건. 이웃 에 누군가 이사들어 왔으니 호기심으로 구경하러 온 건지, 염탐 하러 온 건지 알 수 없다. 질릴 정도로 집요한 호기심은 나의 심 장도 여러번 들었다 났지만, 제프리의 심장도 역시 흔들어 놓은 듯 했다. 남의 집에 불쑥 들어온 것도 무례한데, 그림을 만져보고 수근덕거리고 했다는 거 아닌가.

쇼지(手机, 휴대폰)없이 살 수 없었던 초기 상하이 생활 시절 에도 그런 일이 있었다. 처음에 쇼지를 사서 번호를 개통하는 것 은 친구가 도와줬다. 그러나 쇼지에 돈을 더 넣어야 할 때는 우리 스스로 해야 했다.

● ● 음악감상일까, 그냥 호기심일까?

참고로, 중국에서는 두 가지 방법으로 휴대폰을 소유할 수 있다. 하나는 신분증을 제시하고 등록을 한 후 한국에서처럼 다달이 통지서가 날아오면 요금을 지불하는 후불제이고, 다른 하나는 일정 금액의 카드를 사 그 번호를 휴대폰에 입력하면 그 액수만큼 전화통화를 할 수 있는 선불제 방식이다. 후자는 신분증을 제시하지 않아도 되고, 전화비를 스스로 통제할 수 있다는 데서 다달이 고지서를 받아 내는 방법보다 조금 비싸기는 하지만 우리처럼 외국을 들락날락하는 사람들에게는 편리하다.

길거리에 널려 있는 전화카드 판매대 앞에 가 카드들을 쳐다봤다. 저렴하게 외국이나 지방으로 전화를 할 수 있는 IP카드를 비롯해서 여러 종류의 카드들이 작은 판매대 위에 가득했다. 우리가 쓰는 카드가 선쬬싱(神州行) 카드라는 것만 알고 있는 우리는 뚫어지게 카드들만 쳐다보았다. 거기엔 글자는 읽을 수 있지만 발음은 제대로 할 수 없는 나의 서바이벌 의식이 숨어 있었다. 그냥 물어봐도 될 것을 남편 역시 카드들만 뚫어지게 쳐다봤다. 그리고 우리는 휴대폰 카드를 사기에 앞서 아이피카에 대해서도 서로 이야기했다.

"그래서 얼마나 싸진다는 거야?"

나의 질문.

"별로 안 쌀 걸. 그래도 그냥 전화하는 거 보단 나아."

남편의 대답.

"으음."

"그럼 이걸로 살까?"

마음을 굳히고 아이피카를 가리키는 순간, 누군가의 목소리가 들렸다. 전화카드 판매인은 진작부터 우리에게 말을 걸고 있었으나, 우리는 그것을 철저히 무시한 것이다. 물어볼 수도 없었고, 물어봐도 우리가 알아들을 언어로 대답이 돌아올 것도 아니지 않은가? 영어로 물어본댔자 그녀는 눈만 껌벅껌벅할 것이 뻔하므로 아예 무시하는 쪽으로 태도가 바뀌어가고 있었다. 결코 타인과의 삶에서 좋은 태도라고 말할 수는 없지만 어쩔 수 없는 일이었다.

이번엔 판매원이 아닌, 다른 목소리가 가까운 곳에서 들려왔다. 목소리의 주인공을 쳐다보기 위해 고개를 돌렸다. 한 아줌마가 내 얼굴을 쳐다보며 뭐라고 말을 하고 있었다. 카드에 대해 조언을 해주는 것이 분명했다. 우리가 가리킨 카드가 비싼 거라는 것을 말해주는지도 몰랐다. 그러나 그녀의 말을 단 한마디도 알아듣지 못하는 나는 그저 떨떠름한 미소만 지을 뿐.

나의 어색한 반응에 다른 사람들이 웅성거렸다. 우리 주위엔 열 명은 족히 되고도 남을 사람들이 두 겹으로 원을 만들어 둘러서 있었다. 얼굴 하얀 외국인과 중국 여자애가 전화카드 판매대 앞에서 뭘 하나 궁금해서.

구경꾼들에 남편은 질려버렸다. 그리고는 그냥 가자며 나의 손목을 잡고 사람들 틈을 빠져나갔다. 우리가 가리킨 카드를 손에 들고 전화카드 판매원이 소리지르고 있었다. 그러나 우리는 도저히 그 많은 사람들이 구경하는 가운데 여유롭게 돈을 꺼내 카드를 사고 걸어갈 수가 없었다. 전화카드 사는 일이 뭐 그리 대수로운 일이라고 불구경이나 하는 것처럼 우리의 행동거지를 지켜보고 있었을까. 결국 카드는 마음을 확실하게 정한 후, 사람들이 몰려들기 전에 다른 전화카드 판매대에서 샀다.

그날 뿐만이 아니다. 물건 진열대 앞에서 걸음이라도 멈추면 남편과 나의 얼굴을 쳐다보며 사람들이 우리 주위로 몰려든다. 무슨 우유를 사는지, 왜 그걸 고르는지, 낱낱이 알고 싶은 호기심이 얼굴에 풍선처럼 달려 있다. 산 물건을 계산대에 올려놓아도 영낙없이 사람들의 시선이 꽂힌다. 다른 가정에서는 뭘 해먹고 사는지 알고 싶은 호기심에서이다.

물건이 마음에 들면 어디에서 샀냐고 물어보는 것도 주저하지 않고, 얼마냐고 묻는 것도 역시 당당하다. 내가 주스를 샀는데 그게 사은품이 딸리지 않은 것이면, 나를 딱하다는 눈으로 쳐다보며 어디 가면 같은 주스를 사은품 받고 살 수 있는지 가르쳐 주기도 한다. 그들의 호기심엔 의리도 있다.

수퍼마켓에 스시를 낱개로 구입할 수 있는 코너가 있다. 한 번은 스시를 골라 바구니에 담았는데, 어떤 아주머니가 오더니 내 바구니에 담긴 스시를 쳐다보며 뭐라고 했다. 잘 알아듣지 못한 내가 그냥 쳐다보자, 아주머니는 스시 상자를 번쩍 들어 일일이 하나씩 확인해 보는 것이 아닌가. 그리고는 전체 가격도 확인해 보고… 한 두 번 그런 일을 당한 게 아니라, 이젠 화도 나지 않아 그냥 가만히 있었다. 알고 싶은 것을 알아냈는지 아주머니는 스시 코너로 가 스시를 상자에 남기 시작했다.

동네 수퍼마켓에 항아리에 담아놓고 저울로 달아 파는 김치가 나왔을 때 휘파람이 하늘에 닿았다. 눈을 믿을 수 없었다. 특별히 외국인이 많이 모여 사는 곳도 아닌 동네에 김치를 무게로 파는 코너가 생기다니. 감격스러웠다. 김치도 한 가지가 아니라 포기김치, 깍두기, 총각김치, 겉절이 등 여러 종류를 나란히 놓고 판다. 평소 그 코너엔 사람들이 별로 없었다. 김치가 뭔지 모르는 사람들은 냄새나는 그 음식을 잘 사지 않기 때문.

그러나 내가 김치를 고르고 있으면 영낙없이 한 명, 두 명, 세 명 시작해서 사람들이 모여든다. 그리고는 시식용으로 내놓은 김치들을 이쑤시개로 집어 쩝쩝 먹어본다. 이게 뭐냐고 물어보면서. 처음엔 낯선 사람들의 거리낌없는 매너에 익숙하지 않던 나도 차츰 익숙해져 이젠 '한구어 파오차이(한국 배추김치의 중국식 이름)' 라고 말해준다. 어떻게 먹느냐고 다시 물어온다. 그냥 이대로 밥하고 먹는 거다 말해준다. 그러면 언제나 내 뒤로 몇 명이 김치를 산다. 이건 '애국'의 사례이다.

상하이에선 옷을 맞춰입는 일이 흔하다. 물론 옷감은 본인이 직접 시장에 가서 구입해야 하고, 디자인도 본인이 해야 한다. DIY(Do-it-yourself)식 생활에 익숙한 나에겐 그것도 낙이었다. 옷감을 잔뜩 사 디자인을 해서 재봉사에게 맡겼다. 그녀는 난징동루 근방에서 20여 년의 경험을 쌓아온 여인이다. 며칠 후 옷이 만들어졌다고 해서 가지러 갔다. 보기에 예뻤다. 그러나 맞는지 확인해 보기 위해 그곳에서 옷들을 입어봤다. 허리는 조금 줄여야 할 것 같고, 소매 입구는 조금 늘여야 할 것 같고, 길이는 아주 좋고 등등 함께 간 쟝 아줌마와 재봉사가 의견을 교환하기 시작했다.

곧이어 거리에 오픈되어 있는 그 양장점에는 지나가던 사람들이 하나 둘 모여들어 구경을 하다가 급기야는 저마다의 의견을 말하기 시작했다. 내 옷 다섯 벌이 동네 여인들의 토론거리가 되고 있는 순간이었다. 저마다 색깔이 왜 이렇게 예쁘냐, 보기가 좋다, 허리가 잘 들어갔다, 세련됐다 등 좋은 말들을 마다치 않았으니 기분은 나쁘지 않았다. 상하이인이지만 다른 사람들은 모두 푸동화를 할 수 있는데, 재봉사 아주머니만큼은 푸동화를 잘 하지 못한다. 약간은 하지만, 내가 알아들을 수 있는 정도는 아니다. 그러면 옆에 있던 사람이 나와 재봉사의 대화까지 즉석 통역을 하는 등 활기있는 시간을 보냈다.

그러나 이제 상하이에도 무관심이 미덕이 되는 시대가 오고 있다. 2005년 6월, 쟈딩취에 사는 75세의 우여인은 60세의 이웃 왕여인이 며칠 동안 집을 비운 사이 엉뚱한 소문을 내 큰 변을 당했다. 왕여인이 열흘 정도 집을 비우자, 우여인은 이웃과 지역 관할 공무원에게 왕여인이 평소 남자들과 카드를 하러 다닌다는 말을 하면서, 어쩌면 그녀가 애정문제로 살해당했을지도 모른다고 했다.

그것이 소문이 되어 온 이웃이 웅성거리고 있는 새 고향에 갔던 왕여인이 15일만에 돌아왔다. 왕여인은 우여인이 퍼뜨린 소문에 펄쩍 뛰었고, 법정에 2만 위안의 배상을 요구하는 소송을 냈으며, 결과는 우여인이 왕여인에게 4천 위안을 배상하기로 하는 것으로 판결이 났다. 남의 일에 간섭하다 큰코를 다친 우여인의 이야기는, 남의 일에 간섭하기 좋아하는 중국 사람들에게 앞으로 큰 교훈이 될 것이다.

우리집 애가 최고

네덜란드에서 친구 연(Jan)이 왔을 때, 그를 데리고 조각가 투펑의 집을 찾았다. 투펑은 그의 아내 쉬춘(徐春) 때문에 알게 된 사람이다. 쉬춘은 늘 웃음을 입에 물고 있고, 내게 열심히 중국 예술가들에 대한 설명을 해주며, 좋은 전람회가 있으면 전화해 주는 것을 잊지 않는 여인이다. 그녀를 먼저 알고 한참이 지난 후 만나게 된 투펑은 나의 상상과는 너무나도 달랐다. 거대한 그의 작품들과 달리 왜소한 그.

작업도 하고 학생들도 가르치는 샨동(山东)에서 상하이로 돌아올 때마다 그는 집채만한 트럭을 몰고 온다. 최근 작품들을 운반해 오는 탓이다. 작업은 좋은 흙을 구할 수 있는 샨동에서 하고, 마케팅은 부인이 상하이에서 하는 식이다. 그가 오면 상하이는 떠들썩해진다. 북방인 특유의 사람을 몰고 다니는 성품을 가지고 있기 때문이다. 연이 네덜란드에서 왔다고 말했을 때도 물론 그는 가만히 있을 수 없었다. 언제 연을 자기네 집에 데리고 올 거냐며 나를 괴롭혔다.

술을 좋아하는 그는 대화가 전혀 통하지 않는 프랑스인과 나누었던 밤샘 술마시기를 지금껏 큰 자랑으로 삼고 있다. 유니버설 언어로 화제가 끊이지 않았다나 어쨌다나. 하기야 그 유니버설 언어의 도움으로 나도 중국 예술가들과 우정을 쌓고 있으니 이해할 수 있는 일이다.

'등따시고 배부른' 유럽인들의 작품은 선이 가늘가늘해 아름답기 그지없다고 말하는 그는, 자기 작품은 생활의 야리(壓力, 압력)가 헌따(很大, 매우 커서)해서 거칠고 무겁다고 한다. 그의 작품은 그러한 그의 생활을 고스란히 보여주고 있다. 187센티미터인 연은 기껏해야 165센티미터가 될까말까한 투펑과 E.T의 한 장면같은 악수를 나누고 난 후, 그의 작품을 보다가 그 거대함에 눈이 튀어 나왔다.

"아, 이것이 중국의 예술이다~"

그의 얼굴에 감동이 번졌다. 조각작품뿐만 아니라 붓을 휘날려 그린 그의 그림들도 대담하다. 대가족의 장남으로 태어나 흙만 만지고 놀다가 예술가가 된 그의 인생이 고스란히 담겨 있다.

나이도 비슷하고 한때 미술을 했었던 네덜란드 친구를 대접한다고 투펑은 무슨 술을 하겠느냐 물었다. 한번도 맛본 적이 없다며 연이 바이죠(白酒, 백주)를 말하자, 투펑은 신이 났다. 45도의 술을 맥주 딸듯 커다란 잔에 넘치게 따라 건넨다.

그걸 한 번 입에 대보고 연은 하얗게 질렸다. 그러나 투펑은 끄떡 않고 한 모금 한 모금 마시더니 결국은 그 많은 술을 다 마셨다. 연은 일찌감치 바이죠를 포기하고 맥주를 마시던 중이었다. 그런 연을 키만 멀뚱하니 크고 심지가 없는 연약한 남자로 몰아부치면서 이번엔 또 맥주로 그의 술친구가 되어준다.

결국 투펑은 엄청나게 취했다. 평소에 많던 말이 더욱 많아진다 싶더니 몸도 가누지 못하고 비틀거렸다. 샨둥 말이 마구 섞여 가뜩이나 알아듣기 힘든 그의 중국어가 나의 귀에 더더욱 모호한 '의성어'가 되어가고 있었다. 바이죠를 조금밖에 안 마신 연은 계속해서 맥주잔을 가볍게 비우고, 속도에 맞추어 투펑은 역시 맥주잔을 비우고, 또 그에 맞추어 쉬춘은 맥주병을 따고, 휴고와 쟝쉬보는 모른 척 옆에서 콜라만 홀짝거리고…

"란니아~"(나의 한문 이름은 중국식으로 란냐로 발음된다)

얼큰한 목소리로 투펑이 나를 불렀다.

"우리 애가 둘이다. 이 놈은 큰 애고, 작은 애는 샨둥 제 친가에서 자란다. 여기 있는 큰 아들 너희 줄게. 너희는 아직도 애가 없잖아. 너희는 우리의 좋은 친구고, 우리 애도 너희 부부 좋아한다. 어때?"

자기 아들을 우리에게 주겠다니. 이번에 중국에 온 연이 자기 딸의 대부가 되어달라고 휴고에게 말해 기분이 묘해진 참에, 또 다른 아들이 우리에게 넘겨지다니.

나는 그 제의에 끝내 대답을 하지 못했다. 그날은 정말로 자기 아들을 우리에게 준다는 줄 알고 대답을 하지 못했고, 나중에 그것이 단지 깐마(干妈), 깐빠(干爸)라는 이름의 수양부모같은 거라는 걸 알았을 때도 맡아야 할 책임의 선이 어디까지인지 알 수 없었으므로 섣불리 대답할 수 없었다.

투펑이 우리에게 아이를 하나 주겠다고 말했지만, 사실 그들의 한 아이가 출생신고가 된 아이인지 난 차마 묻지 못했다. 신고를 하지 않았다면 이 아이는 헤이즈(黑子)가 되는 것이다. 중국 농촌엔 대책없이 낳아 신고도 하지 못하는 수많은 헤이즈들이 있다. 한 가정 한 자녀 정책 때문이다. 이 때문에 외국에선 중국을 인권보호에 어긋나는 나라라고 비난하고 있다.

'한 가정 한 자녀' 때문에 많은 가정들이 4명의 조부모에 2명의 부모, 한 명의 아이인 역피라미드형으로 형성되는데, 이로 인해 온 식구가 한 아이를 떠받드는 샤오황띠(小皇帝)·샤오타이양(小太阳)이 태어나고, 또 그 아이가 성장하면 온 집안의 노인들을 돌보아야 하는 부작용이 생기고 있다.

한 가정 한 자녀 정책은 폭발적으로 늘어나는 인구를 억제하기 위해 1954년 중국 공산당이 산아제한 구호를 내걸면서 시작되었다. 그러나 당시만 해도 자녀가 많을수록 복이 많다는 전통문화가 여전히 지배적이었다. 또 일손은 많을수록 좋다는 농민들의 가족관 위에서 인구가 많아야 나라의 힘도 커진다는 생각을 갖고 있는 마오쩌뚱이 이에 이의를 제기했다. 그는 미국이 중국에 원자폭탄을 떨어뜨린다면 인민들은 산아정책을 통해 빠른 시일 내에 손실된 인구 수를 다시 채워야 한다고 강조했다. 그래서 당시의 산아제한 계획은 별 효과를 거두지 못했다.

그러나 인구가 걷잡을 수 없이 늘어나면서 1972년 인구증가 억제와 국민소질 향상 등을 내용으로 하는 인구정책이 획정되었

●● 아침 조회를 하고 있는 상하이의 학교

다. 특히 1974년 전국적으로 불붙은 비림비공(批林批孔) 운동은 중국의 전통적 가치관이었던 유교적 남존여비 사상에 정면으로 도전하였다. 이에 따라 남아선호사상 역시 타파되어야 할 봉건사상으로 비판받게 되면서 가족계획에 속도가 붙기 시작했다.

1974년부터는 산아제한을 위해 피임약과 각종 피임기구를 병원과 약방, 직장 등지에서 무료로 보급하기 시작했고, 1980년부터 중국 정부는 계획생육을 국책사업으로 정하고 중국 전역에 걸쳐 본격적인 인구억제 정책을 시행했다. 1982년엔 중국 역사상 가장 철저하고도 광범위한 인구조사가 실시되었는데, 이때 이미 중국의 인구는 10억이 넘었고, 이 숫자는 당국자에게 적지 않은 충격을 주었다. 이에 따라 계획생육정책이 더욱 엄격해져서 '1부부 1자녀' 출산을 원칙으로 하게 되었다. 한마디로 '적게 낳아 우수하게 기른다'는 질 위주의 인구정책이다.

이같은 정책은 중국의 후진화를 막기 위해 시행하는 4대 근대화 정책 추진에 가장 큰 걸림돌이 되는 것이 바로 폭발적인 인구증가율이라는 인식 때문이었다. 한때 5년에 1억명씩 폭발적으로 늘어나던 인구는 한 가정 한 자녀 정책을 시행하면서 5년에 7~8천만 명 정도로 증가율을 낮췄다.

그런데 이같은 한 자녀 정책은 56개 민족으로 이루어져 있는 중국의 93%를 차지하는 한족(汉族)에게만 해당하는 정책이다. 한족의 경우, 도시에선 아들 딸 불문하고 한 명의 자녀만 둘 수 있다. 그러나 전체 인구의 70% 이상이 사는 농촌 지역에는 예외규정을 두고 있다. 첫아이가 아들이면 그것으로 단산을 하고, 딸이면 일정한 터울을 두고 둘째아이를 낳을 수 있도록 허용하고 있다. 일손 확보와 함께 도시 근로자와 달리 농민은 퇴직후 연금같은 혜택이 없으므로 노후 생활안정을 배려해 한 번의 출산기회를 더 주는 것이다. 둘째가 또 딸인 경우에는 더 이상의 출산이 허용되지 않는다. 반면 장족, 루우빠족, 웨이구어족 등 소수민족들은 두 자녀까지 허용된다.

그러나 이 제도는 이후 조금 느슨해져 1997년부터는 외동딸, 외동아들이 만나 부부가 되는 경우는 아이를 둘 낳을 수 있도록 했다. 소수민족도 아니고 외동딸·외동아들 부부도 아닌데 한 자녀 이상을 갖게 되면 연소득의 4~6배 벌금을 부과한다.

2004년 9월 1일 공식 통과되어 발효된 중국의 〈인구홍계생육법(人口與計生育法 : 인구계획에 관한 법)〉에서 밝힌 자녀 초과 출산시의 벌금에 관한 부분은 다음과 같다.

1. 각 지방(법 조항이 조금씩 다름)의 법 규정을 어기고 초과해서 자녀를 낳는 경우

2. 정식으로 혼인신고하기 전에 아이를 낳은 경우

3. 입양 시 성(省)에서 정한 법 조항에 어긋난다든가 불법적으로 입양하여 양육하는 경우

4. 재혼하여 아이를 낳을 때 법 조항에 위반되는 경우

5. 중국 국적을 가지고 출국하여 낳은 경우, 대만·홍콩·마카오 사람과 결혼하고 자녀를 출생시 국가의 법에 위배되는 경우, 비록 대만이나 홍콩·마카오의 공민증을 가지고 있고 내륙(중국본토) 주민증이 없더라도 내륙에서 생활할 경우

6. 그외에 국민이 국가법에 위배되는 자녀 출생을 하였을 때

반면 만혼만육(晚婚晚育 : 늦게 결혼하고 늦게 아이를 낳는)하는 사람에게는 혼인휴가 연장, 출산휴가 연장 등의 혜택을 준다. 정관수술이나 다른 조치를 취할 경우에도 특별휴가를 준다. 또 독생자녀광영증(獨生子女光榮證 : 자녀가 하나밖에 없다는 증명서)를 받은 가정에 대해 부모에게는 장려금과 여러 가지 휴가를 주고, 자녀에게는 탁아소, 학교, 의료혜택, 집과 토지, 취직과 노후문제까지 해결해 주겠다는 것이다. 그리고 외동자녀가 있는

집안의 자녀가 갑자기 변을 당하고 다시 아이를 낳지 않거나 입양을 안한다면 각종 단위에서의 지원과 퇴직금, 일회성 성금 지원, 사회보장, 연금 등의 혜택을 주겠다고 명시하고 있다.

법의 기초는 중앙정부에서 정하였지만, 각 지방마다 나름대로의 법을 정해놓고 진행하고 있는 상황이다. 그로 인해 벌금의 액수 등 여러 가지 예외조항이 존재한다. 안훼이 성에서는 아이를 더 낳을 수 있는 13가지 예외조항을 법에 명시해 놓고 있고, 특별한 경우에는 3자녀 이상까지도 신청이 가능하다.

장쑤성에서는 아이를 한 명 더 낳으면 부부가 각각 사회부양비를 따로 내야 한다고 규정하고 있으며, 세부조항으로 한 명 초과 출산시는 규정의 4배, 두 명 이상 출산시는 규정의 5배에서 8배까지 사회부양비를 내야 한다고 명시하고 있다. 또 혼인신고 전 자녀 출산 시에는 0.5배에서 2배의 벌금을, 두 명 이상일 때에는 5~8배의 벌금을 부과하고, 재혼의 자녀 출산시 6~9배의 사회부양비를 내야 한다. 또한 고소득자는 소득을 감안하여 벌금을 조절한다는 조항이 덧붙여 있다.

허난 출신의 젊은 변호사 류이는 한 가정 한 자녀 세대인데도 여동생이 하나 있다. 변호사였던 그의 아버지가 어린아들 류이가 불치병에 걸렸으므로 자식이 하나 더 필요하다고 신고를 한 탓이다. 류이에게 동생이 생겼으나 류이는 사망하지 않았고, 아버지는 두 자식을 당당하게 키울 수 있게 되었다. 법망을 피해 간 것이라고, 혹은 운이 좋았던 것이라고 누가 말할 수 있겠는가? 중국에는 이런 일도 비일비재하다.

인기 만점 상하이 남자

　　와이탄(外滩) 근처, 상하이 한복판에 사는 위밍홍(俞明鸿)씨의 아침은 일찍 시작된다. 여섯시에 눈을 뜨는 그는 밖에 나가 바오즈(包子 : 찐빵같은 것으로 야채, 고기 등 여러가지 다른 속이 들어가 있는 것)와 빙(饼 : 참깨 등이 뿌려진 중국식 호떡) 등을 사가지고 집으로 돌아온다. 그리고 아직 침대에서 일어나지 않은 식구들을 깨운다.

　　부인 쟝씨도 그제서야 침대에서 일어나고, 직장에 다니는 큰 아들도 뒤이어 눈을 뜬다. 고등학교에 다니는 작은 아들은 아침 식사를 기다리고 있다가 아버지가 들어오면 부리나케 비닐봉지를 열고 고된 공부로 하루를 보낼 자신의 배를 채우고는 집을 나선다.

　　종종 리어커 야채상들로부터 찬거리를 함께 사들고 들어오는 위씨는, 찬거리를 부인에게 넘겨주고 식구들에게 아침을 챙겨주고 나면 옷을 갈아입고 회사로 출근한다.

저녁은 직장이 따로 없는 부인 쟝씨가 하지만, 집에 일찍 들어오거나 직장에 나가지 않는 주말에는 영낙없이 그가 프라이팬을 든다. 전기세, 수도세, 가스비 등의 고지서를 챙기는 것도 그의 몫. 파트타임 일을 나가는 부인 쟝씨에게 그는, 무리하게 일을 하지 말라, 아프면 침대에서 쉬어라 등등 따뜻한 말을 아끼지 않는다. 그래서 쟝씨는 집에서 마치 왕비님같다.

위씨가 이렇게 부인과 식구들을 자상하게 챙기고 집안 일도 앞서서 하지만, 아무도 팔불출이라 부르지 않는 건 그가 상하이 남자이기 때문이다.

사무실에서 일하던 때 옆자리의 류용(刘勇)은 나를 잘 도와주었다. 중국에 대해 모르는 게 많았던 내게 여러가지 것들을 알려 주었으며, 사주 섬심을 함께 먹기도 했다. 그러나 사무실에서는 그렇게 친했는데도 좀처럼 퇴근 후의 자리를 만들기는 어려웠다. 그뿐만 아니라 다른 동료들도 그랬다. 한국에서라면 일 끝나고 맥주 한 잔, 하는 식으로의 분위기가 있을 터인데, 그런 것이 없다. 어느날 그에게 퇴근하고 나면 뭘 하나고 물으니, 여자 친구(그는 그때 동거를 하고 있었는데, 상하이엔 요즘 동거하는 젊은 이들이 많다)가 쇼핑하는 걸 거들어주거나 저녁거리를 사 집에서 요리를 한단다.

하루 종일 직장에서 일하고 시장봐서 요리한다는 게 재미있게 보여 구체적으로 물으니, 야채와 고기 사고, 씻고, 다듬고, 볶고, 쌀 씻어서 밥 안치고, 그런 거 다 한단다. 자세하게 읊는 걸 보니 거짓말이 아니다. 여자 친구는 그때 뭘하나? 옆에 서서 주격

●●● 상하이 남자 위밍훙 씨와 그의 부인 장씨

으로 프라이팬 뒤적거리는 거 한단다. 그 여자 친구 정말 팔자 늘어졌다. 이것이 상하이 여자들의 팔자다. 아내가 아파 누워야지만 겨우 부엌에 들어가는 남자를 남편으로 둔 한국 여자들의 팔자와는 비교가 안된다.

부모와 함께 사는 경우, 상하이에선 '젊은 부부와 시부모'가 아니라 '젊은 부부와 친정부모'인 가정이 일반적이다. 분위기가 그렇다보니 어쩌다 시부모와 함께 사는 가정을 보면 뭔가 문제가 있는 게 아닐까 하는 의심마저 들게 된다.

대학에 다닐 때, 한 교수님이 대만 사람과 한국 사람의 국제결혼에 대해 이야기를 해주었다. 중국과는 수교가 맺어지지 않았던 때라 우리에게 대만은 중국이나 마찬가지였다. 한국 여자와 대만 남자가 결혼하면 서로 집안 일을 도우며 잘 사는데, 대만 여자와 한국 남자가 결혼하면 서로 집안 일을 안하고 미루어서 이혼율이 높다는 것이다. 그때는 그냥 웃고 말았는데, 상하이 남자들을 보니 장난이 아니다. 상하이 남자들은 중국 남자들 중에서도 가장 자상하고 집안 일 잘하기로 소문이 났다.

홍콩의 초스피드 데이트. 입장료를 내고 들어가면 하루 저녁에 스무 명 정도의 이성 파트너를 3~5분에 걸쳐 고루 만날 수 있는 이벤트이다. 이러한 데이트 이벤트는 보통 여자보다는 남자들이 많이 모여 여자들은 공짜이고 남자들만 돈을 내고 회원이 된다. 이에 반해 홍콩에서는 싱글남들보다는 싱글녀들이 더 많아, 여자 모으는덴 문제가 없으나 남자 조달하기가 쉽지 않아 남자들에게 특별 혜택이 주어지기도 한다.

많은 홍콩 남자들이 외국으로 빠져 나갔거나, 근래에는 중국 본토 여자들과 맺어지고 있다. 영국 식민지 시절을 겪으며 서양인들에 익숙하지만, 그들과는 섞이지 않는 문화가 형성된 탓에 서양 남자들과는 잘 맺어지지 않고, 또 본토 남자와는 경제·문화적 차이 때문에 맺어지기 어려운 홍콩 여자들이 남자 부족 현상으로 졸지에 갈 곳을 잃었기 때문이다.

홍콩의 심각한 소비문화가 남자로 하여금 섣불리 여자에게 프로포즈하기 어렵게 만드는 이유도 있다. 자주 몇 백 달러짜리 치장꺼리를 사서 바쳐야 하니. 홍콩 거리를 걸으면 쇼핑에 대한 압력이 쩌릿쩌릿 느껴진다. 줄줄이 늘어서 있는 명품 상점들, 번쩍번쩍한 구두에 핸드백, 패션쇼에서 막 걸어나온 것 같은 여자들의 옷… 자존심은 바로 몸에 걸치고 있는 것들의 상표에서 나오고, 그 자존심을 세워줄 수 있는 남자가 최고의 신랑감이니.

그런데 그녀들에게 위기의 시대가 온 것이다. 수적으로 남자가 부족하니 여자들이 안달이 나기 시작했다. 최근에 읽은 「사우스 차이나 모닝포스트」의 기사가 흥미로운데, '홍콩 여인들, 눈을 낮춰야 하나?'가 제목이었다. 서양 남자도 홍콩 남자도 귀한 현재, 남자들이 무궁무진한 본토로 눈을 돌려야 하는가에 대한 문제 제기였다.

본토 남자 중에서 가장 인기있는 사람은 당연 상하이 남자다. 베이징을 비롯한 북방 남자들은 '여자 일은 여자가', '여자는 남자가 하는 말을 들어야 한다'는 식의 의식이 있는데(그래도 요리하는 남자들은 많다. 먹는 것은 인생의 첫째 가는 중요한 일이기 때문), 상하이 남자들은 그러한 의식이나 여자 남자를 차별하는 생각이 없기 때문에 평등정신과 다정다감함만이 남는다. 최근 늘어나고 있는 홍콩 여자들의 국제결혼이 상하이 남자와의 커플인 것을 봐도 상하이 남자들의 인기를 엿볼 수 있다.

드센 상하이 여자들을 상대하느라 자연스레 몸에 밴 신사정신과 경제적 풍요함 때문에 상하이 남자들은 현재 중국에서 베스트 신랑감으로 환영받고 있다.

미모와 지성이 한 몸에

오랫동안 잊고 살았다. 도도한 표정을 지니고 있어야 대접받는다는 사실. 난 본래 싸움에 이길 줄을 몰랐다. 악착같지 못하고 말주변이 별로 없으니 그랬을 것이다. 상처를 잘 받으면서도 상처가 될만한 말을 할 줄 모르니, 시장에 가도 바가지를 쓰는 건 물론이다. 왜 나에게는 그런 악착같은 성질이 없을까.

한국에서도 그런 걸 느꼈다. 잘난 여자들은 잘난 표정을 가져야 한다는 것. 잘난 표정을 가져야 잘난 사람측에 낄 수 있다는 것. 그런데 유럽에 있는 동안 그걸 잊고 살았다. 거기에선 워낙 다른 부류의 사람들이 섞여 살고 있으니 따로 잘난 표정이라는 기준이 있을 수가 없었다. 모두 열심히 살고 있을 뿐, 자기의 삶을 살면 그만인 것이었다. 지나가는 사람의 몸매도, 옷차림도, 머리 모양이나 색깔도 비교할 수 있는 기준이 없는데, 어찌 잘난 표정이라는 게 있을 수 있겠는가.

그런데 상하이에서 살고보니 그 잘난 표정이라는 개념이 다시 살아났다. 잘난 여자는 표정이 무서워야 한다. 도도한 표정을 가지고 있어야 대접받는다.

상하이 여자 웨이둥은 네덜란드 남자와 결혼한 전형적인 상하이 타이타이(太太, 마님)이다. 그녀를 만나기 전, 나는 그녀에 대한 이야기를 그녀의 남편으로부터 먼저 들었다. 상하이 여자와 결혼한 그의 생활이 궁금해 결혼생활이 어떠냐고 질문했다. 대답은 간단했다.

"난 부인이 하라는 대로 하며 산다."

거창한 대답을 기대하고 있던 사람들은 깜짝 놀랐다. 네덜란드도 여성들의 높은 지위로 유명하지만, 적어도 결혼생활에 있어서는 모든 것을 의논과 대화를 통해 결정하는 법인데, 마누라가 하라는 대로 하며 살다니!

상하이 여자들은 똑똑하고 아름다우며(유난히 피부가 하얗고 빛난다), 시간 활용을 잘 한다. 게다가 돈을 버는 능력까지 뛰어나다. 학벌이 좋은 여인들이 많다보니 직업전선에서 물러나지 않는 여성들도 많다. 수퍼우먼이 아닌 다음에야 직장일을 병행하면서 아이들을 어떻게 키우겠는가. 대개는 친정부모와 함께 살거나, 친정집에 아이를 맡기기도 하지만, 그게 여의치 않으면 기숙제 학교에 보낸다. 월요일부터 금요일까지 학교에서 생활하고, 금요일 저녁이나 토요일 아침에 집에 왔다가 일요일 저녁에 다시 학교로 돌아가는 것이다. 부부가 모두 일을 나간다면, 여자에게 무한한 자유를 주는 제도인 것이다.

그러나 이 기숙제 학교를 유치원부터 시작한다는 것은 이해할 수 없다. 어떻게 그 어린아이를, 엄마 손이 수시로 가야 할 아이를 유치원부터 기숙제 학교에 집어넣을 수 있단 말인가. 그러나 내 염려와는 달리 상하이 사람들은 별다른 감정이 없다. 응당 그런 것이지, 측은함이라든가 동정심같은 건 품지 않는다. 정말로 독한 여자들이다. 기숙제 유치원은 매우 인기가 좋아, 상하이시 복지원에서 설립한 중국복지유아원은 경쟁률이 10대 1에 달한다.

13억 중국 인구의 절반인 중국 여성은 세계 여성 인구의 4분의 1을 차지한다. 중국 여성들의 지위가 올라간 것은 1949년 중화인민공화국이 출발했을 때로, 정부가 앞장서서 여성의 지위를 높이는 개혁정책들을 시행했기 때문이다. 최근 마오쩌뚱에 대한 책을 저술한 영국 거주 중국 작가 창정에 의하면, 중국 정부는 여성의 지위를 높임으로써 여성들을 작업 현장으로 내몰려고 했다는 것이다. 즉, 여성의 지위는 노동을 시키기 위한 음모에서 비롯되었다. 진짜 이유가 무엇이든, 현재 중국 여성들의 지위가 남자와 동등한 것은 사실이다.

중국 여성들에 대한 다른 한 가지 이야기는 풍수지리설과 관련이 있는데, 중국 땅은 여자의 기가 성하고 남자가 약한 음성양쇠(陰盛陽衰)의 지세이기 때문에 운명적으로 남자들이 여자들에게 기죽어 살도록 되어 있다는 것이다.

상하이에서 여자들을 소개받는 데는 두 가지 방법이 있다. 먼저 커리어 우먼의 경우. '이름은 ㅇㅇㅇ, 미국 ××대학에서 MBA를 했고, 현재는 △△기업의 마케팅 매니저예요'라는 것이 한 문장으로 이어지는 소개말이다. 이런 사람들과 만나면 MBA와 관련한 학벌이 없으면 쓸모없는 존재가 된다. 두번째, 이름을 밝힌 후 어디에 사는가를 말하는 경우. 보통 소개시켜 주는 사람이 알아서 그렇게 말해 준다. 예를 들어 '이 분은 ○○부인이구요, ××에 살아요' 하는 식이다. 보통 좋은 주택단지에 살아 그 사람의 재력이 얼마 정도인가 티가 내고 싶을 때 사용하는 소개법이다.

앞서서 말한 웨이동은 직장에 다니면서 EMBA를 전공했다. 기존의 MBA를 대체하는 EMBA(Executive Master of Business Administration)는 행정전문가를 양성하는 코스로, 상하이 직장여성들의 목표가 되고 있으며, 여기에 들어갈 수 있는 조건은 다음과 같다.

- 4년제 대학을 졸업했거나 그 이상의 학력 소유자
- 대학 졸업 후 8년 이상 기업체 근무경력과, 그중 4년 이상의 관리직 경험이 있는 사람
- 대규모 그룹이나 회사의 관리직에 있는 간부

여기에 신상명세표와 함께 두 명 이상의 전문가나 최고관리자의 추천서가 필요하고, 자신이 근무하는 그룹이나 기업의 현 관리부문에 대한 문제점과 보완점 등을 기술한 논문을 첨부해야 한다. 물론 필기시험과 면접시험에 합격해야 한다.

18개월의 수업과정을 거쳐 웨이동은 드디어 EMBA 졸업자가 되었다. 억척 여성이다.

여자들의 학구열이 높아서인지 자식 교육에도 열이 높아 상하이 부모들의 제일 큰 목표는 아이들을 유학 보내는 것이다. 학교 선택에서부터 시험준비를 어떻게 할 것인가 등의 지침이 담겨있는 『핵심 초등학교로의 가이드』가 불티나게 팔리고 있다.

보통은 집 근처에 있는 초등학교에 들어가지만, 시험을 치르고서야 입학할 수 있는 엘리트 학교에 들어가려면 좋은 성적을 거두어야 하는 것이다. 자녀들을 좋은 초등학교에 보내고 싶은 젊은 부모들은 이 책을 사서 부지런히 교육시키고 있다.

그렇게 일찍부터 시험준비를 하면 아이들이 너무 스트레스 받지 않겠느냐는 질문에 대부분의 부모들은 "일찍부터 단련되면 경쟁력있는 사람이 되어서 좋다"고 한다. 전형적인 상하이 사람들의 의식이다.

베이징 여성들과 상하이 여성들의 의식 차이에 대한 조사가 최근 발표되었다. 이에 따르면 베이징 여성들은 자가용 갖기를 선호하는 반면, 상하이 여성들은 크레디트 카드로 쇼핑하는 것을 더 좋아한다. 차이나 인포마켓팅에 의해 조사된 이 리서치는 중국의 두 대도시 베이징과 상하이 여성들의 비슷한 점, 다른 점을 밝히고 있어 흥미롭다.

구직에 있어서, 베이징 여성들은 28.9%가 직책이 가장 중요하다고 했고, 직업의 안정도는 22.6%로 두번째를 보였다. 상하이 여성들은 직업 안정도가 가장 중요하다는 27.8%의 비율을 보였고, 높은 보수가 두번째를 차지했다(26.7%). 일의 종류에 대해, 베이징 여성들은 대기업 근무를 가장 선호했고, 교직은 두번째이며 저널리즘같은 다소 안정적이지 않은 프리랜서 일도 할 의향이 있다고 했다. 반면 상하이 여성들은 교수직을 첫째로 꼽았으며, 놀랍게도 행정업무나 판매일에 많은 관심을 보였다.

설문 대상 베이징 여성들중 12.8%가 자동차를 소유하고 있었고, 상하이 여성들 중에서는 1.7%만이 자가용을 소유하고 있었다. 크레디트 카드를 사용하는 데 있어서는 상하이 여성들이 베이징 여성들을 훨씬 앞선다. 상하이 여성들의 성격이 리서치에서도 잘 드러나고 있는 것이다.

건강하게 사는 법

　　여행을 하다보면 늘 고민되는 것이 그 나라에 어떤 풍토병이 있는지, 수돗물을 그냥 마실 수 있는지 등이다. 대개 입으로 들어가는 것을 잘 다스리면 건강하게 살 수 있다. 나갔다 오면 손을 잘 씻고, 잘 때는 발을 잘 씻고 잔다는 등의 생활습관을 어려서부터 지켜 왔으므로 새삼스러운 것이 아니지만, 음식과 수돗물에 관한 한은 언제나 조심해도 모자라지 않는다. 한국에서도 여행을 하다보면 설사를 하고, 배앓이를 하는 등 탈이 나는데 하물며 외국으로 완전히 옮겨 살 때야…

　　네덜란드에 살 때 남편은 중국으로 자주 출장을 갔다. 한번 가면 2, 3주를 보내다가 오는 건 보통이었다. 섭섭한 마음, 그리운 마음이 범벅되어 수화기를 쳐다보고 있으면 그에게서 전화가 오곤 했다. 전화기를 통해 들려오는 그의 목소리는 영락없이 감기에 걸려 코가 꽉 막힌 소리가 나거나 기침, 아니면 배탈 설사로 힘이 다 빠져 있기 일쑤였다.

3. 커리어 우먼　184

185

어제 먹은 계란 때문인 것 같다고, 혹은 돼지고기, 국수에 들어 있던 이상한 건더기, 잘 닦이지 않은 커피잔 등 이유는 무궁무진했다. 감기에 걸린 이유 역시 다양했다. 비행기를 오래 타서, 방이 너무 추워서, 바람에 먼지가 많아서, 침대가 편안치 못해서 등등.

수화기를 통해 그의 호소를 들을 땐 엄살이라고 생각했다. 처음엔 반갑고 안스러운 마음에 잘 들어주던 내가 한참 지나 브레이크를 걸면, 그는 중국에 있는 외국인들이 한번쯤은 배탈이 나고, 감기에 걸린다며 결코 그게 자기의 부주의 때문이 아님을 밝히며 펄펄 뛰었다.

중국으로 이사를 하려니 아닌 게 아니라 여러가지가 맘에 걸렸다. 객지에서 병에 걸리면 손해보는 건 나다. 우선은 예방접종을 꼼꼼하게 했다. 나야 원래 아시아에서 산 사람이니 그다지 새로운 질병에 노출될 리가 없다는 생각을 하고 있었지만, 유럽에서 중국으로 가는 사람들에게 보내는 경고문은 유럽에서 살다 아시아로 돌아오는 내게도 위협이 되었다.

한국에서는 익히 들어왔지만, 유럽에는 흔하지 않은 B형 간염이라든가 황열, 뇌염같은 병들이 중국에 가면 당장에라도 걸릴 것 같은 긴급한 위협으로 다가왔다. 건강여권을 만들어 예방접종 상황과 건강상태를 꼼꼼하게 기록했다.

상하이에선 수돗물을 마시지 않고 반드시 페트병에 든 물을 마셨다. 남편은 한 술 더 떠 양치질하는 물까지 페트병 물을 사용했다. 심지어는 칫솔도 그 물로 정성스레 헹궜다. 양치질 물도 조금은 식도로 넘어가니 조심해야 한다면서. 한국에서는 수돗물도 벌컥벌컥 마시며 살았는데, 그 거친 황야의 소녀가 설마 양치질 물로 배탈이 날까 싶어 난 양치질할 때는 그냥 수돗물을 사용했다. 물론, 그 때문에 배탈이 난 적도 없었던 것 같다.

상하이에 사는 기간이 오래되면서 차차 남편도 양치질에는 수돗물을 사용하는 눈치다. 면역이 되면 어떤 환경에도 적응할 수 있는 것이다. 한 달 동안 샤워를 하지 않고도 살 수 있고, 방 한 칸에 스무 명이 비적대며 살 수도 있다.

아버지가 인도계, 어머니가 웨일즈계인 캐나다인 로빈이 친척을 방문하러 인도에 갔을 때, 삼촌이 그에게 준 것은 수돗물 한 컵이었다고 한다. 그걸 다 마시라고 하며, 스물이 갓 넘은 비리비리 캐나다 청년 로빈에게 주었다. 약간의 두려움, 그러나 얕보이고 싶지 않은 기분에 그는 그걸 마셨다. 아니나 다를까, 그는 크게 배탈이 나 거의 죽을 뻔하다가 살아났다. 겨우 의식을 차리고 일어나 앉게 되자 삼촌이 하는 말, "이제 넌 인도에서 아무거나 먹어도 배탈나지 않을 거다"였다. 아닌게 아니라 그는 인도에 머물던 그 몇 달 동안 한 번도 앓아눕지 않았단다.

상하이에 2년째 살고 있는 네덜란드인 제이는 어느날 화장실 변기통에서 국수 가락을 하나 발견했다. 좀 이상하게 생긴 물건이어서 유심히 쳐다봤다. 국수를 언제 먹었던가? 기억을 더듬는데, 아뿔싸! 국수가락이 움직이는 게 아닌가! 제이는 깜짝 놀라 뒤로 자빠질 뻔 했다. 가슴이 쿵덕거리면서 머리가 지끈거리고 열이 펄펄 올랐다. 이것이 도대체 무슨 물건이란 말인가… 지렁

이 같이 생긴 것이… 당장 전화기를 들고 네덜란드에 있는 부모님에게 전화를 걸었다. 이러쿵 저러쿵 그런 일이 발생했는데… 어떡하나요?

그 밤을 뒤척거리며 자는둥 마는둥 하고 다음날 해가 밝자마자 병원에 갔다. 2미터나 되는 외국인이 들어서니 의사는 고개를 뒤로 꺾고 어디가 불편하냐고 물었다.

"어젯밤 내 몸에서 이상한 게 나왔는데…"

뒷이야기는 뻔하다. 이런저런 검사 끝에 장에 편충을 키우고 있는 것으로 판명이 났다. 그것도 희귀종이라고. 제이는 그 길로 병원에 입원했다. 약물치료를 받고, 다른 사람에게 전염시킬 수도 있다 하여 반격리 생활을 하며. 돼지고기를 잘못 먹은 것이 원인이었다.

중국 사람들은 무엇이든 익혀서 먹는다. 신선한 야채조차 프라이팬에 볶아먹는 사람들이다. 생야채를 먹는 것은 모험을 감행하는 일이다. 돼지고기뿐만 아니라 길거리에서 파는 양고기 꼬치도 주의해야 한다. 꼬치구이이기 때문에 속이 완전히 안 익을 수도 있는데, 그래서 식중독에 걸릴 수 있다는 것이다. 어쩐지 동베이 레스토랑에 갈 때마다 배탈이 난다 했다. 성질 급한 우리가 양고기를 대충 구워서 먹은 탓인가 보다.

중국 생활에서 건강을 위협하는 것은 입으로 들어가는 음식이나 물만이 아니다. 전반적인 위생상태다. 손에는 무수한 균이 득시글거리고 있다고 배웠거늘, 눈에 보이지 않고 느껴지지 않는데도 그 정도이니 사람 사는 곳에서 멀지 않으면서 적나라하게 보이는 쓰레기와 하수, 버스나 지하철의 끈적거리는 손잡이들은 어떠한가.

보도블럭 위가 하수도인듯 흐르는 더러운 하수는 얼굴을 일 그러지게 만든다. 아파트에서 나오는 하수관 끝이 땅 속으로 감추어져 있는 게 아니라 인도의 한 구석에서 끝이 나 있으니 쌀 씻은 물, 세수한 물, 빨래한 물들이 몽땅 길 위로 졸졸 흐른다.

도랑을 건너듯 바지자락을 잡고 살짝 뛰어넘어 보지만, 깜깜해서 하수의 반대편 끝이 어디인지 잘 안보일 때나 위태롭게 얹혀 있던 블럭을 잘못 밟기라도 하는 날엔 영낙없이 하수가 튀어올라 바지에 묻기 일쑤이다. 맨발에 샌들을 신고 다니는 여름엔 더욱 찝찝하다.

거기에다 항상 나를 움츠리게 만드는 것은 거리에 침을 뱉는 사람들이다. 내 뒤를 따라오는 사람이 느닷없이 크아악, 퉤! 하고 침을 뱉으면 자동적으로 돌아보게 된다. 소리가 역겨운 것은 둘째 치고 행여 그가 나를 사정거리에 두고 침을 뱉은 것은 아닐까 하는 두려움에서이다. 콧등을 손가락으로 누르고 코를 패앵 푸는 사람들은 어떤가. 눈이 의심스러울 정도로 코에선 누런 코가 덩어리째 푸웅 떨어져 나온다.

방금 먹은 생선 냄새가 사방에 퍼질 정도로 사정없이 트림하는 사람들. 엘리베이터에 함께 탔는데 아리따운 아가씨가 귀 근처에서 끄어어억~ 하고 트림을 하면 나는 머리가 혼란스러워진다. 이 예쁜 여자가 그런 소리를 냈단 말인가? 창문에서 길게 뻗쳐나온 장대에 걸린 빨래들에서 떨어지는 물방울들을 비롯해 모

●● 길거리에 널려 있는 빨래들. 물 떨어질 땐 그 아래로 가지 말자.

●● 전철역 안에 있는 침뱉지 말라는 경고문

 상하이에서 악녀가 되다

두 세균에 노출되는 느낌을 주는 건 어쩔 수 없다.

한가지 다행인 것은, 사스가 돌고 난 이후 사람들이 좀더 위생에 신경쓰고 있다는 것이고, 생활이 풍요로워지면서 건강에 관심을 갖는 사람들이 많아지고 있다는 것이다.

새벽같이 일어나 타이찌를 하거나 음악을 틀어놓고 춤을 추는 것은 전통적으로 이어져오던 건강요법이고, 요즘 젊은이들 사이에선 헬스클럽에 가 땀을 빼거나, 요가 열풍이 불고 있다. 정신을 집중하고 근육을 단련하면 자연 심신이 건강하게 된다는 원리이다. 많은 직장인들이 출근 전이나 퇴근 후 요가반에 들러 요가를 하기도 하고, 점심시간을 틈 타 요가장으로 가는 사람들도 있다.

4

...

상하이의 밤

한국을 떠나 사는 한인 사회에, 안그래도 외로운 처지에, 서로를 돕고 보듬어 주는 한국 사람들만

있었으면 하는 바램이다. 어떤 이유로 외국에 나왔든 우리는 모두 어떻게든 한국과 연결된 한국

사람들 아닌가.

상하이 베이비

푸단대(复旦大) 출신 여류작가 웨이훼이(卫慧)의 『상하이 베이비』는 현대 젊은이들의 생활을 폭로한 내용으로, 중국에서는 금지가 된 책이다. 주인공인 코코라는 젊은 여류작가는 티엔티엔이라는 남자와 사랑에 빠져 동거에 들어가나 정상적인 성생활을 할 수 없다. 그러다가 독일인 유부남을 만난 코코는 그와 육체적인 사랑에 빠진다. 적나라한 상하이의 중심을 잃은 젊은이들의 삶, 외국인과 사랑에 빠지는 상하이 여자들의 일상을 잘 묘사하고 있다. 그것은 1900년대 초 식민지 시절이 오늘의 시점에서 반복되는 것이나 마찬가지이다. 코코는 티엔티엔과 동거하면서 독일 애인과도 아무데서나 정사를 나눈다. 그러면서도 티엔티엔과의 사랑이 영원하길 소망하는 그녀에겐 슬픔이 뿌리박혀 있다. 이 소설은 중국에서는 판금조치되었지만, 웨이훼이는 여전히 글쓰기 작업을 하고 있고, 소설은 18개 국어로 번역, 출간되었다.

바에서 술을 마시다 화장실로 달려가 정사를 나누는 등 독일 남자와 연애를 하는 코코의 이야기는 소설 속에서만 존재하는 게 아니다. 상하이에선 그런 일들이 비일비재하다. 몇 년 전 미국상회의 조사에 의하면, 상하이에 3년 이상 거주하는 미국인 부부중 80%가 이혼을 한다니 그 실상은 가히 짐작할 만하다.

그들은 왜 이혼을 하는가. 직업을 갖지 못하는 데 대한 불만에서 조국으로 돌아가려 하는 여자와 상하이에 남으려는 남자 사이의 불화, 새로운 생활환경에 적응하지 못하는 것, 그러나 무엇보다도 결혼 여부에 상관없이 외국인이라면 무조건 유혹하고 보는 상하이 여자들과 그 호기심을 뿌리치지 못하는 남자들의 문제가 가장 큰 이유가 될 것이다.

남편 하나만 보고 다니던 직장 뿌리치고 머나먼 이국으로 옮겨왔던 여자들은 가뜩이나 배신을 당한 것도 서글픈데, 벌써 남자의 돈을 손에 꽉 쥐고 있는 상하이 여자들 때문에 위자료도 충분히 받지 못한다. 고국으로 돌아간다 하지만, 다시 생활에 적응해야 하는 부담도 만만치 않을뿐 아니라, 몇년 동안 놀았던 일자리를 알아봐야 하는 부담이 겹쳐 이혼 후의 생활은 몇 배로 어려워진다.

상하이에 거주하는 유럽 가정의 이혼율은 조사된 바 없으므로 얼마나 높은지 알 수 없다. 다만, 우스개 소리로 떠도는 말이, 결혼을 쉽게 하지 않지만(동거하는 사람들이 많기 때문에) 일단 결혼을 하면 서로에게 충실하려 노력하는 유럽 사람들에 비해(그래서 유럽엔 싱글이 많다), 쉽게 결혼하고 쉽게 이혼하는 미국 사람들은(그래서 미국에선 몇번째 결혼인지 알 수 없으나 누구나 결혼을 한 상태이다) 상하이가 아니었어도 그렇게 많이 이혼을 했을 거라는 말이다.

내가 알고 지내던 한 상하이 아가씨는 조금 친해지자, 자신이 나이 많은 외국 남자와 연애를 했었다는 사실을 고백했다. 누구나 알만한 큰 회사의 지사장이었던 그는 결혼을 한 상태였고, 부인도 상하이에 있었다.

작년에는 한 비즈니스 학교의 파티에 갔다가 나는 경악을 했다. 그 학교의 교수 군단이 아가씨들을 데리고 파티에 온 것이 아닌가. 강의차 몇 주 상하이에 와 있던 그들은 모두 미국에 부인을 두고 있었으며, 어떤 이는 부인이 상하이에 왔을 때 앳띤 애인을 시켜 가이드를 하기도 했다는 것이다. 뻔뻔하지 않은가. 자기의 조교라고 부인에게 섹스파트너인 여자애를 소개시키는 남자나, 자기가 진을 빨아먹는 남자의 부인에게 미소지으며 상하이 여기저기를 보여줄 수 있는 여자애나… 이해하기 힘든 세상이다. 파티에 갔던 보통 사람들은 그 교수들에 대해 단단히 화가 났지만, 교수들에게 그건 아무렇지도 않은 출장시의 삶인 듯했다.

남자들은 집을 나서면 성품이 변한다. 유부남이라는 타이틀도 국경을 넘으면 사라지는 모양. 한국 남자들도 마찬가지이다. 건수 하나 올릴 수 없을까 부지런히 눈을 돌린다. 가라오께에서 놀고마는 사람들은 순진한 축이다. 중국 회사에 자문을 하기 위해 상하이에 자주 오는 한국의 한 회사 사장은 중국 직원을 하나 찍어놓고 부지런히 수작을 건다. 심지어는 중국 회사 사장에게 그애가 맘에 든다고 귀띔까지 한다. 사장은 그 여자애에게 다가

가 어떻게 좀 안되겠냐고 묻기까지 하고.

상하이엔 일본어를 하는 젊은이들이 많다. 따라서 일본 남자들을 겨냥하는 중국 여자애들이 많을 거라는 것 역시 뻔할 뻔자다. 또 같은 언어권인 대만, 싱가폴, 홍콩인에겐 더 심할 거라는 것도 짐작이 간다.

대만, 홍콩 등지에서 온 중국계 남자들은 대부분 중국에 현지처를 두고 있다. 젊은 애인을 여럿 거느린 사람도 있다. 내 중국어 선생님인 파출부 아줌마는 파트 타임으로 대만 남자의 다섯 애인 중 두 애인의 집에 청소하러 다니는데, 갈 때마다 그녀들은 라오토우(老頭, 나이 많은 남자를 일컫는 말)가 지난 밤에 어느 애인 집을 방문했는지 꼬치꼬치 캐묻는다고 한다. 그가 방문한 애인집에 분명 돈뭉치가 떨어졌을 것임이 분명하기 때문이다.

건전한 결혼생활을 유지하고 싶은 사람들을 위해, 2002년 「홍콩경제일보」는 중국에 진출한 홍콩 사업가들에게 상하이 여성 주의보를 내렸다. 이 신문은 "고단수인 상하이 여성들의 치마폭에 휘말려 패가망신하는 홍콩인들이 적지 않다"고 하며, 애교 만점의 상하이 여성들의 유혹에 넘어가 딴 살림을 차리거나, 조강지처와 이혼하는 경우가 많다고 했다. "남자 다루는 솜씨로 치면 홍콩 여성 3명이 대만 여성 1명을 못당하고, 대만 여성 2명이 상하이 여성 1명을 못당한다"고 '분석'한 이 신문은, "상하이 여성들의 공세를 막으려면 사무실과 숙소에 가족 사진을 잔뜩 붙여 놓으라"는 충고도 덧붙였다.

2003년 6월, 화동사범대학과 상하이시가 공동 실시한 조사결

●● 밤을 즐기는 상하이의 젊은이들

과에 의하면 상하이에서는 100쌍중 3쌍이 국제결혼을 하는 것으로 집계됐다. 1996년부터 2002년까지 7년간 등록된 국제결혼도 2만 1천 건에 달해 해마다 3천쌍의 국제결혼 부부가 탄생하고 있다. 국제결혼을 하는 사람들의 국적도 40여개 국에 달하는데, 이 가운데 일본이 40%로 가장 많았다. 또 대만과 홍콩도 각각 13%, 15%를 차지했다.

조사 결과, 과거의 국제결혼은 상하이 여자가 외국 남자와 결혼하거나, 나이든 외국 남자와 젊은 상하이 여자가 결합하는 것이 대부분이었으나, 최근 들어 남녀의 연령 차이가 줄어들고 있을 뿐 아니라, 상하이 남자와 외국 여자간의 결혼도 급증하는 것으로 나타났다. 상하이시는 "개방의 바람 속에 외국인에 대한 인식이 변하면서 국제결혼이 급증하고 있다"면서 최근 하루 평균 13쌍이 국제결혼 신청을 하고 있다고 한다. 또 매년 3백 명의 상하이 남자가 외국 여자와 결혼하는 등 국제결혼의 양태도 변하고 있단다.

그러나 상하이 여자들과 외국 남자들만이 불륜에 빠져드는 건 아니다. 중국인들 사이에서도 불륜의 가능성은 얼마든지 있다. 평샤오강(冯小刚) 감독의 영화 〈쇼지(手机, 핸드폰)〉는 2004년 겨울, 중국 부부들의 마음을 더욱 얼어붙게 만들었다.

2004년 1월 12일 신화통신에 따르면, 여자 친구나 부인의 전화를 받으면서 절대로 회의중이라고 말하지 말 것, 집에 들어가기 전에 물의를 일으킬 만한 메시지는 반드시 지울 것 등이 영화 〈쇼지〉 이후 농담처럼 번진 충고라고 했다. 이 영화는 웃음과 흐뭇함을 자아내는 여느 때의 신년 영화와는 달리 부부간에 불신과 불화를 불러왔다.

성공적인 중년 텔레비전 토크쇼 사회자 양 쇼우이는 혼외 여자 친구를 섹스 파트너를 가지고 있는 남자이다. 영화는 그의 핸드폰이 울리면서 시작되는데, 실수로 그는 휴대폰을 집에 두고 나갔다. 불행하게도 그의 부인이 전화를 받는데, 그의 섹스 파트너는 "오늘은 속옷 벗고 자지 마세요"라고 말한다.

그래서 두 사람은 이혼을 한다. 이후 양은 여자 친구와 동거에 들어가는데, 한 번은 그에게 전화가 걸려왔다. 의아한 표정으로 여자 친구가 쳐다보자 그는 전화를 받으며 아주 낮은 목소리로 "나 지금 회의중이야"라고 답한다. 이후 '지금 회의중이야'라는 응답은 중국 가정에서 수상함의 덜미로 여겨지고 있다.

「북경일보」에 의하면, 티엔진의 한 젊은 커플은 영화를 보고 나서 즉각 싸움을 시작했다. 부인이 남편의 핸드폰을 빼앗아 메시지들을 확인하기 시작하자, 화가 난 남편이 그녀의 머리를 핸드폰으로 때려 병원으로 실려갔다. 39세의 한 남자는 영화를 보고 난 후 부인이 매일 그 날 한 일이 무엇인가를 묻고, 핸드폰 메시지를 수시로 체크하는 등의 행동을 하는데, 이 모두 영화 탓이라고 했다. 그는 이제 메시지가 들어올 때마다 긴장이 된다며, 부인을 영화관에 데려간 것이 후회된다고 했다.

한 독일 남편과 상하이 여자 커플의 결말. 태국에 여행을 갔는데, 계속 핸드폰으로 메시지를 보내고 받는 남편이 수상했다. 여자는 상하이에 돌아와 남편의 핸드폰 메시지와 전화 내역을 모두 뽑았다. 예상대로 남자는 바람을 피우고 있었다. 여자는 그것을 증거로 이혼을 요구했다. 당연히 두 사람은 이혼했다. 독일 남자는 거리로 나앉고, 상하이 여자는 집 두 채를 손에 넣었다.

이상한 취미생활

얼마전 한 한국 주부가 마약밀매에 관련되었다가 체포되어 재판을 받고 있다는 뉴스를 접했다. 그 소식과 동시에 떠오른 것은 조슈아 마스턴 감독의 영화 〈기품있는 마리아(Maria, full of grace)〉. 마약밀매의 유혹은 늘 금전의 굶주림에서 시작된다. 그렇지 않다면 누가 그런 큰돈을 갑자기 손에 쥐어준단 말인다. 영화의 주인공 마리아는 꽃 제조업체에서 일하다가 감독과 싸우고 공장을 나온다. 유일한 생계인 그녀를 다시 일터로 내몰려는 어머니와 의붓 언니를 피해 집을 나온 마리아는 친구의 소개로 마약밀매 일을 하게 된다. 콘돔으로 싼 마약을 삼켜 몸으로 운반하는 마리아. 콘돔이 터지면 목숨을 잃을 수도 있는 위험한 일이다. 결국 그녀의 친구는 사고로 인해 목숨을 잃고…

엄청난 위험을 무릅쓰고 마약으로 돈을 버는 사람들의 심리는 무엇일까. 온갖 위험을 무릅쓰고 마약에 스스로를 노출시키는 사람들은? 중국에서도 마약은 골칫거리의 하나이다. 특히 아편전쟁으로 강제 개방해야 했던 상하이의 역사는 중국이 얼마나 마약과 관련된 나라인가를 반증한다.

서구의 퇴폐적 개방 바람과 더불어 고개들기 시작한 마약은 현재 중국 전역에 1천만 명 이상의 중독자를 만들어내고 있다. 중국 정부는 대대적인 마약사범 색출작업과 더불어 중범죄자를 공개처형하는 등 극단적 조치를 취하고 있지만, 일확천금에 목숨을 거는 이들이 많아지면서 마약 유통망은 더욱 교묘해지며 비대화하고 있다. 게다가 한국과 일본의 마약업자들도 가세하여 상황은 점점 심각해지고 있다고 한다.

현재 중국에서 암약하고 있는 한국의 마약 관련자들만 해도 족히 수백 명에 이를 것이라는데, 남아메리카와 든든한 연계를 가진 일본 마약업자들은 한국인의 서너 배에 달할 것이라 한다.

마약과 함께 중국 대륙을 괴롭히고 있는 것은 매춘과 도박이다. 일컬어 황뚜두(黃毒賭)라 한다. 황(黃)은 매춘을, 뚜(毒)는 마약을, 그리고 두(賭)는 도박을 뜻한다. 중국에서 매춘행위는 10년 이상의 중범죄에 해당하는 것이다. 그러나 지금은 중국 정부가 성병을 5대 질병에 포함시킬 정도로 매춘이 기승을 피우고 있다.

그러면 도박은 어떠한가? 도박 안하는 것을 좋은 남편의 조건으로 말할 정도로 많은 사람들이 도박에 빠져 있는데, 작은 골목에 들어서면 동네 사람들끼리 카드놀이나 마장을 하는 것을 쉽게 볼 수 있다. 찻집에서도 젊은이들은 카드 놀이를 즐긴다. 하지만 여유가 생기면서 사람들이 이러한 놀이에 큰 돈을 걸어 도박으로 변하고 있는 데에 문제가 있다.

도박의 종류 또한 전통의 마쟝이나 카드놀이 외에 경마, 스포츠경기에 이르기까지 다양화되고 있다. 더우기 요즘은 중국내 도박에 한계를 느낀 졸부들에 의해 국부유출 현상이 나날이 심각해지는 상태라고 한다. 실제 해외 카지노에서 탕진하는 외화는 이미 추산조차 불가할 정도로 상상을 초월하는 금액이라 한다. 오죽하면 라스베가스의 카지노 업체들이 직원들을 중국에 파견해 수만 명에 이르는 우수고객들을 관리하는데 혈안이 되었겠는가.

지난 겨울, 자신의 취미를 블로그에 공개하여 선풍적인 인기를 얻은 무쯔에이. "일을 하지 않을 때는 DVD를 보거나 인터넷을 하든가, 술집에 가서 흠모하는 남자를 우연히 만나 이야기를 나누고 술을 마신 뒤 하룻밤 사랑을 나눌 것이다"라고 자신의 삶을 밝히고 있다. 25살의 그녀는 "나는 매우 인간적인 취미를 가지고 있는데, 그것은 바로 섹스다"라고 당돌하게 말했었다. 그녀는 자기의 블로그 사이트에 기가 막힌 경험들을 일기로 써서 세상 사람들에게 공개했다. 일기 제목은 「유정서(遺情書)」. 오픈한 지 몇 달 되지 않아 그녀의 블로그는 하루 방문객 수가 11만 명을 넘어섰고, 이로 인해 중국 블로그 사이트 서버가 다운되는 일이 벌어지기도 했다.

무쯔메이가 뜨기 시작한 것은 그녀의 일기에 광조우의 유명한 록가수와의 '하룻밤 사랑'을 상세하게 기록한 내용이 공개되면서부터다. 가수의 실명까지 밝혀져 화제가 된 일기에는 하룻밤 동안에 벌어진 모든 일들이 영화를 보듯이 실감나게 묘사되었다.

일기를 인터넷에 연재하기 전에도 무쯔메이는 광조우의 한 잡지에 자신의 성생활을 소재로 칼럼을 쓰고 있던 전업작가였다. 중국판 '섹스 앤 더 시티'라고 해야 할까.

중국인들은 옛부터 성(性)을 부끄러워하거나 경원의 대상으로 보지 않고 인간이 가까이 해야 할 양생술의 일종으로 여겼다. 이러한 개방적인 태도 속에서 중국에서는 은나라 때(기원전)부터 매춘이 존재했고, 그 세계 최초라는 '명예'를 갖고 있기도 하다. 이러한 중국의 매춘문화는 마오쩌뚱의 사회주의 국가로 거듭나며 철저히 탄압받았다가, 덩샤오핑의 개혁 개방정책과 더불어 다시 활기를 띠고 있다.

유흥업소에서 '함께 술마시고 춤추고 노래하는' 아가씨, 곧 '싼 페이'(세가지 동행: 陪酒 陪舞 陪唱)는 대부분 10대 후반에서 20대 중반인 여자들이다. 이들은 뚜렷한 직업이 없는 여성들도 있지만, 낮에는 회사에서 일하고 밤이 되면 이곳을 찾는 부업파도 있다고 한다. 가장 큰 물주는 중국어가 서툰 외국인 주재원, 출장 나온 외국 바이어들이고, 돈많은 유학생이나 배경좋은 신흥부호, 개인 사업가들도 그녀들의 고객이 된다.

아가씨들은 손님과 합석을 하게 되면 술 마시고 춤을 추거나 룸에 들어가 노래를 부르며 분위기를 고조시킨다. 손님이 어느 정도 취기가 돌면 샤오페이(小費, 팁)를 받으며 본격적인 비즈니스 활동을 한다.

사우나와 커피숍에서의 윤락행위와 퇴폐영업 등도 최근 중국 언론에 자주 등장하는 기사거리다. 어떤 커피숍이나 찻집은 실내를 들여다 볼 수 없게 밀폐되어 있고 빨간 조명등에 칸막이까지 설치한 곳이 있는데, 이런 곳들이 밀회장소나 윤락장소로 이용되곤 한다. 업주들은 대개 자릿세 명목으로 100위안 정도를 챙기며, 아가씨들은 몇 백 위안의 화대를 받는다고 한다.

오늘날의 중국 윤락녀들은 전과는 다르다. 예전에는 생활고에 시달려 어쩔 수 없이 윤락의 길로 나서는 것이 대부분이었지만, 최근 조사에 따르면 상하이시의 윤락여성 중 63%가 일정한 직업과 고정수입이 있는 직장인이며, 27%만이 무직자인 것으로 나타났다. 연령대도 자꾸 낮아지고 있다. 검거된 윤락녀의 70% 이상이 20세 이하이고, 그중 윤락행위 전과자가 60%나 된다.

상하이에서는 화이하이루(淮海路)와 난징루(南京路)를 비롯한 번화가, 고급 가라오케나 호텔바 등에서 자연스럽게 매춘의 거래가 성사되고 있다. 상하이의 대표적인 바 거리로 마오밍루와 쥘루루가 있다. 두 군데 다 예전에 성행했으나 매춘이 심각해지는 바람에 정부에서 단속을 한 케이스. 마오밍루에선 살인사건도 일어났었다.

이런 일반적 성매매 외에 아예 직업여성이 개인이나 그룹별로 호텔로 직접 진출해 수요자를 물색하는 매매춘도 적지 않다. 고급 호텔에서는 외국어를 잘하는 아리따운 여자들이 남자를 잡기 위해, 혹은 '잡히기' 위해 로비를 서성이는 걸 쉽게 볼 수 있다.

이들이 고객을 확보하는 방법은 간단하다. 로비에서 돈깨나 있음직하고 끼있어 보이는 신사들에게 은근한 미소를 흘리기만 하면 된다. 아니면 공생관계를 유지하는 호텔 직원들로부터 넘겨

받은 고객 정보를 이용해 객실로 직접 전화를 걸면 된다. 이 경우 성공률은 100%에 가깝다. 화대의 적지 않은 부분을 정보 제공자에게 줘야 하는 단점이 있지만, 질좋은 고객을 손쉽게 확보한다는 점에서는 편리하다. 미모에 지성을 겸비한 최고급 직업여성들이 선호하는 매춘의 유형으로 널리 알려져 있다.

골프장과 낚시터에서도 매춘의 유혹이 있는데, 골프장에서는 동반자가 없거나 한 둘인 돈 많은 골퍼들을 고객으로 삼는다. 같이 라운딩을 해준 후 골프장 부속 별장이나 호텔에서 잠자리까지 완벽하게 해결해 주는 것. 낚시터 매매춘은 일반인의 상식으로는 이해하기 어려울 수도 있다. 하지만 낚시가 고위층이나 부유층이 부대시설이 호화로운 낚시터를 자주 찾는 현실을 감안하면 이야기는 달라진다. 비밀을 유지할 필요가 있는 사람들이 남의 눈을 피해 즐기기에 이보다 더 좋은 장소는 없는 것이다.

사우나에서의 매춘도 사진과 함께 인터넷에 올라 크게 화제가 되었던 적이 있다. 현장에서 짝지어진 여자들과 야외 온천에 함께 몸을 담그고 있다가 숲 속으로 사라지는 사람들… 낭만도 애정도 없는 즉발적인 행동이니, 모두 이상한 취미를 가진 사람들이라는 생각밖에는 들지 않는다. 문제는 이 취미들이 앞으로 더 다양하게 음지에서 자라날 것이라는 점이다.

늘어나는 독신자와 동거족

환경 탓인지도 모른다. 유난히 싱글이 많은 것은. 어떤 이유에서건 화가들이야 결혼생활에서 한 발짝 떨어져 있는 사람들이니, 내 주위엔 총각 처녀도 많고, 이혼을 한 사람들, 그냥 동거만하는 사람들도 있다. 유럽에서 온 사람들도 외국물을 먹어서인지 결혼이라는 제도에 대해 개방적이기는 마찬가지다. 그런데 본토 중국인이면서 일반 직장에 몸을 담고 있는 창이엔이 서른이 다 돼가도록 결혼을 하지 않고 있는 것은 현재 중국 청년들의 결혼관을 잘 드러낸다.

그녀는 최근 6년 동안 사귀던 남자친구와 결별을 선언했다. 이유는 그가 결혼을 강요하기 때문이라고 한다. 티엔진 출신의 그녀가 상하이에 와서 마음이 달라진 것일 수도 있고, 외국인들을 많이 접하다보니 취향이 바뀐 것일 수도 있고, 그녀의 말대로 결혼 자체가 구속으로 느껴지기 때문일 수도 있지만, 점점 결혼을 하지 않으려는 젊은이들이 늘어나는 것은 사실이다.

중국의 도시 여성 가운데 적령기를 넘기고도 혼자 사는 독신족이 늘고 있는데, 언론들은 이런 현상이 날이 갈수록 심해져 도시의 일반화된 풍경으로 자리잡았고, 유행병처럼 전국으로 번지고 있다고 전한다. 이들은 쟈오타량즈촨(脚踏兩只船, 양다리 걸치기)도 마다하지 않는다. 미혼의 신분을 최대한 즐기는 것. 통계에 따르면 중국의 독신자는 1982년 174만 가구에서 1990년 8백여 만 가구로 급증했으며, 베이징의 독신 남녀는 1990년 20여만 명에서 이미 1백만 명을 넘어섰다. 상하이의 한 인구정보연구소의 통계를 보면, 혼인신고 건수가 1980년 18만 쌍에서 1990년 12만 쌍으로 줄었고, 1997년에는 10만 쌍에 불과했다.

해가 갈수록 적령기에 달한 남녀 수가 늘어나고 있지만 가정을 이루는 사람은 점차 줄어들고 있고, 특히 독신여성의 비율이 현저히 늘어나고 있다고 연구소측은 설명했다. 사회학자들은 이런 현상이 화이트칼라 여성들의 인식변화에 따른 것이라면서, 결혼해서 자녀를 낳고 남편을 뒷바라지하는 전통적 인생관에 얽매이지 않는 여성들이 점차 많아지고 있다고 해석했다. 이와 함께 경쟁이 치열해지면서 여성들의 독립의지가 강해져 더 이상 남성에 의지하지 않고도 살 수 있게 된 데다, 자신보다 학력이 높고 소득이 높은 여성을 배우자로 맞기를 꺼리는 남성들의 심리도 도시 여성들의 '독신족'화를 부채질하고 있다는 것이다.

만만찮은 결혼비용도 그 이유의 하나를 차지할 것이다. 2005년 상반기 평균 결혼비용이 16만 위안이라고 「청년보」가 보도했다. 항목별로 따지면, 결혼사진 촬영 8천~1만 2천 위안, 패물구입 1만 위안, 식사 테이블 하나당 3천 위안으로 15개이면 4만 5천 위안, 결혼대행회사 수수료 1만 5천 위안, 신혼여행 1만 5천~2만 위안 등이다. 그러니 결혼식 비용을 감당할 수 없는 커플들은 그냥 함께 사는 것이다.

중국의 결혼식을 보면 낭비하지 않을 수 없게 되어 있다. 중국에서는 식을 먼저 올리고 다른 장소에서 간단하게 음식을 대접하는 게 아니라, 손님들을 테이블에 앉혀놓고 최고급 음식을 대접하며 결혼식을 한다. 한마디로 피로연과 결혼식을 합쳐놓은 것이다. 직장 동료의 결혼식에 갔었는데, 저녁 동안 신부가 옷을 다섯 번 갈아입는 것 같았다. 그러니 그 옷값 하며 사진촬영에, 손님들이 먹는 음식비가 고스란히 지출되는 것 아닌가. 손님들이 넘기는 홍바오(紅包, 축의금)가 물론 있긴 하지만, 수지가 맞지 않으면 큰 출혈이 생기는 위험한 예식인 것이다.

중국 사람들의 결혼식에서 특이한 점이 있다면 테이블 수로 결혼식의 규모를 결정짓는다는 것이다. 손님을 몇 명 초대한다는 식이 아니라, 테이블을 몇 개 예약한다는 식. 테이블 하나엔 열 사람이 앉을 수 있으니, 테이블 열 개짜리 결혼식이면 손님을 1백 명 모시는 결혼식이라는 말이 된다. 그리고 종종 그들은 테이블 수로 자기네 결혼식이 얼마나 성대한가를 과시하는 데 설명하기도 한다.

결혼식을 꺼리는 젊은이들이 많아지는 반면, 그들 사이의 성풍속은 날로 대범해지고 있다. 대학 캠퍼스에서는 남녀 학생들이 서로 껴안거나 입을 맞추는 모습을 볼 수 있는데, 개혁 바람이 거

세진 데다, 몇 년 전부터 입학정원이 확대되면서 두드러진 현상이다. 학교 밖에 집을 얻어 동거하는 대학생들도 크게 늘어났다. 대충 한 과에 10% 정도는 동거중이란다.

그러나 재학중 결혼은 규칙상 불가능하다. 건전한 교육풍토 유지와 교육자원에 대한 엄정관리라는 명분 아래 재학중 결혼을 금하고 있기 때문이다. 대학들은 아예 응시자격을 '미혼, 25세 이하'로 제한하고 있다. 또 재학중 결혼사실이 발각되면, 강제퇴교는 물론 복학신청조차 할 수 없도록 하고 있다. 그러나 요즘은 결혼을 허락해야 한다는 목소리가 높아지고 있다. 특히 얼마전 경제발전에 따른 고급인력 수요를 충족시키기 위해 대입 응시자의 연령제한을 철폐하면서 이 문제가 뜨거운 이슈가 되고 있다. 연령이 많은 사람은 대부분 기혼자인 것이다.

중국에서는 세 쌍중 한 쌍만이 처녀로 결혼한다고 하는데, 이는 원래 한족이 순결을 크게 개의치 않는 문화에서도 기인한다. 가족계획협회의 조사에 따르면, 결혼을 약속한 커플중 60~70%가 결혼 전에 관계를 갖는다고 한다. 그러나 이 커플들이 결혼 상대자와 관계를 가진 것인지, 다른 사람과 이전에 관계를 가진 것인지는 확실치 않다. 결혼전 성관계는 전통 중국 사상에서, 그리고 공산당 출범 첫 30년 동안은 금기되었었다. 2003년의 인민대학 보고에 의하면, 25세에서 29세 사이의 남성의 72.2%가, 여성의 46.2%가 결혼전 성관계를 가진 것으로 나타났다.

여기에서 중국의 성혁명 역사를 살펴보는 것도 흥미로울 것 같다. 1980년, 중국은 이혼에 대한 새 〈혼인법〉을 선포했다. 이혼

의 이유가 ① 더 이상 두 사람 사이의 감정이 균형적이지 않고, ②
상담이 어떤 효과도 보이지 않으면 가능하도록.

1985년엔 그 동안 금서였던 프로이드의 『꿈의 해석』이 마침
내 출판 가능해졌고, 같은 해 7월엔 유엔 팡빈의 『성지식 입문서』
가 출판되어 중국을 뒤흔들었다. 1992년, 류달린이라는 사람은 상
하이 성문화에 대해 2만 케이스를 연구하여 『중국의 현대 성문화』
라는 제목으로 책을 냈다. 2001년 중국심리학회에서 출간된 『정신
병에 대한 중국적 분류와 진단』에서 동성연애는 더이상 자아위기
에서 오는 성적도착증으로 분류하고 있지 않았다. 2002년 길림성
에서 공포된 새 법규는 계획된 임신에 대하여 "결혼은 하고 싶지
않으나 아이를 갖고자 하는 사람은 법적인 과학적 수단을 이용해
아이를 낳을 수 있다"고 기술하고 있다.

혼전동거에 대한 사회적 시각은 다양하다. 혼전 동거가 성도
덕 문란을 가져오고 전통적 가족제도를 무너뜨리기 때문에 허용
해서는 안된다는 주장과, 대도시의 이혼율이 1980년대 3%에서
90년대 말 20%에 육박하는 상황에서 이혼율을 줄이고 개인의 사
생활을 보장하는 차원에서 허용해야 한다는 주장이다. 재미있는
것은 혼전동거에 대한 한 설문조사에서 68%가 동거에 찬성하고
12.8%는 반대했으며, 19.3%가 중립적인 것으로 나타났다. 혼전동
거에 대한 찬성이 우리나라 72.2%, 일본 91.8%에 비하면 낮은 수
치로, 다소 보수적인 중국 젊은이들의 성 관념과 결혼관을 엿볼
수 있다.

혼인에 대한 또 하나의 변화는 최근에 공표·시행되는 〈혼

인등기조례〉인데, 여기에서는 지금까지 결혼과 이혼시 필요했던 직장의 비준제가 폐지되어, 앞으로 정부당국이나 직장이 개인의 혼인문제에 관여할 수 없게 되었다. 22세 이상의 성인남자와 20세 이상의 성인여성은 오는 10월부터 신분증과 후코우(戶口)만 제시하고 결혼한 적이 없다고 적고, 본인이 서명만 하면 법적으로 결혼할 수 있게 된 것이다. 중국 정부는 이를 위해 결혼등기성명서와 이혼등기성명서의 작성 요령을 인터넷을 통해 국민들에게 교육하고 있다.

중국은 새로운 조례 이후 결혼하기도 쉬워지지만 이혼하기는 더욱 쉬워진다. 급속한 경제성장 과정에서 성에 대한 가치관의 변화로 심한 혼란을 경험하고 있는 중국의 커플들은 경제력을 가진 여성들의 목소리가 높아짐에 따라 많은 커플이 여자 쪽에서 원해 이혼을 하고 있다. 이혼 사유의 3분의 1이 혼외정사라니 중국 남자들 이제는 정신을 차려야 할 것 같다. 재산분배, 채무, 아이 양육문제 등에 합의만 되면 곧바로 이혼수속이 가능하고, 법정에서는 10분만에 판결이 끝난다고 한다. 또 서점에서는 이혼 관련 법률서적이 불티나게 팔리고 있다고 하니, 중국에서 이혼이 얼마나 보편화되고 있는지 짐작할 수 있다. 1998년 891만 쌍이 결혼하던 것이 2002년에는 786만 쌍으로 줄었고, 이혼은 지난 5년 동안 연평균 120만 쌍에 달하고 있다고 한다.

변혁기에 놓인 중국에서의 결혼은 선진국이나 인접국가로의 이민·이주를 위한 도구, 혹은 도시로의 호구 이전이나 신분 상승을 위한 수단으로 악용되는 측면도 있다.

동성연애 움직임

정 형제는 밤에 일을 한다. 그들은 해가 어스름해지는 때에 일어나 일을 나간다. 돈을 벌기 위해 2000년 안훼이에서 상하이로 온 정 형제의 어머니는 몇 년 전에 사망했고, 공장을 다니던 아버지는 이제 은퇴해서 집에 있다. 동생은 푸동의 한 건설현장에서 1천 위안도 안되는 월급을 받으며 일하고, 형은 렌민광장 근처에서 일을 한다. 형이 하는 일은 성을 팔아 돈을 버는 것. 항 문섹스로 3백 위안, 오럴섹스로 1백 위안이 그의 가격이나. 그러나 이건 제시가격이지 실제는 순전히 흥정에 의한다.

렌민광장에서 이러한 사람들은 쉽게 목격할 수 있다. 저녁때 지나가는 남자들에게 눈길을 주거나 경찰을 피하는 모습으로 쉽게 눈치챌 수 있다. 운이 좋은 사람은 게이바에서 일한다. 22살이면서 게이인 즈는 대부분의 자기 손님은 나이가 많고 못생긴 사람들이라고 말한다. 자기 타입이 아니라는 것이다. 그들은 공원을 어슬렁거리다가 이들중 한 사람이 눈을 마주치기를 기다린다고 한다. 상대방이 지나치게 못생겼거나 맘에 안들면 싫다고 거절도 하지만, 대부분의 머니보이들은 돈 때문에 거절을 하지 못한다고 한다.

세계에서 두번째로 오래된 직업인 매춘은 중국에서도 오랜 역사를 가지고 있다. 청조 때 윤락남은 윤락녀보다 높은 사회적 지위를 가졌다. 그리고 남성 매춘은 1911년 청조가 무너지면서 "모든 사람은 동등하므로 누구도 성의 대상이 되어선 안된다"는 기조 아래 매춘이 금지될 때까지 번성했다. 이후 남성 매춘은 불법화되었고, 여성 매춘은 사회적·정치적 기능의 필요성으로 서서히 돌아왔다.

1949년 공산당이 정권을 잡았을 때, 남자와 여자는 동등하다는 이유로 모든 매춘이 공식적으로 금지되었다. 동성연애 역시 공격을 받았다. 불법이었던 적은 없으나, 동성연애는 수치스러운 것으로 간주되었다. 최근까지 동성연애자는 불량배로, 평화를 깨뜨리는 방해자로 체포되었다. 그리고 의사들은 동성연애를 정신병으로 간주했으며, 전기충격으로 치료될 수 있으리라 생각했다. 그래서 동성연애자들은 성적 해결방법의 다른 출구를 찾기 위해 지하로 숨어 들어야 했다. ㅈ의 손님들은 대부분 결혼한 사람들이며, 그들은 자신의 실체를 밝힐 수 없어 은밀히 ㅈ를 찾는다.

동성연애는 1990년대 중반부터 대도시에서 조금씩 비밀스럽게 언급되기 시작했다. 수십 개의 웹사이트에서는 게이 남자들의 사회적 이벤트가 기획되고, 여기저기에 게이바가 생겼다. 그들은 전화번호를 주고받고, 하룻밤의 관계에서부터 오랜 관계를 유지하기도 한다. 창러루의 '보그 바 & 까페'에서는 와인 테이스팅 형식의 행사가 열리고, 통런루의 '티키 바'에서는 트란스맨 게이의 댄스 파티가 열리고, '홈 & 바' 같은 곳에도 게이들이 모인다. '유토피아-아시아'와 같은 게이 웹사이트에서는 상하이 남자들을 위한 사우나 리스트가 나와 있고, 거기에 따른 방문자의 소감과 의견도 적혀 있다. '게이 데이트' 웹사이트에는 남자 친구를 만들고 싶은 남자들의 명단이 사진과 함께 올라와 있다. 쟝시종루(江西中路)와 죠쟝루(九江路)의 작은 화원에 가면 저녁 때마다 동성연애자들이 모여 이야기를 나누거나 춤을 추거나, 노래를 하거나, 시를 읊는 모습을 볼 수도 있다.

중국의 동성연애는 기원전 200년부터 알려져 있다. 황제 어이가 잠에서 깨었을 때, 연인인 동시안이 그의 또다른 연인 동 리안과 자는 것을 보고 황제는 분노하여 그의 소매를 잘랐다고 한다. 그때 동시안의 아첨꾼은 황제에 대한 경의를 표하며, 소매 잘린 옷을 입기 시작했다. 이로써 짧은 소매의 패션이 유행했다고. 또한 황제 우에는 남자 애인 한얀이 있었으며, 960~1127년 기간에도 동성애가 유행이었다.

그러나 현재 중국의 일반인들은 동성애를 비정상적인 행위로 생각하고 받아들이지 않는다. 중국에는 동성연애자도 없고, 인종차별도 없다 한다. 공식적인 기록으로는. 그러나 잘 들여다보면 동성연애자도 많고 인종차별도 심하다. 인종차별이 가장 심한 나라가 중국이라고 할 수 있을 정도이다.

백인 국가들은 여러 인종이 모여 사는 탓에 오래 전부터 인종차별에 관한 주제가 논란이 되고 화두가 되었으나, 중국에서는 별다른 얘기가 없었다. 따라서 사람들의 의식이 개방되지 않았다고 보면 된다. 세상의 중심에 있는 나라 중국답게 중국 사람들은 중국인이라는 것에 대한 자부심이 강하다. 그리고 중국인 이외의 사람들에 대해서는 이해를 잘 하지 못한다.

백인에 대해서는 그들과의 무역 등으로 맺어진 관계와 부유함 때문에 우러러보는 경향이 있다. 예전에는 괴물이라고 하여 두려워 했지만, 지금은 그렇지 않다. 백인들은 특별 대접을 받는다. 흑인은 인종차별을 심하게 받는다. 눈에 보이게 공격적이지는 않지만, 중국인들은 흑인을 싫어한다.

동성연애와 관련한 최근의 한 사건은 중국 정부의 눈 가리고 아웅 식의 정책을 잘 보여주고 있다. 경제개발의 열풍 속에 성개방 풍조가 만연하고 있는 중국에서 동성연애 매춘 사건이 있었던 것인데, 작년 여름 장쑤성 난징시 인민법원은 '꽃미남'을 모집한 뒤 바에서 동성 매춘을 알선한 매춘조직에 대한 재판을 진행했다. 이 바의 주인은 1997년부터 유흥업에 종사하여 왔는데, 소득이 높은 동성애자들에게 자신이 관리하고 있는 꽃미남들을 소개하며 영업을 해온 것으로 알려져 있다.

홍콩의 경우는 어떠한가. 2003년 8월, 홍콩엔 50만 명의 동성연애자가 있으며, 이는 10%의 인구에 해당하는 것이다.

2004년 4월 1일엔 거짓말같은 사건이 일어나 홍콩 영화 팬들에게 충격을 주었다. 영화배우 겸 가수 장국영이 46세의 나이에 투신자살한 것이다. 홍콩섬 센트럴(中環)에 있는 원화둥팡 호텔

(文華東方酒店) 24층 객실에서 몸을 던진 그는 인근 병원으로 옮겨졌으나 결국 사망했다.

대만의 한 신문은 "장국영이 같은 해 초 대만에서 개봉된 영화 〈이도공간(異度空間)〉에서, 빌딩에서 자살하는 정신과 의사역을 맡은 바 있는데, 영화속 한 장면처럼 실제로 자살한 게 믿어지지 않는다"고 했다. 실제로 장국영은 〈이도공간〉 촬영중 영화에 극도로 집중한 나머지 가끔 현실과 영화를 혼돈하는 정신이상 증세를 보였다는 소문도 나돌았다.

장국영에겐 연인 탕이 있었는데, 그는 전재산을 탕에게 넘겨 주라는 유서를 남겼을 정도로 그를 사랑했다. 재무관리에 탁월했던 탕은 장국영의 재산을 잘 관리했고, 덕분에 장국영은 돈걱정 없이 하는 일에 몰두할 수 있었다고 한다.

올해부터 상하이시에서 최초로 '동성연애와 게이문화' 관련 강의가 푸단대학에 생겼다. 1백 석의 강의실에 수백 명의 학생들이 수강 신청을 해 동성연애에 대한 관심을 여실히 보여 주었다. 동성연애라면 무조건 금기시하고 도외시하던 이전의 상황과 비교했을 때 대단한 변화이다. 푸단대학은 2년 전에도 박사과정에 동성연애와 건강에 대한 코스를 개설했는데, 이 클라스는 에이즈에 대해 집중 연구를 하는 것으로, 지금까지 2천여 명의 학생이 수강했다고 한다. 푸단대학의 새 코스는 의학적인 면보다는 사회적인 측면에서 동성연애를 다룬다. 정부는 인정하고 있지 않지만, 중국에는 현재 3천만 명의 동성연애자가 있다고 한다.

맘대로 주물러라

그건, 나의 스타일이 아니었다. 누군가 나의 몸을 만지도록 허락하는 일. 그래서 맛사지 가게엔 한 번도 가지 않았다. 전혀 이상한 일과는 상관없는 미국인 친구 크리스(Chris)가 방금 맛사지 가게에 가서 맛사지를 받았노라고 말할 때까지는. 그 사람이 갈 정도면 뭔가 안전한 것 같았다. 값도 묻고, 맛사지 가게가 어디에 있는지도 확인했다. 물론 당장에 거기로 달려간 건 아니지만. 맛사지, 하면 어쩐지 한국에서 들었던 불법 맛사지에 특별 서비스가 들어가는 이상한 행위들이 연상되었기 때문이다.

이발소에서 이루어지는 맛사지, 호텔에 투숙중인 사람들을 위한 맛사지 등등. 뉴스에 나오던 불법 맛사지 가게 운영자들의 비굴한 얼굴과 민망할 정도로 짧은 치마의 여자들의 모습이 떠올랐다. 아무래도 맛사지라는 건 신체적인 접촉 아니든가.

시어머니가 오셨다. 유럽에 사시면서도 한약과 중국식 맛사지에 익숙하신 그분과 함께 가야 하는 곳은 당연히 맛사지 가게.

미국인 친구 크리스가 말해 주었던 힐튼호텔 옆 맛사지 가게에 갔다. 열 개도 넘는 의자들이 좌악 정렬해 있고, 사람들은 의자에 앉아 발맛사지를 받고 있다. 가게의 다른 쪽 공간엔 칸막이 사이로 구멍이 뚫린 침대들이 놓여 있다. 맛사지 종류도 다양하다. 어떤 맛사지를 받겠냐고 해서 일반 등맛사지를 받겠다니 침대에 누우란다.

시어머니와 나는 가방과 옷을 바구니에 넣고 나란히 침대에 누웠다. 더듬더듬 하며, 그러나 분명 자기가 어디에 가는가를 분명히 아는 한 사람의 맹인과 정상 시력의 안마인이 들어왔다. 얼굴을 침대에 뚫린 구멍에 대고 엎드리란다. 그렇게 하니 얼굴을 옆으로 돌릴 필요없이 똑바로 엎드려 있을 수 있었다.

이런 표현까지 하다니, 어쩐지 스파나 맛사지 가게들이 널려 있는 요즘 세상에 내가 촌스런 느낌이 든다. 맞다. 나는 이전까지 맛사지를 받아본 적이 없었다. 암스테르담에 있는 모로코식 함만에서 등때를 민 게 남의 손에 나를 맡겨 보았던 전부의 경험이었다. 스파니, 찜질방이니 하는 곳에 가 본 적이 없으니, 나는 이 방면엔 물탱이인 셈이다.

구멍에 얼굴을 대고 눕자 안마인이 목에 손을 댄다. 개미들이 손끝에서 나와 척추를 타고 돌아다니는 느낌이다. 목이 움츠러든다. 살살할까요, 좀 세게 할까요? 안마인이 묻는다. 나는 알아서 하라고 말한다. 아프면 이야기 하라고 말하고, 부지런히 손을 놀린다. 손끝으로 살살 문지르는데 처음엔 못 참을 것 같더니 점점 익숙해진다. 얼굴도 이름도 모르는 타인과 맺는 이 농도짙은 관계란 무엇이란 말인가. 잡다한 철학이 머리속을 오가면서 조금씩 안락감이 느껴지고 편안해진다. 그리고 시원하기도 하다. 에잉, 이상하군. 생소한 것에 금세 익숙해지는 기분이라니. 그 다음엔 어깨로, 어깨죽지, 손이 잘 닿지 않는 등 한 복판과 아래쪽 등, 허리… 으아… 시원하다. 이렇게 시원할 수가?안마인들은 열심히 우리에게 말을 시키면서 한 시간을 채웠다.

한 시간을 누워있다 일어나니 어지러웠다. 그냥 누워서 한잠 자고 가라고 하면 딱 좋았을 것을. 침대에서 내려와 신발을 신고 가방을 들고 밖으로 나서니 태양이 눈부시다. 십년을 갇혀 있다 출감하는 사람의 기분이 이럴 것이다. 눈부시고, 어색하고, 몸의 움직임은 굼뜨다. 얼굴도 이상하게 일그러진다. 그러고보니 엎드려 있는 동안 온몸이 짓눌려진 탓에 모든 수액이 얼굴로 쏠린 것 같았다. 퉁퉁 부은 얼굴을 서로 쳐다보고 웃으며 시어머니와 나는 택시를 잡았다. 집에서 별로 멀지 않은 곳이었으나, 그런 상태로 걸어서 집에까지 갈 자신이 없었기 때문이었다.

그 날 시어머니와의 경험은 나에게 이후 감히 맛사지 가게에 들어설 수 있는 용기를 준 중요한 것이었다. 시어머니는 상하이에 계시는 동안 이틀에 한 번꼴로 맛사지 가게에 가셨고, 쟝아이가 다니는 가까운 골목길의 맛사지 가게를 새로 발견한 후에는 그곳에 혼자서도 잘 다녀오셨다.

상하이에 오는 친구들은 늘 중국식 맛사지를 경험해 보고 싶어 거기에 데려가 달라고 말한다. 시간이 있으면, 나는 그들을 데리고 맛사지 가게에 간다. 2미터 가까운 키에 1백 킬로그램이 넘는 거구의 니꼬와 발맛사지를 받으러 갔던 때를 잊을 수가 없다. 외국인들이 많이 찾는 맛사지 가게에 갔더라면 그런 일은 일어나지 않았을 것이다. 우리가 갔던 곳은 집 근처의, 중국어를 읽을 줄 모르면 그게 맛사지 가게인지도 모를 그런 완전한 동네 맛사지 가게였으니.

우리가 들어서니 안내대에 있는 여자가 먼저 눈을 크게 뜨고 니꼬를 쳐다봤다. 이렇게 큰 몸은 처음 봤다는 눈치다. 괴물이네… 하는 눈치. 발맛사지를 받으러 왔다니 앉으라고 의자 두 개를 눈으로 가리켰다. 들어가 앉으니 곧 두 사람의 안마인이 발을 담글 대야를 들고 들어왔다. 남자와 여자가 들어왔는데, 안마는 역시 이성에게서 받아야 효과가 더 있단다. 남자가 나의 발을 맡고, 여자가 니꼬의 발을 맡았다.

알아서 신발과 양말을 벗는 나와는 달리 니꼬의 행동엔 어딘지 굼뜬 데가 있었다. 멋쩍게 신발끈을 풀고 있자니 여자가 척 소매를 걷어붙이고 니꼬의 신발을 벗겼다. 그리고 그 안에서 나온 거대한 발에 깜짝 놀라며 히죽거리기 시작했다. 이런 발을 처음 봤다는 투, 웃음을 참고 싶은데 참을 수 없어 미안하다는 투, 여자는 입을 연신 가려가며 웃음을 참지 못했다.

니꼬의 발을 한약재를 푼 뜨거운 물에 담게 하고, 수건으로 감싸고, 한 쪽 발을 맛사지 하고 하면서도 여자는 계속 웃음을 물고 있어야 했다. 역시 한 시간의 맛사지… 그 시간 동안 여자는 발바닥을 맛사지 하는데 사용하는 검지 손가락 마디뿐만 아니라 얼굴 근육에도 군살이 잡혔을 것이다.

발맛사지는 반사이론을 바탕으로, 발의 반사구를 자극해 긴장되고 지친 인체의 공능상태를 조정하고 안정시키는 보건 안마를 말한다. 어느 학자는 고대 이집트, 인도의 벽화에서 발맛사지 그림을 발견했고, 중국은 한나라 때에 이미 발맛사지에 대한 기록이 있다. 발맛사지는 초기에는 주로 치료법의 일환으로 활용되었지만 의학의 발전에 따라 치료에서 차지하는 역할 범위가 점점 줄어들게 되었다. 현재는 양생보건과 보조치료에 주로 이용되고 있다.

맛사지가 끝나고 절뚝거리며 우리는 집으로 돌아왔다. 발맛사지를 받고나면 발에서 열이 난다. 어떤 부분은 통증이 오기도 해서 맛사지를 받은 후에는 늘 얼얼한 느낌이 남는다.

이제 나도 맛사지를 즐기는 수준에 다다랐다. 아직도 혼자서 맛사지 가게 문을 미는 일은 없지만, 맛사지가 얼마나 시원한지는 안다. 몸이 쑤셔보지 않은 사람은 맛사지의 참맛을 모른다. 날씨가 꿀꿀할 때, 긴 여행을 마치고 와 시차적응에 시달릴 때 맛사지를 받고나면 새 삶을 얻은 듯 기분이 좋아진다.

상하이의 맛사지가 모두 건전한 맛사지라는 것은 아니다. 남편이 혼자 호텔에 머물고 있을 때, '마싸지, 마싸지?' 하고 물어오는 전화들이 있었다고 한다. 심지어는 나와 집에 있을 때도 인터폰이 왔다. 물론 서비스 아파트에 살던 때이다. 처음엔 '안모(按摩, 안마)?' 하고 묻다가 남편이 외국인인 걸 알아채고는, 영어로 '마싸지?' 하고 묻는다. 맛사지 안한다고 하니 이번엔 '쎄크쓰 오케?' 하고 묻는다. 남편은 '섹스 노 오케이' 하고 전화를 끊었지만, 이렇게 전화를 걸어 특별 맛사지를 판매하는 그들의 촉수에 걸려들었다는 게 찝찝한 느낌이다.

한국에서 배희권 화가가 전시회로 상하이에 왔을 때, 그가 묵었던 호텔에도 맛사지 코너가 있었고, 그들은 줄기차게 그를 맛사지 방으로 끌어들이려 했다 한다. 그 호텔에서 그에게 제공했을 서비스가 어느 수준이었을지는 나도 모르겠다. 어쨌거나 배 작가도 끝내 맛사지를 받지 않았으니, 호기심은 그저 호기심으로 접어둘 수밖에 없었을 것이다.

불법 디비디와 영화평론가

중국의 불법 디비디는 전부터 악명이 높았다. 미국의 디즈니사나 워너부러더스에서는 그런 중국의 디비디 불법 시장에 대해 일찌감치 경고를 하기도 했었다. 그러나 중국의 불법 디비디 시장은 가라앉을 줄 모르고, 급기야는 미국 영화사들이 디비디 가격을 싸게 내놓게 하는 데까지 이르게 했다.

디비디는 상하이에 와서야 처음 들은 단어였다. 친구였던 한 프랑스 부부의 조언으로 디비디 플레이어를 샀다. 외국인이 중국에서 살아 남으려면 디비디 플레이어가 꼭 있어야 한다는 충고 때문이었다. 우리의 서비스 아파트 위성방송은 50여 개의 중국방송 채널을 제외하면 CNN과 HBO, 그리고 뮤직 채널이 전부였다. 중국방송 중에선 채널 9(CCTV9)에서 영어 방송을 했다.

그러나 모두 중국 문화가 월등하고, 중국의 어느 곳이 아름답고, 등등의 방송들만 나오는 채널이었다. 디비디 플레이어를 추천한 친구 부부는 '신코(Shinco)'와 '부부가오(步步高)'가 중국의 대표적 가전제품 상표이며, 가전제품을 구입해야 한다면 그 둘중 하나를 사야 한다고 충고했다. 우리는 구베이의 까르푸에서 디비디를 구입했다. 1천 위안 정도였던가.

디비디 플레이어를 사고 쌍양시장에 갔다. 불법 디비디를 구하기 위해서였다. 사람들이 들러붙었다. 은밀한 소리로 "디비디! 디비디!"를 외치면서. 우리는 한 사람을 따라갔다. 시장 골목통을 한참 이리저리 쑤시고 들어가더니 한 상점 안으로 들어가 커튼을 쳤다. 그러자 안에 있던 여자가 선반에서 여행가방을 꺼내 바닥에 펼친다. 안에는 디비디들이 가득하다.

"디비디 기계는 중국 걸 사셨는감?"

중국 것이 아니면 나라별 코드 때문에 중국에서 판매되는 디비디를 보지 못할 뿐 아니라, 불법복제된 코드 없는 디비디들도 볼 수 없을 거라는 얘기다. 우리가 꽤나 어리숙하게 보였나보다. 걱정마라 토종 중국상표 '디비디치' 다. 미소를 지으며 우리는 자신있게 끄덕끄덕.

디비디를 여러 장 고르고나자, 이번엔 '황쓰(黃色)' 디비디도 있다며 감춰두었던 다른 가방을 연다. 야한 디비디들이 잔뜩 나온다. 그런 건 필요없다고 하고 우리는 자리에서 일어섰다. 손에는 십여 장의 디비디가 든 비닐봉지를 들고서. 그렇게 해서 우리와 불법 디비디의 관계는 시작되었다. 흥미롭고도 재미있으면서, 동시에 병적이고도 중독성이 있는 디비디와의 관계.

어느 토요일, 친구 부부들과 함께 오후 운동을 하고 쌍양시장으로 디비디 사냥을 나섰다. 한 남자가 우리를 잡았는데, 어리숙해 보이면서도 순수해 보이는 그를 따라나섰다. 썅양시장 안으로 들어가려나 했는데, 시장 곁길을 따라 걷더니 오래된 집들이 늘어선 골목으로 들어섰다. 사람들이 우르르 앉아 있는 좁고 더러운 골목을 지나 고만고만하게 생긴 문을 하나 열고 들어서니 그의 집이 나왔다. 삐걱거리는 나무계단을 올라가 들어선 공간. 지방에서 올라와 겨우 얻은 단칸 살림이다. 몇 사람이 함께 사는지 알 수 없는 가득한 살림살이. 신발과 침대, 테이블과 밥솥 등이 모두 한 방에 들어 있다.

태어난지 며칠 되지 않은 것 같은 아기가 아직도 퉁퉁 부은 얼굴을 한 그의 아내와 함께 침대에 누워 있고, 난장이 의자에 앉아 있던 장모가 우르르 들어서는 우리를 보고 겸연쩍은 듯 일어섰다. 고객이 왔다고 조심스럽고 친절한 미소를 지으며.

산모의 회복을 위해서는 방에 들어가지 않아야 될 기분이었으나, 우리로 인해 그들이 돈을 번다고 생각하니 쉽게 돌아나올 수도 없었다. 찜찜하고 불편한 마음을 누르며 우리는 난장이 의자에 앉아 디비디를 골랐다. 여섯 명의 손님은 그렇게 해서 필요치 않은 디비디까지 왕창 샀다. 붓기가 가시지 않은 아내 얼굴을 생각하며 거스름돈은 팁으로 남기고.

후에 한 친구를 통해 오꾸라 호텔 근처에 위치한 디비디 가게를 알게 되었다. 유럽 영화는 그다지 많지 않았지만 좋은 품질의 새로운 디비디, 방대한 컬렉션으로 우리는 늘 그곳을 찾았다. 커피숍 간판을 달고 있는 그곳의 문을 열고 들어가면 디비디가 있다. 문을 한 번 열고 들어간 곳엔 빈 테이블과 의자들만 덩그러니 놓여 있고, 뒷문을 통해서 창고같은 공간으로 들어가야 디비디의 천국에 들어서게 된다.

외국인들이 바글바글하다. 특히 주말엔 가족들과 함께 온 주재원들로 디비디 가게는 마치 학교같은 느낌이 든다. 불법 경영과 불법 구매를 가르치는 은밀한 학교. 아무도 부끄러운 표정을 짓지 않는다. 부끄러운 줄 알았다면 애초에 그곳에 오지 않았을 것이다. 우리가 단골로 다니기 시작한 이 디비디 가게는 입에서 입으로 소문이 퍼져 상하이의 모든 외국인들에게 알려진 것 같았다. 클라식과 재즈, 팝송, 중국음악, 한국 가요 등 온갖 종류의 시디도 살 수 있는데, 모두 정상가의 3분의 2이다. 포장도 그럴듯하게 되어 있어 모두 진짜 같다는 것이 더욱 놀라운 일이다.

무엇이 이 디비디 가게를 흥행하게 만드는가. 비즈니스 마인드이다. 불법 비즈니스에도 비즈니스 정신은 필요하고, 비즈니스 정신이 제대로 작동된다면 그 사업은 성공한다. 그들의 고객을 붙잡는 방식은 이런 식이다. 퀄러티 컨트롤이 확실하다. 미리 점검한 뒤에 품질이 어느 정도인가를 별로 표시해서 고객이 알아서 고르도록 한다. 디지털 복사본이 아닌 것도 별 거부감없이 잘 보는 사람들이 있다. 새로 나온 영화는 무조건 보고자 하는 사람과, 질이 좋은 것만 보고 싶어 하는 고객들을 잘 파악해야 하고, 그들이 구입할 때 그건 화질이 별로라고 솔직히 말해준다.

집에서 디비디 플레이어에 넣어보니 화질이 안 좋다면 고객들은 배신감을 갖게 마련이다. 바꾸러 가면 물론 별 무리없이 바꿔주긴 하지만, 그만큼의 시간과 교통비가 따로 들기 때문에 일단은 마이너스 이미지를 준다.

그 디비디 가게를 이용한지도 벌써 2년. 그 가게를 알기 전에 구입했던 디비디까지 합치면 이제 8백여 장 수준에 다다르는 것 같다. 장수 세기는 3백장에 이를 때 이미 포기했다. 〈섹스 앤 더 시티(Sex & the City)〉나 〈사인펠드(Seinfeld)〉, 〈더 소르파노즈(The Sopranos)〉, 〈축구선수 아내들(Footballers' Wives)〉, 〈커팅 잇(Cutting It)〉, 〈앨리 맥빌(Ally McBeal)〉 등을 비롯한 시리즈와 일반 영화들이 서랍장에 가득하다.

그 많은 영화들을 섭렵하기에 쏟아부은 시간을 생각하면 한숨이 절로 나온다. 할일이 그렇게 없었던가, 하는 후회심. 그러나 할일이 없어서가 아니라 할일이 있는데도 제쳐놓고 영화를 봤다면 할말 다 한 거다. 관람 영화 편수로 영화평론가가 될 수 있다면 나도 영화평론가 대열에 들어설 수 있지 않을까.

불법 디비디는 두가지가 있다. 디지털 복사본과, 영화관에서 몰래 카메라로 찍은 것. 영화관에서 몰래 찍은 것은 당장에 알아챌 수 있다. 손으로 들고 찍은 탓에 화면이 떨리면서 질도 좋지 않고 소리도 웅웅거려 알아듣기가 힘들다. 누가 기침이라도 하게 되면 그 소리도 들리고, 과자봉지 부시럭거리는 소리도 영화 속 등장인물들의 대화에 섞인다. 누군가가 영사기 앞을 지나간다면 그 사람의 검은 그림자도 고스란히 보인다. 이런 디비디를 보자면 여간 짜증이 나는 게 아니다. 이런 디비디들은 특히 길에서 파는 것들에 많이 있다.

그러면 환상의 디지털 복사본은 어떻게 된 것인가. 이것은 정상적인 디비디와 다름이 없다. 품질도 좋고 자막도 흐른다. 보통 영어와 중국어 두 가지인데, 운이 좋으면 한국어 자막을 만날 때가 있다. 디비디를 만드는 유명 회사들이 억울해 할만한 상품이다. 디지털 복사본 중에는 시사회용으로 나온 것도 있다. 제품 번호가 있는 이것은 복사가 되어서는 안되는 것인데, 벌써 복사가 되어버렸다. 시사회용 디비디는 종종 색깔이 흑백으로 몇 초간 바뀌기도 하고, 〈이것은 시사용이다. 발견시에는 미국의 1-800-XXXX로 신고할 것〉' 등의 경고성 자막이 흐른다.

　전엔 외국에서 온 친구들이 상하이에서 디비디를 엄청나게 많이 사갔다. 기본은 50장. 걸릴 때 걸리더라도 사고보자는 식으로 많은 사람들이 디비디를 구입해서 나갔는데, 이제는 그러기도 힘들어졌다. 얼마 전 상하이에 살던 한 네덜란드 여인이 고국으로 돌아가면서 디비디를 몇 십 장 가지고 갔다. 그런데 공항에서 걸리고 만 것이다. 압수당하고 벌금까지 100유로 넘게 물게 되었단다. 불법 복제품과 가짜 상품들로 중국발 비행기가 도착하면 잔뜩 긴장을 하는 유럽의 분위기를 여실히 보여주는 것이다. 이제는 중국의 불법복제 디비디 장사도 주춤하게 생겼다.

한류의 실체

〈황태자의 첫사랑〉을 보느라 매일 저녁 남편과 생이별을 했다. 위성방송을 보는 휴고는 거실을 차지하고, 한국 드라마를 보는 나는 손님방을 차지했기 때문이다. 일주일에 한 두 번이라면 그다지 문제가 되지 않겠지만, 드라마가 매일 방영된다는 것, 그리고 그 드라마 말고도 다른 시간대에 중국 채널을 돌리다보면 어디에선가 한국 드라마가 있다는 사실은 나의 저녁 시간을 갈등과 고민에 빠지게 했다. 단란한 가족의 저녁 시간을 보낼 것인가, 한국 드라마를 시청할 것인가.

드라마를 시청하는 것은 한 번 걸리면 낫기 힘든 병과 같아서 어떤 때는 일주일 저녁 시간을 고스란히 손님방에서 보낸 적도 있다. 바람직한 아내는 아니다. 그것도 한국말이 아닌 중국말 드라마를 보고 있다니. 무궁화 위성이라든가, 스카이 라이프를 설치해 오리지널 한국 방송들을 보고 있는 한국 사람이라면 나의 상황이 가소롭게 느껴질 것이다.

그러나 눈에 익은 한국 사람들의 얼굴, 아기자기 세련되고 예쁜 한국 여인들의 패션, 한글 가득한 거리들을 화면으로 보고 있자면 나는 드라마보다 깊은 상상의 세계로 빠져들어 간다. 그러니 그걸 어찌 쉽게 잘라낼 수 있겠는가.

〈대장금〉과 〈명성황후〉도 최근 중국에서 엄청난 인기를 끈 드라마이다. 처음 상하이에 이사 왔을 때 우연히 채널을 돌리다 차태현과 김하늘이 등장한 〈햇빛속으로〉를 맞닥뜨리고 나서는 매일 저녁 그 드라마에 빠졌었다. 그것이 중국에서 맞이한 나의 첫 한류 경험이었다.

한류 열풍은 드라마에만 있는 것이 아니다. 영화, 노래 등 한국의 모든 엔터테인먼트가 중국에 와서 제 실력을 발휘하는 느낌이다. 택시나 상점, 맥도날드 등에서 한국 노래가 흘러나오는 걸들을 때의 뿌듯함은 말로 설명할 수 없다. 최근엔 장나라가 중국에서 최고가수상을 받았다는 걸 보면 한류의 중국에서의 영향력은 극치를 이루고 있는 것 아닌지.

한국문화원의 한글 강의에 몰려드는 중국인들에게 한글을 배우려는 이유를 물었더니 19.42%가 한국 영화, 16.36%가 드라마, 17.38%가 가요를 접한 후 한국어를 배우고 싶어졌다고 한다. 한국말을 잘하는 외국인을 만나는 건 언제나 경이롭다. 강아지를 데리고 아래층에 내려갔다가 한 외국인 이웃을 만났다.

쏼라쏼라 어쩌구 저쩌구, 강아지가 예쁘다고 칭찬을 하다가, 미국에 두고 온 자기 강아지 이야기를 하다가, 결국 우리는 말을 트게 되었는데, 알고보니 그는 한국말을 아주 잘 했다. 디즈니사에서 일하는 그는 상하이로 발령받아 와 있는 것인데, 미국에서 한국어도 배웠고, 연수차 한국에도 가 본 적이 있다는 것이다. 그와 한참을 이야기를 나눈 후 헤어졌다. 중국어를 잘하는 외국인들은 학원과 직장에 다니면서 많이 보았던 터라 그다지 놀랍지 않지만, 한국어를 할 줄 아는 미국인이라니, 우쭐한 기분이다.

유럽으로 가는 비행기 체크인을 하려는데, 한국어를 할 줄 아는 중국인 때문에 깜짝 놀랐던 일이 있었다. 루프트한자 데스크였으므로 한국과는 전혀 상관이 없는 곳이었다. 그런데 루프트한자 직원은 나의 여권을 보자 금방 얼굴을 스노우맨으로 만들며 "안녕하십니까, 선생님들!" 인사를 했다. 남자와 여자가 있는데 '선생님들' 이라고 부르는 것에 웃음이 좀 났으나, 한국어를 하는 중국인이었으므로 나는 반갑기부터 했다.

어떻게 한국말을 할 줄 아느냐, 당신 혹시 조선족 아니냐, 한국에 가본 적 있느냐 등등의 신원조회형 질문을 퍼부었지만, 나는 그가 순수 한족이며 한국에 가본 적도, 한국어 학원에 다닌 적도 없이 단순히 라디오를 들으며 한국어를 배우는 젊은이라는 것을 알게 되었다. 반듯하게 잘 생긴 그는, 휴고는 완전히 무시한 채 내 얼굴만 쳐다보며 "어느 자리를 원하십니까?" "프랑크푸르트를 경유해서 암스테르담으로 가십니까?" "선생님들, 복도 자리와 그 옆자리를 드렸습니다" 등을 속사포처럼 뱉었다.

내게 하는 한국말은 실습을 하는듯 완전히 로보트 억양이었다. 웃음이 나올 뻔 했지만 그의 심각한 얼굴에 나는 감히 웃음을 내비칠 수가 없었다. 어쨌거나 그는 우리에게 아주 좋은 복도 자리를 주지 않았던가. 덕분에 열 한 시간의 비행이 편안했다.

베이징에서 상하이로 이사온 이태리인 마르코의 부인은 베이징에서 한국어를 공부하였고, 한국에도 두 달 동안 언어연수를 다녀온 사람이다. 처음 만났을 때도 손을 건네며 그녀가 뱉는 미끈한 발음의 '안녕하세요'에 깜짝 놀랐었다. 이름도 한국식으로 하면 '효염'이라고 소개했는데, 중국 이름, 영어 이름 다 말해줬는데 한국 이름만 생각나는 건 또 뭔가.

컨설팅 회사에서 헤드헌팅을 하던 시절, 한국 회사에 지원한 한국어 잘하는 한족 여성을 둘이나 봤다. 또 지난 여름 엄마와 함께 총칭 근처 유령마을 투어에서도 안내한 한족 여성이 한국어를 유창하게 구사해 엄마는 기쁜 마음으로 하루를 즐기셨다.

이렇게 많은 사람들이 배우고 싶어하는 한국어, 그 한국어에는 어떤 매력이 있을까. 거기엔 분명 한국어뿐 아니라 한국어와 연결되는 문화, 사람에 대한 관심이 한 덩어리로 매력을 풍기기 때문일 것이다.

중국에서의 한류 열풍은 1997년 〈사랑이 뭐길래〉, 〈질투〉 등의 드라마가 방영되면서 시작되었다. 이후 1998년 HOT의 음반이 발매되면서 한국의 대중문화에 대한 열기가 일어나기 시작했고, 1999년 11월 클론의 공연이 성공적으로 끝나자 '한류'라는 용어가 등장했다. 이듬해 2월의 HOT 공연이 폭발적인 인기를 얻으면서 '한국 대중문화 물결' '한국 물결'이란 뜻의 '한류'란 용어가 보편화되는 것과 함께 한국 대중문화에 대한 관심이 커지기 시작했다. 〈사랑이 뭐길래〉는 시청률 15%대를 돌파했었고, 외화가운데 시청률 2위를 기록했다.

한국 영화도 만만치 않았다. 지금까지 중국에서 상영된 영화는 〈비천무〉, 〈무사〉 등이 있었고, 남쪽 일부 지방에서 〈엽기적인 그녀〉가 상영되었다. 〈클라식〉이 중국 전역 영화관에서 상영되기도 했는데, 중국과 합작도 아니고 중국 배우도 출연하지 않는 한국 영화로는 최초로 중국 전역에서 상영된 영화였다.

중국 청소년들은 요즘 한국의 게임에 열광하고 있다. 실제로 한국산 온라인 게임이 중국 게임 시장의 80%를 점하고 있어 중국에서도 이를 심각하게 우려할 정도다. 한국 연예인들처럼 되고 싶은 여성들 사이에서 한국식 성형수술도 인기인데, 상하이엔 현재 한국 성형외과가 여럿 있으며, 중국 성형외과에서도 한국인 의사를 고용하거나 한국에 가서 연수를 받아오는 등 한국 성형술을 익히기 위해 혈안이다. 상하이에 공식 등장한 한국 성형 전문의도 있다. 전화를 걸면 한국말을 하는 사람이 전화를 받고 상담도 해준다.

해마다 많은 상하이 여성들이 한류 스타들을 닮고 싶어 수술대에 눕는다. 노동절과 국경절 휴일은 그러한 여성들로 성형 전문의가 가장 바쁜 시기가 된다. 매달 1주일, 한국인 의사에 의한 성형외과 수술을 하고 있는 런아이(仁愛)병원측은 지난 노동절 연휴기간(5월 1일부터 7일까지)의 성형수술 예약자가 하루 40건을 넘을 정도로 폭증했으며, 일부 여성들은 한류 스타들의 사진을 들고 와 특정 부위를 성형수술해 달라는 주문을 하기도 했다고 한다.

성형수술이 인기를 얻다보니 별 미용대회도 다 생겼다. 2년 전, 상하이에서는 쟝디라는 이름의 한 후난 출신 여인이 성형수술을 받을 만한 '못생긴 여자'로 뽑혔다. 26살로, 조인트벤처 회사의 통역인 쟝디는 '신데렐라를 찾아서'라는 대회에서 10만 위안의 상금을 받았고, 그것으로 성형수술을 받았다. 수술 후 그녀의 작은 눈과 넓적한 코, 지저분한 피부는 몰라보게 변했다. 그녀는 자신이 세상에서 가장 행운아라고 생각한다.

일본에도 한류 열풍이 있다. 같은 아파트에 사는 일본인 호조 씨의 부인은 내가 한국인이라는 걸 알자 대뜸 '배용준'을 이야기했다. 많은 일본 여성들이 〈겨울연가〉를 비롯한 한국 드라마들의 촬영지를 여행하는 걸 꿈으로 갖고 있다니 한류 열풍이 새삼스럽다.

중국과 일본뿐 아니라 홍콩, 대만 등지에서도 열풍을 일으키는 한류를 놓고 일부에서는 우리가 역이용당하고 있다는 우려를 펴기도 한다. 그러나 우리 문화가 다른 나라에서 인기를 끈다는 것은 어떤 각도에서 보든 좋은 일이 아닐 수 없다. 미국에서, 심지어는 이집트에서조차 한국 드라마가 인기를 끈다지 않는가. 한국이 전 세계의 문화를 주름잡는 문화대국이 된다면 정말 좋을 것이다. 며칠 전 밤을 새면서 본 드라마 〈러브스토리 인 하버드〉에서 김래원은 말한다. 자기는 법 분야의 한국 선수라고. 그처럼 문화 선수들도 앞으로 계속 많이 나왔으면 좋겠다.

한국인이 싫다

한국 사람 동네에 살다가 너무 많은 정보와 관계의 홍수에 못이겨 상하이 시내로 이사온 친구가 있다. 나와 그래서 이웃이 된 친구인데, 얼마전에 전화통화를 하다가 새로운 이야기를 들었다.

자기 이야기라기보다는 다른 사람들로부터 들은 것이었는데, 이야기인즉슨 상하이의 한국인들이 자꾸 많아져 국제학교에서 한국인 숫자를 제한하는 등 불편한 일이 생긴다는 것이다. 어렵게 들어가는 국제학교에, 서로 도와야 할 한국인이 중간에 끼어 오히려 한국 학생의 입학을 좌지우지한다는 것이다. 거기엔 부정한 독과점과 뒷돈 등의 불미한 사항들이 얽혀 있었다.

전엔 국제학교 입학으로 걱정할 일이 없었는데, 이제 기하급수적으로 많아지는 한국인 숫자로 상하이 외국인 학교들에서 한국 학생 받기를 꺼려 한다는 것이다. 하기야 미국 학교나 영국 학교가 미국인과 영국인을 위주로 하는 학교여야지, 한국인이 반이 넘는 모양은 좀 이상하긴 할 것이다. 4년 전만 해도 1만 명이었던 한국인이 현재는 4배로 훌쩍 뛰었으니, 그 변화가 상상이 간다.

그래서 학교에서는 입학요강을 세워 부합되는 학생들만 받기로 했다. 상하이에 어떤 이유로 왔건간에 이왕이면 외국인 학교에 보내 영어실력을 키워 주고 싶은 게 부모 심정 아니겠는가. 그것도 외국인 학교 중에서 가장 좋다고 인정받는 나라의 학교면 더 좋지. 그러나 들어가고 싶다고 다 받아주는가. 여러가지 조건이 있다. 학교에서는 영어를 잘 하지 못하는 학부모들을 위해 한국인 담당자를 두고 상담하게 하는데, 내세우는 조건의 하나가 그 학교에서 인정하는 유치원을 거쳐야 한다는 것이다. 그런데 우스운 것은 그 유치원이 학교에서 한국인 담당을 하고 있는 사람의 소유라는 것.

또 한가지 이야기는 한국인들이 많이 모여사는 곳의 병원 문제이다. 그 병원은 한국인을 위해 한국부를 따로 두고 있다. 여기에서는 한국어로 서비스를 받을 수 있다는 것만 제외하면 모든 시설을 중국인과 함께 이용하는데, 한국부에서만 특별하게 진료비를 엄청나게 올려 빋는다는 깃이다.

외국에 나와 있는 한국인들은 몇가지 부류로 나눌 수 있다. 대체로 유학생과 주재원, 사업가와 그들의 자녀들, 그리고 국제결혼으로 나와 살고 있는 사람들이다.

유학생들은 공부 때문에 왔으니 일단은 공부를 해야 하는 사람들이다. 여기엔 장학금이나 생활비 보조를 받아가며 공부만 열심히 하는 학생들, 없는 살림에 이를 악물고 유학을 온 학생들, 부유한 집에서 든든하게 학비 조달받으면서도 공부는 뒷전인 띵

가땡가형 학생들이 있다.

경제적으로는 넉넉하나 공부에 충실하지 않은 유학생, 이들은 망나니 생활로 한국의 부모와 가난한 유학생들에게 배신감을 주는 학생들이다. 사치에 취미를 들여 돈을 헤프게 쓰거나, 매일 밤 펍과 바를 들락거리며 유흥을 즐기거나, 닥치는 대로 친구를 사귀는 애들이다. 이들의 공통점은 같은 한국인들끼리만 우르르 몰려다니며 그룹을 형성한다. 공부는 안하고 술마시고 떠들며 몰려 다니는 한국 학생들 때문에 불편함을 토로하는 상하이 주민들 이야기가 신문에 나올 정도이다.

런던에 있던 때는, 영어교사들에게 좋은 하룻밤 상대로 유명한 돈많은 집 여식의 이야기를 들은 적이 있다. 매주 파티를 열며 선생들을 부모가 구해준 비싼 아파트로 끌어들인다니, 영어교사들 사이에서는 상대하고 싶은 여자로 소문이 날 만도 했다.

유학생들의 또 다른 부류는 현지에서 일을 하고자 유학생 신분을 유지하려 학교에 등록은 했으나, 출석은 안하고 아르바이트를 직업으로 삼고 있는 사람들이다. 이들은 대부분 레스토랑이나 여행사 직원으로 일을 하는데, 여행사 일이라는 것이 성수기엔 눈코 뜰 새 없이 바쁘면서도 그 수입이 짭짤한 것이어서 많은 한국 사람들이 이 방법으로 외국 생활을 하기도 한다.

주재원은 주로 대기업에서 발령받아 나온 사람들인데, 곁에서 보기에는 가장 편한 생활을 하는 사람들이다. 외국으로 발령받아 가면 주택과 교육에 있어서 거의 무한정에 가까운 혜택이 있어 월급은 고스란히 주머니로 들어가게 된다. 게다가 상하이처럼 생활비가 낮은 곳에선 월급의 많은 부분을 저축으로 남길 수 있어 더더욱 왕족같은 생활을 하게 된다. 자동차에 운전기사, 파출부 아주머니까지 두게 되는, 더이상 바랄 것 없는 생활. 일손을 쉽게 구할 수 있는 상하이는 가정주부들에겐 집안일에서 해방될 수 있는 이상적인 곳이다.

사업가들은 주재원으로 나왔다가 직장을 그만두고 현지에 눌러앉는 사람들이 많다. 일단 첫 몇 년을 여유있게 생활하면서 현지생활도 익히고 언어도 배우고, 인맥도 만든 후에 사업을 시작하는 것이다. 문제가 있다면 이름만 말하면 고개를 끄덕이는 큰 회사에 다니다 개인사업체를 시작하자니 사회적 위상의 차이를 받아들이기가 힘들다는 것인데, 그것만 제외하면 야심차고 새로운 생활임에 분명하다.

이민을 작정하고 나온 사람들 역시 개인사업에 종하사는 예가 많은데, 특히 캐나다, 호주, 뉴질랜드 등 이민국가들은 사업자 수가 다른 범주의 사람들보다 현저히 많다. 얼핏 여행을 하면서 본 느낌으로, 캐나다에서는 주유소나 가게를 운영하는 사람들이 다수인 듯 했고, 뉴질랜드에서는 레스토랑과 옷가게를 연 사람들이 많았다. 뉴질랜드에서는 인구가 적어 사업을 벌이기에 걱정이 되는 탓인지, 가족들이 먼저 정착하고 가장은 한국에 남아 생활비를 벌어들이고 있는 기러기 가족들을 여럿 만났다.

국제결혼한 사람들은 나도 그러하기 때문에 특히 내가 많이 만나게 되는 사람들인데, 반은 한국인으로 반은 현지인으로 살고 있는 특이한 존재라고 할 수 있다. 현지인과 결혼했으니, 한국인으로서는 현지 생활을 몸소 체험하며 가장 잘 이해하는 사람들이라고도 할 수 있다. 그런데 이상한 건 그중 어떤 사람들은 국제결혼해 살면서도 한국 사람들보다 더 한국적으로 살아간다는 것이다. 네덜란드에서 알고 지낸 한 여인은 시도 때도 없이 한국 친구들을 초대해 한국 음식을 해먹곤 했다. 한국 교회에 나가 교회일을 열심히 하는 경우도 봤다. 교회일 하는데 뭐 잘못된 거 있는가 싶겠지만, 남편 제껴놓고 혼자서만 열심히 신앙생활을 한다는 데에 쉽게 동의하기가 어려웠다.

상하이 사람과 결혼한 두 한국 여인을 알게 되었는데, 한 부부는 학교에서 만났고, 다른 한 부부는 직장일을 통해서 만나게 되었다고 한다. 그들의 경지는 상하이화를 이해할 정도에까지 이르렀고, 분명히 상하이 생활에 좀 더 깊숙이 들어가 있었다.

순수 한국인들은 현지에서 얼마나 현지 사람들과 어울려 사는가. 일반 한국인 부인은 다른 한국 가정주부들과 어울려 시장에 가서 장을 보고, 한국 미용실에 가서 머리를 하고, 한국 레스토랑에 가서 밥을 먹으며, 한국식 노래방에 간다. 집에서는 한국 위성방송을 설치해 한국 드라마를 보며, 조선족 아주머니를 파출부로 쓴다. 그녀의 삶에 중국 문화가 끼어들 틈이 없다.

상하이의 한국인 역사는 1920년대로 거슬러 올라간다. 3·1 운동에서 표출된 독립의 의지를 모아 1919년 4월 13일 수립된 대한민국 임시정부가 그것이다. 1919년 9월에는 개헌 형식을 통해 중국 전역에 세워져 있던 각지 임시정부가 상하이의 대한민국임시정부로 통합되었는데, 대한민국임시정부는 통일적이고 지속적인 독립운동 전개를 위한 지도기관이었다. 대한민국임시정부는 교통국을 두고, 연통제를 통해 국내와의 긴밀한 연락을 꾀했다. 또한 독립공채를 발행해 독립운동자금을 확보하려 했으며, 독립 신문을 발행하여 국내외에 독립운동 소식을 전하고 민족정신을 고취시켜 나갔다.

대한민국임시정부는 1932년까지 상하이에 있었다가 항조우를 비롯한 6개 도시를 전전하다 1940년에 총칭에 자리잡았다. 현재의 상하이 대한민국임시정부 청사는 마당루에 자리잡고 있고, 여러번의 개조를 거듭해 일반인에게 공개되고 있다.

상하이의 한국인 역사로 중요한 것은 윤봉길 의사의 행적이다. 1932년 4월 29일, 일본 천황의 생일 축하식이 열리던 날, 윤봉길 의사는 어깨에 물통을 메고, 양 손에 일장기와 폭탄이 든 도시락을 들고 행사장에 들어섰다. 그리고 식이 끝나자마자 중앙사열대를 향해 폭탄을 던졌다. 그는 대한독립만세를 외치며 일본 헌병에 끌려갔다가 스물다섯의 젊은 나이에 생애를 마쳤다. 매년 4월 29일이면 그의 의거를 기념하는 추도식이 홍코우 공원에서 열리고 있다.

임시정부 훨씬 전인 1845년에 우리나라 최초의 신부 김대건이 상하이 진자샹(金家巷)성당에서 사제 서품을 받았다고 한다.

1992년 한·중 수교를 시작으로 들어오기 시작한 새 세대의 한국인들은 점차 상하이에서도 인구를 늘여가고 있다. 현재 상하이엔 2백여 개의 회사와 식구들을 거느린 한국상회를 주축으로 한인사회가 형성되어 있고, 동문 모임이나 동호인 모임 등 다양한 그룹들이 상하이 생활을 풍부하게 하는 길잡이가 되고 있다.

　어찌보면 상하이는 한국의 한 도시가 아닌가 하는 느낌이 들 정도로 많은 한국인들이 몰려 살고 있다. 구베이와 롱바이쪽에 가면 가게들이 온통 한글로 되어 있고, 한국인들을 위한 바도 있다. 일요일엔 서울의 한 교회인 듯 주차요원들이 주욱 늘어선 한인교회 예배도 볼 수 있다.

　한국을 떠나 사는 한인사회에, 안그래도 외로운 그 처지에 서로를 돕고 보듬어 주는 한국 사람들만 있었으면 하는 바램이다. 어떤 이유로 외국에 나왔든, 우리는 모두 한국과 연결된 한국 사람들 아닌가.

5

...

가지 많은 나무 바람 잘 날 없다

가난을 극복하려는 몸부림은 유럽까지 건너갔다. 영국의 해변에서 조개잡이를 하던 중국인 노동자들이

들어오는 밀물을 미처 피하지 못하고 익사하는 사건이 발생했다. 그 중의 한 노동자가 가슴까지

차오른 바닷물 안에서 멀리 고국에 있는 아내에게 전화를 걸었다고 해서 화제가 되었었다.

인간, 해변의 모래알

집에 틀어박혀 밖에 나가고 싶지 않을 때가 있다. 밖에 나가 견뎌내야 할 것들이 나가고 싶은 충동을 이기지 못할 때이다. 밖에 나갔는데 사람들이 많고 가게문들이 열려 있고 하면 활기가 있으면서 사람 사는 맛이 나는 반면, 그게 지나쳐 걸음을 잘 걸을 수가 없을 정도가 되면 사태가 심각하단 증거다. 인간이 너무 많아지면 존중받아야 할 고귀한 존재가 아니라, 수십 수백 알 사라지고 깨져도 태가 나지 않는 모래알같은 존재가 된다.

밖에 나가면 제일 먼저 해결해야 할 것이 교통이다. 전철을 타려면 전철표를 사야 하는데, 표를 사는 게 장난이 아니다. 발권기나 매표구 앞에서는 끊임없이 들이미는 옆에서의 손을 조심해야 한다. 차례가 되었으면 빨리 해결하고 떠나야 한다. 이런저런 질문으로 매표원과 뒷사람들을 짜증나게 하는 사람들은 정말 싫다. 택시를 탈 때는 어떤가. 나는 택시 때문에 성질버린 사람이다. 비라도 부슬부슬 올라치면 택시잡는 것은 날아다니는 박쥐를 손에 넣는 거나 다름없다. 끝이 보이지 않는 경쟁. 빈 택시는 가뭄에 콩 나듯 한 대씩 오고, 길거리에 주욱 늘어선 사람들은 20명도 넘는다. 눈에 불을 달고 온몸을 철갑으로 무장하지 않고서는 집에 갈 수 없다.

가게의 개업식이라도 있어 공짜 상품을 나누어 준다면 줄은 몇 백 미터는 족히 길어질 것이다. 유럽에서 돌아오던 휴가 즈음의 상하이 공항, 한산하던 유럽에서 돌아오니 눈이 핑핑 돌 정도의 많은 사람들에 난 눈물이 다 나왔다. 이런 곳에서 다시 살게 되는구나, 하는 마음 때문에. 앞으로 나갈 수도 뒤로 돌아갈 수도 없게 꽉 차 있는 사람들, 이리저리 길을 가르는 짐수레, 어깨를 부딪고 지나는 사람들, 뻔뻔한 얼굴로 사람들을 가방으로 치고 다니는 사람들… 여기가 사람 사는 곳인가 싶은 마음이 콱 들어찼었다.

2003년 여름, 루쟈쮀이에서 푸동 월드 카니발이 열렸다. 몇 가지 놀이기구와 함께 임시 놀이동산이 설치된 것인데, 처음엔 카니발 홍보를 열심히 했으나 곧 사람이 너무 많이 몰리는 관계로 주최측은 사람들에게 자제해 줄 것을 광고해야 했다.

전철역에서 카니발 입구까지 걸어가는데만도 엄청난 인파로 고생을 해야 하고, 그나마 표를 사서 들어가려면 두 시간을 기다려야 했다. 들어간 후에도 놀이기구를 이용하기 위해선 다시 표를 사고, 놀이기구를 타기 위해 또 두 시간 씩을 기다리고… 한국의 어린이날이야 공짜니까 그렇게 사람이 많다 치지만 푸동 카니발은 돈내는데도 그 정도였다. 그만큼 사람들이 문화와 놀이에 굶주렸다는 증거이고, 그만큼 머리수가 많다는 증거다.

전철 환승역은 모래알같은 상하이 인구를 실감할 수 있는 좋은 곳이다. 출퇴근 시간에 1호선과 2호선이 만나는 렌민광장역의 플랫폼으로 들어서면 입이 딱 벌어지게 된다. 계단에서 내려설 틈이 없을 정도로 빽빽하게 들어선 사람들.

수퍼마켓에서도 경쟁이다. 고기를 썰어 파는 코너에 가도 줄을 서야 하는데, 그것도 새치기하는 사람들 때문에 고기 사기가 쉽지 않다. 두부를 사려 해도, 만두를 사려 해도, 밑반찬을 사려 해도 사정은 마찬가지다. 어떤 우유들이 있나 좀 보고 있으려면 특별한 게 있나 해서 하나 둘씩 사람들이 꼬여든다. 남편이라도 옆에 함께 있다면, 금세 우리 주위는 몇 겹의 사람들로 둘러싸이게 된다. 물건을 다 사고 계산대에 다다르면 또 다시 꺼지는 가슴… 상하이엔 왜 이렇게 사람들이 많단 말인가.

1999년에 베이징으로 여행을 갔었다. 두 달을 말레이지아, 싱가폴, 중국, 홍콩을 배낭여행하고 있던 때였다. 배낭여행을 하고 있었으니 당연히 싼 숙소에 묵었고, 호텔에서 운영하는 외국인 전용 관광보다는 현지인 대상의 관광에 참가하고 싶은 건 당연한 일이었다. 호텔에 신청하면 광나는 버스에 실려, 영어 설명을 들으면서 편안하게 여행하다 돌아올 수도 있었을 것이다. 그러나 배낭만 짊어지면 '영웅호걸'인 우리들이 어떻게 그런 나약하고 사치스런 관광을 할 수 있겠는가.

배낭여행 책에 있는 대로 티엔안먼(天安门, 천안문) 광장에 아침 일찍 갔다. 그리고 여러 대의 관광 버스 중에, 창청(长城, 만

●● 옛 모습을 살려 건설한 유유엔의 쇼핑가

리장성)을 외치다가 창청에 간다는 버스에 올랐다.

일단 자리를 잡고 앉았는데 버스가 반 정도 찼다싶자 차장이 들어와 돈을 받았다. 생각한 것보다 조금 비쌌다. 만리장성 가는 게 맞느냐고 다시 묻자, 차장은 고개를 끄덕였다. 만리장성뿐만 아니라 민통, 죠롱공유엔 등 다른 곳도 들른단다. 우리는 다른 관광지엔 별로 관심이 없었지만 그 버스를 찾기까지 오랜 시간이 걸렸기에 그냥 참고 기다렸다. 밖으로 나가 다른 버스를 찾을 용기도 없었다. 어쩌면 만리장성행 버스들이 이렇게 다른 곳을 들리는지도 모르지 않는가. 무엇보다도 다른 버스를 찾다가 시간을 놓치면 하루를 땡치는 거니 그게 더 손해였다.

사람들이 하나 둘 꾸역꾸역 들어오고, 드디어 자리가 다 찼으나 차장은 여전히 밖에 서서 사람들을 더 들여보낸다. 자리도 없는데 사람들을 왜 자꾸 들여보낸담? 하고 있는데, 차장이 들어오더니 버스 맨 뒤에 가 나무판으로 의자와 의자 사이에 간이의자를 설치한다. 방금 들어선 사람이 거기에 앉으니 그 앞자리에 그런 식으로 또 하나의 자리를 만든다. 결국 맨 앞자리까지 나무판을 이용해 열 명 이상은 더 태우게 되었다.

그렇게 버스가 차고나니 내 마음이 한없이 불안해졌다. 이 많은 사람들을 태우고 어떻게 산길을 다닐 것이며, 행여 사고라도 난다면 어떻게 탈출할 것인가? 그러나 그런 걸 걱정하는 사람은 나 혼자뿐인 듯, 모두들 하루 나들이에 마음이 부풀어 싱글벙글이다. 벌써 싸가지고 온 먹을거리를 까먹고 있는 사람들도 있다. 엄마와 함께 온 앞자리의 여자애는 의자를 딛고 서서 머리 꽃

핀을 만지작거리며 외계인처럼 생긴 휴고를 뚫어져라 관찰했다.

그뒤 이야기는 하고 싶지 않다. 하필 그 날이 일요일이었다는 걸 말하면, 그뒤 펼쳐질 이야기들이 어떤 상황일지 중국을 아는 사람이라면 훤히 보일 것이다. 앞사람의 발뒤꿈치만 쳐다보며 오르던 만리장성, 이렇게 무더기로 무덤에 들어갔다 그대로 갇혀서 못나올 수도 있겠다는 두려움에 사람들의 물결을 겨우겨우 거슬러 나오던, 정상적 상황이 이 정도인데 큰일이라도 발생한다면 정말로 꼼짝달싹 못하겠구나 하는 생각을 했던 민통, 공중에 떠서 동심의 웃음을 터뜨리던 사람들을 지루하게 쳐다보던 죠롱공유엔… 하루가 그렇게 갔다. 일생에 한번으로 족한, 다시는 경험하고 싶지 않은 나들이었다.

샤먼과 푸두오샨에서의 기억노 지울 수 없다. 휴일마다 넘쳐나는 사람들. 거리, 산, 기차, 백화점에도… 모래알같은 인구 때문에 이제 우리는 휴일에도 집안에서만 뒹구는 집쥐가 되었다.

내가 여행을 하지 않는 이유

　　상하이에 이사온 외국인들은 대부분 자연이 넉넉치 못하다는 걸 상하이의 아쉬움으로 든다. 드넓은 자연을 만끽하다 온 미대륙이나 호주, 뉴질랜드 사람들은 물론이고, 오밀조밀 많은 인구가 모여 사는 한국 사람들에게조차도 산이 없는 상하이는 어쩐지 허전하다. 주말이 되면 등산을 하고 싶기도 하고, 흙을 밟고 싶기도 하다. 그러나 상하이 주변엔 산이 없다. 가장 가까운 곳이 항조우(杭州) 정도가 된다. 기차를 타고 가다보면 항조우에 가까워지면서 야트막한 산들이 정겹게 펼쳐진다. 그곳에선 간단한 하이킹도 할 수 있고, 대나무 숲에 갈 수도 있다. 항조우의 특산 롱징차(龙井茶)를 맛보면서 한가로운 오후를 즐길 수도 있다.

　　상하이 주변의 볼거리로는 뭐니뭐니해도 물로 가득찬 도시들이다. 정원과 운하가 가득한 수조우(苏州), 동양의 베니스라는 죠우좡(周庄), 물의 도시 우시(无锡), 6천년 이상 사람이 살았다는 우전(乌镇)과 1천 년의 역사를 자랑하는 씨탕(西塘) 등이 그곳이다.

죠우쫭엔 네덜란드에서 시어머니가 오셨을 때 처음 가봤다. 여행사에서 운영하는 코스 나들이에 맡겼는데, 하루 동안 수조우와 죠우쫭을 모두 돌았다. 돌들이 가득한 수조우의 정원들, 죠우쫭은 아치식 돌다리와 그 아래를 흐르는 거미줄같은 운하들, 꿈인듯 물을 가르는 작은 배들이 아름다웠다. 천이훼이(陈逸飞)를 비롯해 많은 중국 화가들이 그림으로 죠우쫭을 남긴 이유를 알 것 같았다. 우리 배의 사공은 몇 푼의 팁에 구수한 죠우쫭 민요를 들려 주기도 했다.

죠우쫭의 가게들에 진열되어 있는 빨간 고기는 바로 특산품 돼지다리. 한국의 조리법과는 달리 죠우쫭에선 돼지고기를 기름기가 나와 껍데기가 바삭바삭해질 때까지 조리하며, 기름은 버리지 않는다. 살은 아주 연하다.

죠우쫭에는 70곳의 작은 돼지고기 생산공장이 있는데, 과거에는 이 기름이 죠우쫭의 강으로 바로 흘러들어갔다. 각 공장이 하루 50개의 돼지다리를 요리한다면 1년에 70만 개이고, 그 오염은 매우 심각하다. 게다가 도시 근처의 호수가 오염되면서 죠우쫭의 물 오염은 심각해졌다. 1997년 유네스코는 죠우쫭의 수질을 검사했는데 매우 나쁜 것으로 판명이 났다. 이에 자극을 받은 죠우쫭은 2000년, 8천만 위안의 비용을 들여 대대적인 정수작업을 벌였다.

시후(西湖)가 도시 한 가운데에 중심을 잡고 있는 항조우는 상하이 사람들에게 특히 휴양지로 유명한 곳이다. 땅에서 가장 아름다운 호수라고 중국의 옛시에서 노래하고 있을 정도로 명승지로 소문나 있다. 지난 몇 년 동안 별장용 집을 구입한 상하이 사람들 때문에 항조우의 집값이 엄청나게 오르기도 했다.

상하이에 4년이 넘도록 살면서 난 그다지 여러 곳을 여행하지 않았다. 베이징과 샤먼(廈门), 죠우샨(周山) 등이 전부다. 중국에 오기 전엔 꿰이린(桂林, 계림)과 신장(新疆)에 가보고 싶었고, 아직도 윈난(云南)에 가야겠단 생각이 있긴 하나, 쉽게 나서지 못하는 건 그 동안 중국을 여행하면서 겪은 경험들 때문이다.

샤먼은 친구 부부들과 함께 꾸오칭제(国庆节, 국경절 휴가) 때 갔었다. 항공편과 호텔을 모두 예약하고 갔기에 별 어려운 게 없었으나, 샤먼 내에서 움직이는 데는 조금 불편했다. 사람들이 너무 많았던 것이다. 샤먼의 명승지 굴랑유(鼓浪屿)에 가기 위해 배를 타려니 매표소에 사람들이 너무 많았다. 간신히 표를 사고 선착장에 들어서자 철장 비슷한 공간에 들어가게 되었는데, 배를 타기 위해서는 배 도착 때까지 그 안에서 대기하고 있어야 했다. 배가 도착하기를 기다리며 바글바글 모여 있는 사람들, 그리고 배가 도착하여 문이 열리자 배 쪽으로 물밀듯이 움직이는 인파… 마치 전쟁 피난길에라도 오른 듯한 느낌이었다.

굴랑유는 아름다웠다. 중국 최고의 샤먼 음악학교가 있고, 1900년대 전후의 서양인들이 남겨놓은 오래된 집들이 그림같았다. 낙엽 지는 오르막길에 역사의 현장을 고스란히 간직하고 있는 박물관. 남중국과 홍콩, 대만을 넘보던 서양세력을 물리친 정청공 장군을 기념하는 건물엔 당시 신문과 서양인들이 남긴 기록

●● 운하의 도시 죠우좡

들이 있었다. 키 큰 서양인들을 물리치려면, 상체를 공격하려 노
력하지 말고 칼을 낮게 휘둘러 발목을 노리라고 해 싸움에서 이
겼다는 전설도 함께 갔던 중국 친구에게서 들었다.

굴랑유에서의 인파는 또 어땠던가. 자동차가 허락되지 않아
굴랑유에선 걸어서 이동을 했는데, 가는 곳마다 휴가를 맞아 섬
을 찾은 사람들로 복잡했다. 어찌어찌 늦은 점심을 먹고 다시 육
지로 돌아오는데, 역시 넘치는 인구. 운치있는 굴랑유를 보고 온
것은 좋았으나 그에 따르는 고생이 이만저만이 아니었다. 그때
느낀 것은, 중국에선 즐거워야 할 여행조차도 고생이구나 하는
것이었다. 마지막날엔 모든 관광도 마다하고 호텔에서 수영을 하

며 하루를 때웠다.

　샤먼의 경험 이후 한 동안 여행을 않다가 푸투오샨(普陀山)에 가게 된 것은, 중국인 변호사 왕잉잉 가족의 권유 때문이었다. 그 무렵 푸투오샨 근처에는 아름다운 해변도 있고, 상하이에서 가까워 다녀오기도 쉽고, 유명한 절도 많으므로 한번 가 볼만 하다는 기사들이 여러 미디어에 실렸었다. 관심을 가지고 있던 차에 친구 변호사가 이동·숙박과 일정은 알아서 짤테니 함께 가겠냐고 유혹을 해왔기에 우리는 기쁜 마음으로 그러자고 했다. 게다가 두 집은 자동차까지 가져간다니 우리는 거저먹기 여행을 하는 거나 마찬가지였다.

　부푼 마음을 안고 그 친구의 집에 가서 다른 일행과 합쳤다. 상하이에서부터 운전을 해 달려간 곳은 푸동의 한 항구. 간단한 절차를 마치고 우리는 자동차째 배에 올랐다. 참으로 순탄한 여행의 시작이었다.

　그런데 배를 타고보니 예상했던 것보다 분위기가 조금 떨어지는 것이 기분이 상했다. 갑판에 올라가니 오징어가 잔뜩 널려 있다. 냄새도 쿰쿰하고, 테이블을 가운데 놓고 둘러앉아 있자니 마치 어부가 된 기분이었다. 특별실이라는 방을 하나 웃돈을 주고 얻은 후, 앉아 얘기도 하고 밥도 시켜 먹으면서 4시간 여를 보냈다. 밖에 나가 바다를 쳐다보고 싶지 않았던 것은 그 망망한 대해가 아름답고 푸른 바다가 아니라 진흙탕이 연상되는 누런 바다였기 때문이다. 어떤 생명도 살지 않을 것 같은 분위기였다.

　그 긴 항해 동안 본 것이라곤 단 한 마리의 갈매기. 이렇게 텅텅 빈 바다 위를 항해하는 것도 처음이었다. 어찌해서 황해는 이리도 썰렁한 건지, 어찌해서 그 썰렁한 바다에 살아있는 것은 어떤 것도 보이지 않는지. 사람들만 난간에 주루룩 매달려 텅 빈 바다를 쳐다보고 있었다.

죠우샨에 도착해 한 시간 여를 달리자, 우리가 예약해 놓은 호텔에 도착했다. 숙박은 죠우샨에서 하고, 그 섬에서 푸투오샨과 타오화다오(桃花島) 등을 배로 다녀오기로 했다. 호텔 경내에 바닷가가 따로 있는 꽤 안락하고 아름다운 곳이었다. 거리는 깨끗하게 닦여 있었고, 나무들이 총총 심어져 있었다. 상하이와는 달리 상쾌한 공기가 바닷바람에 실려 코끝을 스쳤다. 마침 세계 모래조각대회가 열린 참이라 백사장엔 조각품들이 조명을 받으며 당당하게 서 있었다.

여기까진 좋았다. 문제는 다음날 아침에 발생.

죠우샨에서 가장 좋은 호텔이라는데, 아무래도 중국인 경영의 호텔엔 한계가 있었다. 아침 메뉴가 중국인 입맛에 맞는 것 투성이어서 외국인이 먹을 만한 것이 없었다. 만두나 죽도 별 거부감이 없는 나와는 달리 빵이나 치즈, 콘플레이크를 먹어야 하는 휴고에게 맞는 것은 식빵뿐인 것이다. 발라 먹을 것도 없이 맨 빵으로 배를 채운 휴고. 그를 불쌍하게 여기며 나는 오렌지 쥬스를 유리잔에 담았다. 그런데 오렌지 쥬스는 생즙이 아니라 가루를 탄 모양이다. 그것도 따끈한 물에. 따끈한 물로 만들어진 오렌지 쥬스, 지금 생각해도 속이 미식미식하다.

테이블은 빨리빨리 치워지지 않아 사람들이 먹고 일어난 자리는 어지러움이 가득했다. 조금 늦게 도착한 우리는 테이블을 좀 치워달라고 했다. 여종업원은 다른 쪽에도 빈 테이블이 있는데 하필 여기 앉겠다는 건가, 하는 표정으로 테이블 위의 음식 부스러기들을 행주로 툭툭 밀어냈다. 그러더니 테이블 보는 커녕 식판 받침도 바꾸지 않은 채 물러가는 것이 아닌가. 어디에서 나타났는지 왕바퀴벌레 한 마리가 유유히 테이블 위를 가로지르고 있었다. 나는 완전히 일그러진 기분으로 아침도 먹는둥 마는둥 의자에 앉아 있다가 일어났다.

죠우샨을 중심으로 푸투오샨과 타오화다오를 구경했다. 모두 배를 타고 움직였는데, 선착장 인파가 압도적이었다. 그래도 우리는 인내와 끈기로 표를 구입했고, 한참을 기다렸다가 배에 올랐다. 사람들이 득시글한 배에서 공간을 좀 확보해 보고자 돈을 더 내고 특실에 들어섰으나, 특실 사람들 역시 많아서 제 구실을 하지 못했다. 돈을 더 냈는데도 편하게 소파에 앉지 못한다고 투덜대는 사람들에, 사람들이 너무 많아 그러니 좀 끼어 앉으라고 말하는 직원. 서비스로 나누어준 차를 어떻게 마셨는지 기억도나지 않는다.

푸투오샨은 명성만큼 아름답고 인상깊은 곳이었다. 불교의 명승지답게 가는 곳마다 불상과 사원이 늘어서 있는 섬이었다. 불교신자인 친구 부부는 모든 사원에 들러 한 묶음의 향으로 소원을 빌었다. 늦은 오후가 되어 학교 동창이라는, 지금은 푸투오샨의 소방관인 사람을 만나고, 그와 함께 죠우샨으로 돌아가는 배를 타러 항구에 갔을 땐 입이 딱 벌어지고 말았다.

●● 항조우로 가는 기차 안. 여기는 2층이다.

●● 기차에서 내려 목적지를 향해 걸어가는 여행자들. 1층, 2층으로 나누어진 기차의
창문들이 보인다.

5. 가지 많은 나무 바람 잘 날 없다   256

매표소 앞에 몰려든 사람들이 천 명은 되는 것 같았다. 표 사느라 기다리다간 두 시간도 더 걸릴 것 같았다. 막막한 마음으로 발을 동동거리는데, 소방관 남자가 좀 어떻게 해보겠다고 하고 사라지더니 조금 있다가 만족스런 얼굴로 나타났다. 우리는 소방관 제복을 입은 그의 뒤를 따라 줄을 서지도 않고 곁문을 통해 배로 바로 들어갈 수 있었다. 관씨의 힘이 이런 데서도 발휘되는 것이었다.

타오화다오에선 아무나 들어갈 수 없는 특별 리조트에 초대되어 들어갔었고(모두 죠우샨이 고향인 잉잉 덕분이었다), 다시 상하이로 돌아오는 배에선 그녀의 동생 덕분에 선장실을 이용하는 혜택을 누리기도 했다. 관씨의 힘을 무한히 느끼고 온 여행이었지만, 나는 중국 내에선 섣불리 여행을 떠날 게 아니라는 결심을 더욱 굳혔다.

그러나 최근에 나의 중국 여행에 대한 선입견을 완전히 바꾸어 놓는 경험을 했는데, 한국에서 오신 부모님과 함께 했던 창장싼샤(長江三峽, 장강삼협)행이 그것이다. 4박5일 일정으로, 비행기로 총칭(重庆)에 가서, 그곳에서부터 배를 타고 우한(武汉)까지 양쯔강을 타고 내려가는 것인데, 가도가도 끝이 없는 강의 길이에 저으기 중국의 크기를 실감했다.

양쯔강은 6천 3백 킬로미터로 중국에서 가장 긴 강이다. 크루즈는 지루한 거라고 늘 생각해 왔는데, 매일의 일정이 다양하게 짜여져 있어 의외로 재미있었다. 환영 파티에서 칵테일 파티, 직원들의 공연에 승객들의 장기 자랑에 이르기까지 선내 프로그

램도 흥미로웠고, 삼협의 아름다움도 인상적이었다.

특히 소수민족 투자족이 끄는 보트를 탔던 일은 잊지 못할 추억으로 남을 것이다. 그 작은 배에서 투자족 가이드는 투자족 노래를 끊임없이 불렀고, 엄마에게 한국 노래를 권하자 엄마는 한치의 망설임도 없이 아리랑을 열창했다. 아름다운 목소리에 아름다운 노래라고 같이 배를 탔던 사람들이 박수를 치며 감탄했다. 그게 우리 엄마여서, 한국인이어서 흐뭇하던 순간이었다.

번데기와 애벌레

중국의 레스토랑이 동물원, 수족관을 갖추고 있다는 것은 이제 웬만한 사람이면 전부 안다. 보통은 거대한 규모의 레스토랑이고, 몇 층으로 이루어져 있으며, 종업원들도 몇 백 명이 된다.

음식을 선택할 때는 메뉴판에서 고르기도 하지만, 보통 전채로 나오는 찬 음식은 수레에 실려 나오는 것을 고르거나 레스토랑 한 켠에 마련된 진열대에 가서 고른다. 이렇게 음식을 눈으로 보고 고르기 때문에 특이한 조미료를 써서 맛이 이상해지지 않는 이상 닭고기인 줄 알고 시켰는데 닭똥집이라든가, 닭발이라든가, 모래주머니를 먹게 되는 일은 없는 것이다. '소(牛)' 자만 보고 음식을 시켰는데 소내장이 나온다든가, 돼지고기를 시키자 살보다는 비계가 가득한 음식이 나온다든가 한 일이 얼마나 많았던가. "이거, 고기예요?" 하고 물으면, 간단하게 그렇다고 하지 않고 뒤에 구구한 설명들이 붙는데, 그게 무얼 뜻하는지 잘 알지 못하는 것이다.

큰 레스토랑에는 여러 개의 어항들이 모여 만들어진 수족관도 빼놓을 수 없다. 그 안에는 바닷물고기를 비롯해 온갖 종류의 민물고기가 들어 있다. 새우, 게, 가재, 오징어, 투구게도 있고, 그 옆엔 거북이와 자라, 개구리 등이 반쯤 물에 잠긴 채 움직거리고 있다. 또아리를 틀고 있는 뱀 상자도 그냥 지나칠 수 없다. 그쯤 가면 얼른 자리로 돌아오게 마련이다. 밥 맛있게 먹으려는데, 뱀과 개구리 대가리까지 찬찬히 살펴볼 여유가 없다.

한 친구 부부와 레스토랑에 가서 게를 시켰다. 음식을 주문하고 열심히 이야기를 나누고 있는데, 갑자기 한 남자가 다가와 검은 비닐봉지를 내민다. 뭐라고 중얼중얼거리는 것이 마치 레스토랑 주인 몰래 암거래라도 하려는 듯 했다. 우리 테이블에서 중국어를 할 줄 아는 사람은 친구의 아내 한 사람뿐이므로 그녀에게 다가가더니 은밀히 검은 비닐봉지를 열어보였다. 그녀는 들여다보고 고개를 끄덕끄덕했다. 시선은 모두 비닐봉지로 쏠렸고, 남자가 느적느적 비닐봉지를 들고 사라졌을 때 그게 뭐냐고 물었다. 우리가 시킨 게라는 대답이다. 아, 그런 식으로 게를 들고와 허락을 받는구나… 우리는 중국 레스토랑에선 그런 식으로 싱싱한 해산물을 요리한다는 것을 알았다.

샤먼에서 생선을 주문하자, 우리가 택한 생선을 직접 잡아 요리하는 걸 보라고 부엌에 초대하기도 했다. 행여 지저분한 부엌을 목격하게 될까봐 대충 들여다보는 시늉만 하고는 당신들을 신뢰한다고 하고 테이블에 앉아 기다렸지만, 참으로 정직한 사람들이었다. 어떤 레스토랑에선 손님이 고른 걸 보여주고, 요리는 비실비실한 다른 것으로 한다고 하지 않던가.

●● 중국의 자장면

●● 훠구어를 먹고 난 자리

 상하이에서 악녀가 되다

광조우에 출장갔을 때 잊지 못할 일을 경험했다. 음식에 관한 한 매일매일이 엽기적인 나날들이었는데, 어느날은 레스토랑 앞에서 동물원을 보았다. 동물 우리가 여러 개 설치되어 있고, 그 안엔 각각의 동물들이 웅크리고 있는 것이었다. 비둘기, 꿩, 칠면조, 참새 등 온갖 새들은 물론이고, 여우와 너구리, 족제비, 고양이, 사향고양이, 원숭이 등도 있었다.

인간이 잡아먹는 것들이 아닌, 숲속에서 마주치면 반가워 카메라 셔터를 눌렀을 법한 야생동물이었다. 이런 걸 다 잡아먹는다는 건가… 눈을 또록이며 잡아먹히길 기다리고 있는 동물들을 보자, 그런 동물들이 진열되어 있는 레스토랑에 들어가 식사를 한다는 사실이 모순으로 느껴졌다. 광동에선 비위가 강해져야 한디.

안으로 들어가니 더 가관이었다. 고무 '다라이' 들이 바닥에 무수히 놓여져 있고, 그 안엔 온갖 곤충들이 들어 있다. 바퀴벌레 같이 생긴 것도 있고, 꿈틀거리는 애벌레에 눈에 익은 번데기, 그리고 물방개 등 냇가에서 사는 곤충들도 있다. 생생한 현장학습 같았다. 그러나 문제는 그걸 먹는다는 것이다. 서바이벌 프로그램에 출연한다면, 중국 사람들이 가장 오래 살아남을 거란 생각이 퍼뜩 들었다. 정말로 책상 빼고는 네 발 달린 것 모두 먹는 사람들 아닌가. 네 발 달린 것뿐 아니라 여섯발 달린 것, 여덟 발 달린 것, 스무 발 달린 것들도 그들은 가리지 않고 먹는다.

중국 사람들의 이런 식생활 때문에 사스가 발생한 거라고 사람들은 말한다. 그건 유난히도 온갖 동물을 다 먹기로 악명높은 광동에서 발생했다. 사향고양이로부터 사스에 걸린 남자가 홍콩의 호텔에 묵었고, 거기에 묵었던 사람들이 그 병에 전염됨으로써 사스는 홍콩은 물론 비행기 여행을 통해 캐나다로, 동남아시아로 급작스레 퍼져 나갔다.

광조우의 레스토랑에서 우리는 2층으로 올라가 앉았다. 동료둘이 아래층으로 내려가 열심히 음식을 주문하고 올라왔다. 튀긴뱀, 개구리탕, 눈감은 머리가 한가운데 자랑스레 놓인 닭고기도 포함되어 있었으며, 야채들과 함께 튀겨진 길다란 애벌레도 있었다. 도저히 손이 가지 않는다. 이런 음식들을 무슨 맛으로 먹는단 말인가. 비위도 정말 강하다 생각하면서. 그런데 번데기가 야채와 함께 튀겨져 나왔을 땐 난 반가운 마음까지 들면서 젓가락을 자신있게 가져 갔다. 습관은 무서운 것이다. 다른 사람 눈에는 송충이나 별 차이 없을지 모를 번데기가 나에겐 반가운 음식이 되다니. 어렸을 적 먹던 그 들큰한 맛이 아니던가. 단백질 가득, 영양도 가득한 음식.

잘 이해가 되지 않는 중국 음식에는 오리턱도 있다. 역시 직장 동료들이 시켜서 먹어본 건데, 오리 아래턱이 접시에 담겨 나온다. 오리 아래턱에 먹을 것이 있겠는가. 단단한 부리와 가운데 놓여 있는 혀. 오리혀는 소혀와는 전혀 다르다. 뼈가 가득해서 따각따각 뼈만 씹힐 뿐 도대체 먹을 것이 없다. 그걸 음식이라고 시켜 먹다니.

내가 먹을 수 없었던 음식의 하나로 간장에 담긴 생생우가 있었다. 상하이 레스토랑에서였는데, 살아있는 새우들을 간장 국물에 담아 내오는 음식이었다. 살아있는 새우들이 유리냄비 안에서 팔딱팔딱 뛰고 있는데, 뚜껑을 열고 새우를 건져 살을 발라 먹는 모습이 잔인하다. 으득으득 씹어먹고, 빨아먹고, 퉤퉤 껍질을 뱉아가며 먹는다. 손가락 만한 작은 새우는 유난히 앞다리 두 개가 길다. 촉수를 길게 늘이고 죽은 척하는 바퀴벌레 같다. 그러고 보니 정말로 먹을 수가 없었다.

반면에 내가 좋아하는 중국 음식이 있으니, 바로 훠구어(火锅)이다. 훠구어는 상 한 가운데 국물이 들어있는 커다란 솥을 펄펄 끓이면서 거기에 음식 재료를 담갔다가 건져 먹는 샤부샤부와 비슷한 음식이다. 샤부샤부는 맑은 장국에 엷게 썬 소고기를 살짝 데쳐 먹는, 그야말로 담백하고 고급스러운 음식인데 반해, 훠구어는 온갖 고기들을 한 국물에 담갔다 건지는, 그뿐 아니라 만두, 야채, 소시지 등도 한 국물에 담갔다 먹는 잡스런 음식이다. 국물에는 이미 생선이나 뼈 등 재료에 온갖 향료가 들어있다.

내가 즐겨 먹는 훠구어는 매운 맛의 마라훠구어(麻辣火锅)와 담백한 맛의 칭탕(清汤)이 섞인 유엔양훠구어(鸳鸯火锅)인데, 거기에 넣어 먹는 것들은 소고기, 양고기, 닭고기, 야채, 두부, 오뎅, 만두 등이다.

훠구어는 입맛이 비슷한 사람끼리 함께 먹는 것이 좋다. 개인용 국자가 나오지만, 그냥 젓가락으로 고기를 건져 먹는 수도 있고, 어떤 사람은 개구리나 뱀을 넣어서 먹고 싶어하는 반면, 어떤 사람은 그런 동물이라면 딱 질색으로 여기기 때문이다.

중국 음식에는 기름이 많이 들어간다. 한 친구가 중국 음식

만드는 법을 가르쳐 주겠다고 나직히 속삭이더니, 중국 음식은 프라이팬에 기름을 잔뜩 두르고 재료가 무엇이건 무조건 볶아내면 된다는 것이다. 정말로, 내가 직접 요리를 할 때는 식용유 작은 병을 한 번 사면 오래 지냈는데, 쟝아줌마는 일주일에 두 번밖에 음식을 하지 않는데도 커다란 음식점용 식용유를 금방 다 쓰고 또 새로 사곤 한다. 그래서 수퍼마켓에는 한국처럼 작은 식용유 병은 아예 찾아볼 수가 없고, 손에 들고 따르기가 부담스러울 정도로 큰 식용유병뿐이다.

　　기름기 많은 음식들만 있는 중국에서 느끼한 음식이 목에 안 넘어가 살이 빠졌다면 가히 짐작이 가지 않겠는가.

사스가 돌던 해

중국 여행 바람이 차갑게 식었던 그때를 잊지 못한다. 유령의 도시처럼 텅 빈 상하이. 2002년 11월, 광동 지역에서 발병한 사스(Severe Acute Respiratory Syndrom)는 세계인을 공포의 도가니로 몰아 넣었다. 한참 사스가 광동을 휩쓸었던 12월에 우리는 아무 것도 모르고 선전에 들어섰으며, 1월 중순까지 홍콩에서 머물면서 친구 결혼식에 참석하는 등 온 거리를 누비고 다녔다. 겁도 없이. 겁도 없이라고 말하나 실은 누구도 사스에 대해 말하지 않았다. 어디선가는 사람들이 죽어가고 있었건만.

사스 문제가 갑자기 커진 건 미국이 이라크와 전쟁을 시작하면서였다. 언론에 의해 불거지기 시작한 사스는 전 세계를 공포의 도가니로 몰아 넣었다. 운명은 하늘에 달려 있다는 생각 하나로 도통 이런 일에는 겁을 먹지 않았던 나까지도 비자를 받으러 홍콩으로 갈 시간이 되자 서서히 걱정이 되었으니 말이다. 그러나 다른 한편으로 생각해 보면 어린 시절 한국엔 언제나 '홍콩

독감'이라는 지독한 감기가 존재했었다. 어떤 겨울엔 '대만 독감'이 되기도 했으나 분명 '홍콩 독감'은 한국 사람들을 공포에 몰아 넣기에 충분했었다. 사스처럼 죽음으로 이끄는 분위기는 없긴 했지만도.

비자 만기일이 다가오자 난 초조해지기 시작했다. 중국을 나가야 하는데, 한국에 가면 필요한 비자를 받을 수 없었고, 홍콩은 안심이 되지 않았다. 병에 대한 직접적 걱정은 없다 하더라도 검역문제 때문에 행여 나의 재채기에 깜짝 놀란 검역원들이 나를 독방에 가두면 어떡하나 하는 생각, 코를 한 번 훌쩍거렸다가 주위 사람들의 눈총을 받으면 어쩌나 하는 생각, 홍콩에 갔다가 공항이 폐쇄되고 그 누구도 밖으로 나갈 수 없는 출국금지령같은 거라도 내리면 어떡하나 하는 생각 등이 나를 괴롭혔다.

하루에도 수십 번 홍콩에 가자, 아니 혼자 한국에 다녀 오겠다, 아무려면 어떠냐 홍콩에 그냥 가자, 아니아니 혼자 한국에 다녀오는 게 낫겠다는 말을 나와 남편은 주고 받았다. 어쩌면 사스 때문에 가족의 일원을 잃거나 이산가족이 될지도 모르는 상황이었다.

홍콩 상황을 들으려고 럭비경기 관람차 용감하게 홍콩을 다녀온 조나단을 만날 때도 조금 꺼림칙했다. 사스 균이 그의 몸 어딘가에 숨어 있다가 나와 마주 앉았을 때 솔솔 흘러 나오면 어떡하나 하는 생각에. 그러나 겉으로 드러낼 순 없었고 속으로만 걱정을 했다. 겁쟁이다. 조나단이 상하이도 돌아왔을 때 그의 집을 검역관이 방문했고, 체온을 재더니 약간 높다며 집에서 조신하게 지낼 것을 충고했다고 한다. 외출을 하게 되면 어디에 몇 시에 갔는지를 상세하게 적어 보고하라는 지시도. 자진검역체계였다.

4월 중순, 나는 발길을 돌려 한국에 다녀와야 했다. 비행기가 텅텅 비어 자리가 넓은 건 좋았으나, 승객수 만큼이나 많은 승무원들을 보며 항공사가 겪어야 할 타격에 미안한 마음이 들었다.

죽어도 같이 죽자는 어머니의 말씀에 따라 부모님 집에서 짐을 푼 나, 처음엔 반갑다는 인사의 포옹도 못하고 엉거주춤해야 했고, 수건을 따로 쓰는 것은 물론이고 반찬까지 내 그릇을 따로 만들어 덜어 먹는 등 매우 조심을 했다. 그리고 일주일 쯤 지나 아버지가 감기에 걸리는 것을 목격했을 때는 방정맞은 생각 때문에 죄의식을 느끼기도 했다. 푹 쉬고 가라는 부모님의 말씀을 무시하고 나는 열흘 후 상하이행 비행기에 올랐다.

사스의 피해자는 무수히 많았다. 4월 마지막 주엔 베이징의 극장과 영화관, 학교들이 문을 닫았으며, 사람들이 한꺼번에 많이 모이는 결혼식마저 금지되었다. 상하이에 사는 타오양이 그 피해자로, 5월 초에 예정되었던 결혼식을 뒤로 미루어야만 했다. 4월 27일, 타이완은 홍콩 등 사스 감염지역에서 오는 여행객은 10일 동안 특별 수용소에 격리되어야 한다고 발표했다.

엽기적인 이야기도 있었다. 사스가 창궐하자 베이징 사람들은 동물들에 의한 것이라고 생각하여 이웃집 개와 고양이들을 무차별 때려 죽이기도 했고, 한 발바리 주인은 개가 며칠 동안 밥을 먹지 않자 사스에 걸린 줄 알고 6층 아파트에서 떨어뜨려 죽였다. 베이징 근교 마을들은 입구에 바리케이드를 쳐놓고 베이징으로부터의 출입을 금지하는 등, 문화대혁명 때와 흡사한 일이 일어나는 것 같았다.

극한상황에 몰리다보면 사람들은 종종 이성을 잃기도 한다. 그 무이성이 나는 두려웠다.

사스의 그림자가 남긴 우울과 슬픔이 사람들의 가슴에 만연하던 그 해 여름에 우리는 홍콩에 갔었다. 아직도 썰렁한 공항에 마스크를 쓴 사람들… 마치 우주에 왔거나 실험연구소에 들어간 것 같은 느낌이었다.

홍콩은 그전에도 죽음의 전염병으로 많은 생명들을 잃었던 적이 있다. 1894년 광동과 홍콩 지역에 걸쳐 2천 5백여 명의 사망자를 냈던 전염병은 선페스트(bubonic plague)였다. 낮은 위생 수준과 불결한 생활방식이 원인이었다.

당시 위생보건부는 각집을 돌면서 감염된 자와 그렇지 않은 자를 찾아냈으며, 감염이 된 사람들은 강제로 '히게이아(Hygeia, 건강의 여신)'라 불리는 선박병원에 올라야 했다. 소문으로는 그 배가 유럽으로 갈 것이며, 환자들의 몸은 가루로 되어 왕실의 약으로 이용되거나 연구를 위해 해부될 것이라는 소문이 떠돌았다. 당시에는 서양의약에 대한 의심이 컸다.

그때의 플라그와 현재의 사스에는 공통점이 있는데, 둘 모두 동물과 관련이 있다는 것이다. 사스가 사향고양이에서 비롯된 것에 비해 플라그는 쥐벼룩이 원인이었다. 플라그 기간 동안 정부는 슝완 지역의 행랑자들을 없애는데 노력했다. 1894년이 최악이었던 이 전염병은 30년의 세월이 걸려서야 겨우 진압이 되었으며, 그간 2만여 명의 목숨을 앗아갔다.

홍콩의 전염병으로부터의 수난은 끝나지 않는다. 1955년엔 결핵이 2천 8백명의 목숨을 앗아갔다. 1960년엔 콜레라가 닥쳤다.

사스 이후, 중국인들의 불결함이 각종 전염병의 원천이라는 비판을 불식시키기 위한 홍콩 정부의 강경 대책이 발표되었다. 홍콩청결대책위원회 위원장을 맡고 있는 도널드 창 정무사장은 사스 확산 이후 3개월 동안 각계의 의견을 수렴, 도시를 청결하게 하기 위한 정책보고서를 마련했다. 이 보고서에 따르면, 정부는 쓰레기 투기 상습지역에 감시 카메라를 설치하고, 닭을 산 채로 사고 팔거나 수입하는 것을 금지하는 한편, 위생 불량자들에 대해서는 과태료 등의 불이익을 주기로 했다.

홍콩은 최근 공공상소에서의 침 뱉기나 쓰레기 투기, 애완동물 배설, 포스터 부착 등 4대 행위를 금지하고, 위반자들에 대해서는 1천 5백 홍콩 달러(약 23만원)의 과태료를 부과하고 있다. 그러나 초범에 대해서는 과태료만 부과하지만, 2년 안에 또다시 4대 금지행위를 위반할 경우 고액의 벌금을 부과하고 사회봉사명령을 내리는 누진벌칙제를 실시하기로 했다. 또 식당에 대해서는 위생규정을 위반할 경우 벌점을 부과하고, 일정한 점수를 넘어서면 21일 동안 영업을 중단시키고, 또 다시 위반하면 면허를 취소하는 제도를 시행하기로 했다.

이밖에 위생 청결이 절실한 시장은 한달에 한번씩 의무 대청소를 실시하도록 했으며, 위생 관련 규정을 상습적으로 어기는 아파트 소유주들에 대해서는 아파트 매매를 못하도록 했다.

●● 문없는 화장실

●● 화장실 내부 모습

 상하이에서 **악녀**가 되다

중국에선 이제 사향고양이 등 야생동물 식용이 금지되었다. 그러나 사스 때문에 야생동물 섭취에 대해 반성을 하는 분위기가 생기긴 했지만, 아직도 한약 등의 재료로 중국의 야생동물들은 많은 수난을 당하고 있다.

동물보호법이라든가, 동물 보호를 위한 움직임이 중국 내에선 없었을 뿐 아니라 금지되어 있기도 했었다. 그러나 이제 하나둘 관련 국제기구가 들어오고, 중국에서도 의식이 깨어 동물보호 단체들도 생기고 있는 중이다.

그 대표적인 것이 중국국제동물보호기금(www.wwfchina.org)이다. 캐롤 울프슨이 설립한 애완동물을 위한 보호단체도 최근에 창립되었다. 그리고 제인 구달의 '뿌리와 새싹들(Roots and Shoots)' 프로그램은 일찌감치 상하이에서 자리를 잡았다. 사냥으로 멸종되어 가고 있는 티벳 영양(antelope)을 구하기 위하여 뜻있는 젊은이들이 모여 자원봉사를 시작했다는 기사도 얼마 전에 읽었다. 참으로 반가운 일이 아닐 수 없다.

상하이의 부동산 열풍

새로 산 아파트를 보고 와서 신이 난 어느 날, 쟝아줌마는 한숨을 쉬고 있었다. 얼마 전부터 아줌마가 살고 있는 집이 내부개조에 들어갈 것이라 했으나 그게 언제일지 확실하지 않았는데, 바로 그날 아침 문틀에 통고문이 붙은 것이다. 1년 안에 거처를 구해 나가라는.

집 1평방미터당 3만 위안으로 보상하겠다는 내용이 있으나 그 약속은 사실 유명무실한 것이다. 실제로 그 정도의 보상을 한다고 해도 오래된 집에 사는 사람들은 대부분 방 한 칸짜리에 살고 있기 때문에 총액이 그다지 많지 않은 것. 그 돈으로 요즘 지어진 아파트를 사려면 턱도 없다. 상하이 변두리 아주 먼 곳으로 이사를 가야 할 판. 상하이에서도 가장 아름답다는 와이탄 부근에서 몇 십년씩 살던 사람들에게 그게 받아들이기 쉬운 일인가.

저녁밥 먹고 와이탄에 슬슬 걸어나가면 푸동쪽 건물들의 불빛이 강에 비치고 하는 게 참 좋았는데… 하며 아줌마는 눈을 흐린다. 30년 이상 살아온 동네에서 반강제로 쫓겨나는 사람의 심정이 거기에 있다. 집착… 그래서인가, 불교에서 무소유의 철학을 주장하는 것은. 그러한 떨어냄의 아픔을 겪지 않기 위해, 그런 감정조차 애시당초 갖지 않기 위해.

1990년 이래 80만 이상의 사람들이 주택 개조나 철거로 다른 곳으로 이사했다. 대부분의 경우 원래의 집보다 큰 곳으로 옮겨간다. 현재 상하이의 평균 주거공간은 1인당 13.1 평방미터인데, 이는 1990년의 6.6평방미터에 비해 크게 증가했다. 1980년에는 1인당 주거공간이 5.6평방미터였다.

1998년 7월 1일, 중국은 단계적으로 축소하던 주택의 무료 분양정책을 완전 폐지했다. 중국은 개혁 개방 이후 자본주의 경제방식을 도입하면서도 '중국 특색의 사회주의'를 표방하였다. 그리하여 인민들에게 주거지를 무상분배해 주는 것을 원칙으로 했으나, 주택문제가 날로 심각해지자 더 이상 이 제도를 유지할 수가 없었던 것이다. 개혁 개방과 함께 도시의 주택문제는 해결해야 할 당면과제의 하나가 되었다.

2003년 7월, 상하이의 최저 주택가격은 연초 평당 4천 위안이던 것이 5천 위안으로 올랐다. 그리고 평당 5천~8천 위안의 집들은 중저가 아파트로 인식되고 있는데, 이는 상하이의 평균임금이 1,308위안인 것을 감안하면 거의 이해가 되지 않는 수준이다. 그 큰 돈을 누가 번단 말인가.

싱가폴의 사업가 페씨의 경우는 불행한 사례에 속한다. 그는, 90년대 중반 상하이에 세 채의 아파트를 샀다. 그는 해마다 싱가폴에서 상하이로 아파트를 청소하러 온다. 아파트의 세나 나가지 않았기 때문이다. 그는 상하이에서 주택을 구입한 홍콩, 대만, 싱가폴인의 첫번째 부류에 해당한다. 그는 평방미터당 1천 달러를 주고 샀다. 그러나 지금까지 세를 놓지도 못하고, 아파트 청소만 하러 상하이에 온다. 상하이의 부동산 시장을 노리고 아파트를 열 채쯤 매입한 많은 사람들이 제값에 아파트를 세놓지 못하고 고생하고 있다.

반면에 재미를 본 사람들도 많다. 아파트를 사서 100% 이익을 챙기고 되판 사람들, 집세만으로 매달 몇 천 달러를 버는 사람들. 최근의 유행은 오래된 집을 구입해서 개조해 비싸게 외국인들에게 세를 주는 일인데, 만나는 사람마다 부동산 사업에 개입해 있으니 참 우스운 일이다. 한 두 개의 박스 광고만 나오던 영문잡지의 몇 페이지가 이제는 부동산 관련 광고들로만 채워지는 것을 봐도 상하이의 부동산 열풍을 알 수 있다.

2003년 초에 구입한 우리 아파트 역시 그 동안 값이 두 배로 뛰었다. 거품이니 어쩌니 염려스런 목소리가 높지만, 누가 뭐라해도 앉아서 많은 돈을 번 셈이다. 어차피 우리는 거주할 곳이 필요하니 아파트 값이 오르든 내리든 그다지 연연해하지 않는다. 값이 내려가면 하나를 더 사면 되지 않는가.

부동산 열풍에 가세하고 있는 홍콩의 개발사들은 허치슨 왐포아 그룹(Hutchison Whampoa Property Group), 뉴월드 차이나 토지개발(New World China Land Ltd.), 선홍카이 주식회사(Sun Hung Kai Properties Ltd.), 케리 프로퍼티(Kerry Properties Ltd.),

에이취케이알(HKR International Ltd.), 와프 홀딩(Wharf Holdings Ltd.), 헨더슨 토지개발(Henderson Land Development Co Ltd.) 등이다. 이들은 주로 고급 부동산 시장을 주름잡고 있다. 중국부동산연합에 의하면, 홍콩의 대개발사들은 1991년에서 2001년까지 8천 870만 달러를 411개 프로젝트에 투자했다고 한다.

2003년 중반 현재, 뉴월드랜드 차이나 2천만 평방미터 이상의 땅을 소유하고 있고, 허치슨 왐포아는 4백만 평방미터 이상의 땅을 가지고 있다. 뉴월드랜드 차이나는 그러나 더 많은 토지를 구입하려 계획하고 있다고 한다. 리카이싱은 2002년 9월, 구베이 지역에 3억 9천만 위안을 투자하여 5만 평방 미터의 토지를 구입하기도 했다.

이러한 토지개발을 통해 얻는 수익은 25% 정도인 것으로 알려졌고, 이는 앞으로 10년은 계속될 것으로 보인다. 캐피탈 랜드나 런헌같은 싱가폴 회사들도 상하이 부동산 시장에서 활발하게 사업하고 있다. 2005년, 홍콩의 이튼 개발(Eaton Properties Ltd.)은 향후 몇 년 동안 중국 본토에 20조 위안을 투자할 것이라고 밝혔다. 이튼의 상하이 첫번째 프로젝트는 루자쭈이의 '이튼 플레이스'로, 사무실과 5성급 호텔을 갖춘 빌딩이 내년 말에 완공될 예정이다.

본토 투자자들로는 원조우(溫州) 사람들을 들 수 있다. 가진 건 돈밖에 없는 이들은 상하이 최고 요지의 아파트, 호텔, 빌딩 등을 싹쓸이하면서 상하이 부동산 시세를 올려놓은 주범으로 지목되고 있다. 지난 5월 10일, 중국 공상(工商)은행 쩌장성(浙江

●● 아파트 단지 내에 있는 수영장.
　상하이의 고급 주택단지엔 모두 수영장과 헬스 시설이 갖추어져 있다.

●● 철거지역에서의 생활

 상하이에서 악녀가 되다

각 은행별 외국인 주택 대출 관련 사항

	필요 서류	대출금	대출기한	비고
공상은행	여권, 소득증명서, 거류증, 신분공증 (혼인관계)	신주택 구입시 주택 가격의 80%, 구주택 구입시 60%. 상하이 외 기타 지역 근무 70%	최장 30년. 구주택 구매시 20년. 상하이 외 지역 근무시 20년	여러 채의 주택 구입시 3번째 구입주택부터 60%의 대출금 지급
중국은행	여권, 소득증명서, 세금증명서, 혼인관계	주택 가격의 70% (신·구 주택, 상하이, 외지 지역근무, 구입 주택에 따라 다름)	최장 20년	연령제한 65세
포동발전 은행	여권, 거류증, 공작증, 세금증명서, 혼인관계 증명	주택 가격의 70% (신·구 주택 무관)	최장 30년	상하이 내 대리인 위탁 가능. 연령제한 65세
건설은행	여권, 혼인관계 증명, 소득증명서, 세금증명서	구주택 가격의 70%. 상하이 외 지역 근무시 60%	최장 20년	연령 제한 남 70세 여 65세

* 기본 구비서류: 매매계약서 2부, 주택금 30% 지불 영수증, 부동산 소유권 복사본

省) 원조우지점이 전국에서 처음으로 대출금리를 인상했다는 소식이 신화(新華)통신에 보도되었다. 개인대출과 자동차, 부동산 구입자금 대출금리를 7월부터 20~70% 인상하고, 주택 3채를 보유한 상태에서 추가구입을 위한 대출은 불허한다는 내용이었다. 곧 원조우 사람들의 부동산 구입을 어렵게 하였는데, 이는 상하이의 부동산 시장에 큰 영향을 줄 것으로 보인다.

●●● 새 건물과 오래된 건물이 공존하는 상하이의 모습

　　원조우인들은 어떻게 해서 중국 부동산업계의 큰손이 되었을까. 예로부터 중국에는 3대 상인이 있었는데, 샨씨(山西), 안훼이(安徽), 쩌장(浙江) 상인이 그들이다. 3대 상인 가운데서도 '중국의 유대인'으로 불리는 쩌장 상인은 장사에 관한 한 타의 추종을 불허한다.

　　쩌장성은 황해에 접한 긴 해안선으로 인해 남송(南宋) 때인 12세기부터 무역활동이 번성하였다. 그곳 사람들은 모험심이 강해 돈이 되면 무엇이든 마다하지 않았고, 외지로 진출하는 것을 두려워하지 않는 기질을 갖고 있었다.

　　쩌장성 가운데서도 원조우 사람들은 '장사의 달인'으로 통한다. 원조우 사람들은 직업의 귀천을 따지지 않고, 돈이 되는 일이라면 어떤 일에라도 도전하며, 남의 시선을 의식하지 않고, 사람들과의 마찰이나 갈등도 겁내지 않는다. 그들의 꿈은 좋은 직장에서 편히 근무하는 것이 아니라 밑천이 될 만한 목돈이 있으면 사업체를 일으켜 '라오반(老板, 사장)'이 되는 것이다.

현재 원조우의 인구는 약 750만 명이지만, 세계에 흩어져 있는 원조우 출신은 200만 명에 달한다고 한다. 미국, 일본, 프랑스, 이탈리아, 스페인, 네덜란드, 브라질 등 세계 각국에 흩어져 사업체를 꾸려나가고 있는 것이다.

중국인들은 부동산 열풍을 몰고 오는 원조우인들에 대해 공포감을 갖고 있는데, 이는 유럽에서도 일어나고 있다. 스페인에서는 원조우로부터 신발무역을 하는 원조우(중국의 신발 4분의 1이 여기에서 생산된다)인들에 반대해 시위를 하거나, 중국인 소유 신발 창고에 불을 지르는 사건이 발생했었다. 이 화재로 1백만 달러 어치의 신발이 불태워졌다. 지난 3월에는 러시아에서, 무역법을 어겼다며 원조우로부터 들어오는 1천만 달러 어치의 신발을 압수하고, 원조우 무역인들의 사업을 금지시킨 일도 일어났다.

명절은 혁명을 뚫고

중국의 명절은 이상하다. 시도 때도 없이 노는 것 같기도 하고, 어떤 땐 기념하는 것 같기도, 어떤 땐 완전히 무시하는 것 같기도 하다. 달력을 보자. 중국의 1년엔 세 번의 긴 휴가가 있다. 춘지에(春节, 설날), 라오동지에(劳动节, 노동절), 구오칭지에(国庆节, 국경절). 춘지에는 우리의 설과 같은 명절이지만 노동절과 국경절은 순전히 공산당 위주의 휴가이다.

춘지에는 우리가 말하는 음력설이다. 중국에서 가장 크게 기리는 명절로, 이때는 기본휴가가 일주일이지만 앞뒤를 더 연장해 열흘이나 2주까지도 휴가를 가는 사람들이 있다. 라오동지에는 5월 1일 노동절을 낀 1일부터 7일까지의 일주일 휴가이다. 이것은 노동자가 중심이 되는 공산주의와 밀접한 관련이 있다. 구오칭지에는 우리나라의 개천절이라고나 해야 할까, 10월 1일부터 7일까지의 일주일이다.

휴가와 상관없이 명절은 우리나라와 비슷하게 연중에 걸쳐 있는데, 춘지에, 대보름(유엔쌰오지에), 단오(돤우지에), 추석(죵쵸지에) 등이다.

춘지에는 한 해가 시작하는 중요한 명절이다. 전국에 걸쳐 인구의 대이동이 이루어지는 때이니, 그 규모가 상상을 초월한다. 홍바오가 주고받아지고, 떡을 선물하기도 하는데, 이는 떡을 의미하는 단어 니엔까오(年糕)가 매년 승진하라는 니엔까오(年高)와 발음이 같기 때문이다. 떡의 모양도 세련되어서, 동양화에 등장하는 분홍 몸통의 잉어를 본뜬다. 춘지에 때 사람들은 쟈오즈(饺子, 물만두)를 직접 만들어 먹는다.

춘지에의 가장 큰 행사는 바로 폭죽일 것이다. 새해가 되는 음력설 자정에 폭죽이 터지는데, 전쟁이 난 듯 하다. 12시를 기다리지 못하는 사람들이 간간히 폭죽을 터뜨릴 땐 앞으로 있을 장관을 생각하며 폭죽소리를 듣는 사람도 가슴이 설렌다. 그러다가 점점 폭죽소리가 더해가면서 자정엔 UFO라도 떨어뜨릴 듯 연속적으로 터지는 폭죽들. 전쟁통이다. 여기저기서 일제히 터지는 폭죽들은 거짓말같다. 사진을 열심히 찍지만 어찌나 오랜 시간 아름다운 폭죽들이 공중에서 터지는지, 건전지가 다 되거나 메모리 부족으로 사진찍는 걸 포기해야 될 즈음이 되면 하늘은 연기로 부옇게 되어 있다. 조금 전까지 보이던 아파트와 건물들, 지붕들과 고가도로의 불빛은 연기 너머로 까마득해진다. 베란다에 서 있는 우리의 모습만 비현실처럼 또렷하고. 헤르만 헤세의 「안개 속에서」는 중국에선 춘지에 때 지어지기 딱 알맞다.

춘지에의 폭죽은 새해 첫날뿐 아니라 그 다음 날에도, 이틀

뒤에도, 5일 후에도, 15일 후에도 며칠의 간격을 두고 다시 터지고 또 터진다. 게다가 경제적 풍요로 그 규모는 날로 커져간다. 한국에서 동생 영민이가 오픈 티켓으로 상하이에 왔다가 춘지에에 즈음한 여행객 급증으로 돌아가지 못하고 발이 묶였다. 그러나 그 덕에 그 유명한 중국의 춘지에 폭죽놀이를 구경하지 않았던가. 중국에선 새해에 만나는 사람에게 '공씨파차이(恭喜发财, 부자되세요)'를 외친다.

그 다음에는 위엔쌰오지에(元宵节, 정월대보름). 음력 1월 15일에는 위엔샤오(元宵 : 새알심 모양의 찰떡)를 먹고 폭죽을 터뜨린다.

된우지에(端五节, 단오)는 음력 5월 5일인데, 이때는 쫑즈(綜子)를 먹는다. 쫑즈는 참쌀에 돼지고기, 밤, 계란 노른자 등 여러 가지 소를 넣고 대나무잎으로 삼각 모양으로 싸서 찌거나 삶아서 먹는 음식이다. 기원은 초(楚)나라의 충신이었던 굴원(屈原)이 간신의 모함을 받아 쫓겨난 뒤, 양쯔강과 동정호 일대를 떠돌아 다니다가 멱라수에 몸을 던져 자살하자, 백성들이 슬퍼하며 물고기들이 그의 시신을 먹지 못하도록 밥을 지어 물에 뿌렸던 것에서 유래되었다고 한다. 애국시인이자 사상가, 정치가이던 굴원을 존경한 마을 사람들은 굴원의 시신을 찾기 위해 앞다투어 배를 저어 강가에 몰려 나왔는데, 이것이 후세에 전해지면서 굴원의 죽음을 애도하는 의미의 용선 경주로 발전하였다고 한다. 슬픔에서 시작되었으나, 오늘날 중국의 단오절은 거리마다 넘쳐나는 쫑즈와 용선 경주로 축제 분위기이다.

종쵸지에는 음력 8월 15일로, 대표적인 음식은 유에빙(月饼, : 달처럼 생긴 떡과자)이다. 중추절의 보름달은 가족의 화합을 상징한다. 가족들은 원탁에 둘러 앉아 저녁식사를 함께 하고 월병을 먹는다. 월병은 원래 나무판을 이용해 가정에서 만들었으나 요즘은 주로 사서 먹는다. 월병은 견과류 페이스트가 들어가고, 단팥이 들어가며, 연꽃씨나 대추가 들어간다. 페이스트리로 싸여지며, 어떤 월병엔 계란 노른자가 가운데 심어지기도 한다. 그러나 요즈음은 다이어트나 건강을 염려하는 분위기 때문에 달고 기름기있는 월병은 외면당하기도 한다. 젊은층을 겨냥해 저당, 저지방의 월병, 과일을 이용한 대체 월병들도 많다. 중년층도 고혈압이나 당뇨 때문에 월병을 기피하는 사람들이 있다.

섣달 초여드레인 음력 12월 8일엔 라빠죠우(腊八粥 : 쌀, 콩, 과일 등을 넣어 만든 죽)를 먹는다. '라'는 중국어에서 12번째 음력월을 뜻하고, '빠'는 8을 뜻하며, 그래서 '8가지 보물의 죽'이라는 의미를 가진 '라빠죠우'를 먹는다. 찹쌀을 삶고, 조, 수수, 밤, 대추에 땅콩, 아몬드, 호두, 각종 말린 과일과 설탕을 넣어 만든다. 팥이나 잣, 연꽃씨 등을 넣기도 한다. 이것은 비장과 위, 혈액 등에 좋아서 중국인들은 기꺼이 이 죽을 먹는다. 이 날은 옛날 음력 마지막 달에 신과 조상에게 평화로운 삶을 기원했던 것에서 유래되는데, 특히 8일은 희생의 날과 다음 해를 위한 기원의 날로 기려졌다고 한다.

또 다른 설은 석가모니와 관련이 있다. 석가모니가 여행하던 어느날, 허기에 지쳐 길에 쓰러졌다. 한 양치기 여인이 그에게 음

●● 밤하늘을 수놓은 상하이의 폭죽놀이

식을 주자, 석가모니는 그 음식을 먹고 금방 회복이 되었다. 그리고는 강에서 몸을 씻고 보리수 아래에 앉았다. 석가모니에게 제공된 양치기 여인의 음식은 곡식과 마른 과일로 만들어진 것이었고, 석가모니가 보리수 아래 앉은 때가 12월 8일이었다고 한다. 그래서 불교신자들은 양치기 여인이 만들었던 음식을 생각하며 오늘날의 라빠죠우를 만드는 것이다.

　　이것이 대개의 중국의 명절이다. 공산혁명을 거치며 침잠했던 명절은 이제 다시 살아나고 있다. 그리고 점점 규모가 커진다. 때가 되면 명절에 맞는 음식을 먹던 옛생활이 그립다. 명절은 어디에도 있다. 다만 내용과 분위기만 다를 뿐.

명절이 서러운 와이디런

2004년 춘지에를 앞둔 어느날, 우리 아파트 로비엔 몇 십 명의 사람들이 모여 담배를 피우며 소리를 지르고 있었다. 몇 시간이나 그곳에 있었는지 담배 연기가 하도 뿌얘 앞이 잘 보이지 않았다. 그리고 연기에 익숙해지면서 그곳에 모인 사람들의 얼굴을 봤을 땐 의아함이 일어났다.

새 입주자들을 위해 부지런히 가스기를 설치해 주고, 수도관을 달아주고, 마루를 깔아주고, 페인트를 칠해 주고 해야 할 사람들이 모두 로비에 모여 담배를 피우고 있는 것 아닌가. 거기엔 세탁기 배수관을 뚫어준 쓰촨 아저씨도, 특별 주문한 벽장에 페인트를 분무기로 뿌려주던, 영화배우 이병헌을 닮은 안훼이 남자도, 벽마다 구멍을 뚫어주고 문고리가 고장났을 때 수리해 주던 만능 핸디맨도 있었다. 그들이 하는 말을 못 알아들어도 대충 분위기가 험악하다는 것은 알 수 있었다.

마음이 심란해서 나가려던 발걸음을 추스려 다시 집으로 돌아왔다. 그리고 쟝아줌마에게 무슨 일인지 알아보고 오라고 했다. 호기심의 여왕 쟝아줌마, 마루를 청소하던 빗자루를 얼른 화장실 옆에 세워놓고 내려가더니 감감 무소식이다.

한참이나 지나 올라온 쟝아줌마. 와이디런(外地人 : 다른 지방에서 온 사람)들이 설날을 맞아 고향에 돌아가려는데 밀린 월급을 못 받아 데모를 하고 있다는 것이다. 쟝아줌마는 자기가 그들의 대모나 되는 듯, 방송국에 신고해라, 신문사에 호소해라, 고발센터가 있으니 거기에다 전화를 해라, 온갖 조언을 해주고 올라온 길이었다.

집을 보러 다닐 때 봤던 아줌마들이 기거하는 작은 방, 한 한국분이 말해준 베란다의 아줌마 방 등 모두 외지에서 온 일꾼들을 위한 것 아닌가. 마치 그들은 사람도 아니라는 듯. 현관 앞에 내놓은 운동화가 없어졌다는 크리스와 그 부인. 역시 설날을 앞두고 고향에 가지고 갈 선물을 챙기는 와이디런들의 소행이라고 우리는 믿었다.

상하이 기차역에 가면 허름한 차림의 사람들이 커다란 가방을 하나씩 놓고 앉아 있는 게 보인다. 일부는 고향으로 가려는 사람들일 것이고, 다른 일부는 막 상하이에 올라와 갈 곳을 정하지 못한 사람들, 그렇지 않으려면 아예 거기에서 죽치고 앉아 누군가 와서 지목을 해 일자리를 얻을 때까지 있는 사람들이다. 그들이 다 와이디런 아닌가.

상하이는 공식적으로 2천만 명의 인구를 가지고 있다. 그러나 비공식적으로 머무는 와이디런까지 합치면 훨씬 많은 수의 사람들이 상하이에 살고 있다. 1991년에서 2001년까지 상하이의 인구증가는 해마다 130만 명으로, 0.3%의 증가율을 보였다. 같은 시기 중국 전체 인구는 1.9% 씩 줄어들고 있었던 걸 감안하면 상하이에는 상대적으로 많은 사람들이 몰리고 있다.

이러한 와이디런들은 상하이 방언을 하지 못하기 때문에, 그리고 얼굴이 다르게 생겼다는 이유로(촌스럽게 생겼다고 할 수 있을까) 차별을 당한다. 면접을 할 때, 우리 사무실에서는 상하이 말을 쓰는데… 하면, 이는 당신을 받아들이고 싶지 않다는 뜻이 된다.

직장을 얻는 것도 어려울 뿐 아니라, 와이디런들은 상하이 후코우가 없는 이상 의료보험도 가질 수가 없다. 상하이인들이 와이디런들을 차별하지만, 사실 토종 상하이인이라고 말하는 그들도 11세기에 건설된 상하이에 3세대 이상 살지 않은 사람들이다. 텃세는 어느 사회에서든 작용한다.

이러한 상하이 생활의 외로움을 달래고 관씨를 갖기 위해 와이디런들은 각종 모임을 만들어 똘똘 뭉친다. 이는 상하이 거주 와이디런뿐 아니라 외국인들도 예외가 아니어서, 주재원 모임, 전문직종 여성들의 모임, 자원봉사자 모임, 미국인들 모임, ○○ 대학 동기 모임, ○○ MBA 모임, 각 나라별 상회 모임, 노래를 좋아하는 사람들의 모임, 드래곤 보트를 타는 사람들의 모임, 자동차 경주 모임 등 수십 개다.

상하이의 임금은 전국 최고이다. 이는 외국 회사들의 영향을 받은 것으로, 많은 외국 회사들이 무역의 중심지인 상하이로 영업소를 이전하거나 아시아 헤드 오피스를 열면서 일어난 현상이다. 「피플즈 데일리」의 통계에 의하면 2002년 상하이의 연간 평균임금은 49,180위안으로, 47,943위안인 선전을 따라잡았다고 한다. 베이징은 46,611위안으로 세 번째 높은 임금수준이고 광조우는 41,377위안이다.

2004년부터 상하이 정부는 와이디런 근로자에게 체불한 고용주를 처벌하기로 했다. 특히 설날 이전에 밀린 임금을 모두 지불해 노동자들이 고향에 돌아가는데 지장이 없도록 하라고 했다. 2003년 말 현재 상하이엔 6천여 개의 건축업체가 있고, 여기에서 일하는 노동자들은 약 1백만 명. 임금뿐만 아니라 보험가입 여부도 확인할 것이라고 했다. 지난 열 달 동안 약 5백 건의 임금 체불 사건이 있었고, 이는 5천만 위안에 해당했다.

보통 와이디런 노동자들은 한 달에 1천 위안 정도를 번다. 그러나 업자들은 30%만 매달 지불하고 연말이나 프로젝트가 끝날 때 나머지를 지불한다.

와이디런들을 울리는 후코우란 무엇인가? 1958년 중국은 통일된 호적제도를 선포했는데, 그 핵심은 "한번 농민은 영원한 농민이며, 한번 직업은 영원한 직업이다"라는 법이다. 이는 후코우라는 것에 차별을 두어 농촌에서 태어나 농촌 후코우를 가지고 있으면 영원히 대물림 농민으로 살고, 도시에서 태어나 도시 후코우를 가지고 있으면 영원히 도시 후코우가 되는 것이다.

이것은 중국인들이 마음대로 움직이는데 많은 제약을 가져왔으며, 정부 입장에서 보면 효과적인 주민 관리에 큰 기여를 했다. 그런데 1978년 제 11차 인민회의에서 농촌의 잉여인력을 처리하기 위해 이동의 일시적인 자유를 허용하였다. 농번기가 아닌 시기에 도시로의 잡일을 나가는 것이다. 이것은 '민농차오(民農潮)'라는 붐을 일으켜 많은 농촌 젊은이들이 도시로 몰려들었다.

대규모 농촌인력이 도시에 와서 일하는 것에 대해 반감을 가지고 있다. 예를 들어 농민공들이 도시에서 일하는 모습을 보면서 도시 미관을 해친다거나(웃통을 벗고 다니는 경우가 많음), 공공질서를 안 지킨다거나, 범죄가 급증하는 원인이라거나 하고 말한다. 현재 중국 농민들 중에는 많은 이들이 종자 개발이나 신기술 도입, 그리고 경영에 대한 나름대로의 철학으로 부농의 길에 들어서고 있다. 그럼에도 불구하고 그들은 도시의 후코우를 원한다.

도시 후코우와 농촌 후코우에는 어떤 차이가 있는가? 먼저 교육문제다. 농촌 아이들은 농촌 학교를 다녀야 하고, 도시 아이들은 도시 학교를 다녀야 한다. 물론 기부금 입학이 보편화되어 있는 중국 사회에서 돈만 있으면 좋은 학교를 갈 수도 있지만, 기본적인 법률은 그것을 막고 있다. 소학교의 경우는 막대한 수속비가 필요하고, 중고등학교도 농촌 후코우가 도시로 전학이나 입학할 때는 10배 정도의 돈을 더 내야 한다. 또한 농촌 아가씨가 도시 후코우를 가진 남자와 결혼했을 때 아이는 어머니를 따라 농촌 후코우를 가지게 된다.

도시에서 농촌 후코우를 가진 청년이 일할 때도 여러 가지 제약이 따른다. 예를 들어 많은 기업들은 자기 도시의 후코우를 가지고 있지 않은 사람에 대해서는 여러 가지 제약을 두며, 농촌

●●● 침대 매트리스를 자전거로 나르는 의지의 배달인. 상하이에선 인간의 한계에 도전하는 배달인들을 종종 볼 수 있다.

후코우를 가진 사람에 대해서는 더 큰 차별을 한다. 물론 농촌 후코우가 도시 후코우를 갖기 위한 방법은 있다. 지역마다 차이가 있기는 하지만 한 도시의 후코우 변경 기준을 보면 다음과 같다.

1. 100평방 미터 이상 50만 위안 이상의 집을 도시에 구입했을 때
2. 80평방 미터 이상 25만 위안 이상의 집을 구입하여 3년 이상 거주하였을 때
3. 500만 위안 이상을 성에 투자하였을 때
4. 50만 위안 이상을 3년 연속 투자하고, 그 도시의 노동력을

1백 명 이상 고용했을 때

하지만 이런 조건에 해당되더라도 초·중 학력 이하나 50세 이상일 경우에는 후코우 변경을 못한다는 조항도 있다.

많은 농촌 사람들은 생계를 위해 고군분투하고 있다. 그들은 돈을 얻는 방법의 하나로 피를 팔고 있는데, 그래서 많은 사람들이 에이즈의 피해자가 되고 있다.

한 예로, 허난 지방에서는 1백만 명의 농부들이 HIV에 감염된 것으로 추정되었는데, 이는 에이즈에 감염된 피를 받아 생긴 것으로 알려졌다. 농부들은 피를 빼고, 거기에서 혈장을 추출한 후 다시 자기 혈관에 집어넣었던 것이다.

가난으로 몸살을 겪는 건 농민들만이 아니다. 상하이의 전철역에는 안전문이 설치되고 있는데, 이는 지하철에 뛰어드는 자살자들이 자꾸 생겨나기 때문이다. 상하이시 철도당국은 최근 연속되는 자살사건을 막기 위해 역마다 경고문을 부착하는 한편, 역과 열차 안에 생명의 존귀함을 알리는 공익광고를 게재하고 있다.

한 여성이 선로에 뛰어들어 목숨을 끊는 사건이 발생한 이틀 후, 또 한 여인이 런민광장역에서 지하철에 뛰어들어 열차가 급정거하는 일이 발생하기도 했다. 전문가들은 급속한 경제발전 속에 빈부격차가 확대되고 있고, 전통적인 가치관이 붕괴되면서 개인의 소외감이 확산되고 있는 것을 자살증가의 원인으로 분석한다. 지하철 자살 외에도 고층 아파트나 황포강 투신 등 최근 상하이의 자살사건은 크게 늘어나 사회 이슈화되고 있다.

유엔의 최근 보고서에 따르면, 중국 여성은 성장의 그늘 속에 고통이 가중되면서 매년 15만 7천명이 자살하고 있다고 한다. 이는 중국을 제외한 전세계 여성 자살자 수를 합한 숫자와 비슷한 수준이다. 얼마전 한국 텔레비전에서, 한국 젊은이들의 사망 원인에서 자살이 큰 부분을 차지하고 있다는 뉴스를 봤는데, 역시 돈과 관련한 문제가 가장 컸다. 돈은 살기 위해 필요한 것인데 돈 때문에 죽게 되다니, 참으로 슬픈 세상이다.

유럽의 중국인 노동자들

　가난을 극복하려는 몸부림은 유럽까지 건너간다. 영국의 해안에서 조개잡이하던 중국인 노동자들이 밀물을 미처 피하지 못하여 익사한 사건이 발생했다. 그중 한 사람이 가슴까지 차오른 바닷물 안에서 멀리 고국의 아내에게 전화를 걸었다고 해서 화제가 되었다. 이제 그곳은 폐쇄되었지만, 아직도 영국에선 불법 체류자들의 노동력 착취와 죽음과 관련한 재판이 계속되고 있다.

　전에 누군가 "한국인들은 일본인처럼 생겼다고 하면 좋아하고, 중국인처럼 생겼다고 하면 싫어한다"면서 한국인은 왜 그리 가벼운가, 하는 비난의 글을 웹사이트에 올린 걸 본 적이 있다. 나는 일본인처럼 생겼다는 말에 좋아하는 사람은 아니다. "나는 일본인이 아니라 한국인이다!" 소리쳐 일본식 '곤니찌와', '사요나라' 인사를 건네는 사람들을 무안하게 했던 적이 많다. 아시아에는 전자제품과 자동차, 스시로 유명한 일본 말고 한국이라는 나라도 있다는 걸 밝히고 싶은 마음에서였다.

하지만 중국인으로 오해당하는 것 역시 반갑지 않은 건 사실이다. 세계의 문화재 시장에서 거금을 내 조국의 문화재들을 되사들이는 중국 부호들의 이미지보다는 중국 음식점에서 일하는 어딘가 촌스러워 보이는 사람들이나, 길거리에서 물건을 파는 사람들, 혹은 불법입국을 시도하다가 컨테이너에서 죽어가는 사람들의 이미지가 더 강하게 떠오르기 때문이다.

런던이나 파리같은 대도시에서 불법 노동자임이 분명한 중국인들을 볼 때도 그냥 그런가보다 했다. 어차피 중국 사람들이야 어디에 가도 넘쳐나는 게 대세니. 그러나 스페인의 작은 관광도시 그라나다에서 중국인들을 접했을 땐 나도 놀랐다. 거리에다 보자기를 펼쳐놓고 모자 · 장갑같은 물건들을 팔고 있는, 볼이 붉거나 머리에 까치집을 지은 중국 사람들. 남부 해안도시 말라가에서도 저녁을 먹고 있던 레스토랑에 꽃을 팔러, DVD와 CD를 팔러 중국인 장사꾼들이 쉴 새 없이 들어왔다. 그들중 반 이상은 불법 노동자들임에 틀림없었다.

경찰에 잡혀 추방당할까봐 다락방에 숨어 끝도 없는 재봉질로 생활을 이어가는 사람들, 공장에서 몰래 일하는 사람들, 레스토랑에서 월급도 제대로 못받고 밤새워 일하는 사람들도 있다. 영국에 있는 한 한국의 생산공장에선 24시간 근무를 하고 과로로 숨진 중국인 노동자도 있다. 왜 하필 한국 회사 공장이었을는지.

몇 년 전 네덜란드에서 이사를 하게 되었을 때, 나는 아는 한국분에게 이사를 도와줄 사람을 구할 수 있느냐고 물었다. 그 분은 곧 네덜란드에 들어와 있던 조선족 아저씨들을 소개시켜 주었다. 한 분은 흑룡강에서, 한 분은 길림성에서 온 분이었다. 다른 중국인들과 함께 남아메리카를 거쳐 왔는데, 조선족이기 때문에 한국 사람들과 연결되어 일을 하고 있었던 것이다. 암스테르담 시내에 있는 단칸방에서 스무 명이 함께 생활한다고 했다. 방이 비좁아 옆으로 누워 칼잠을 잔다고.

싼 일당으로 그들의 도움을 받을 수 있었던 건 그들이 돈되는 일은 아무거나 닥치는대로 하고 있었기 때문이었다. 영국의 퍼니시드(furnished : 가구 포함된) 주택과는 달리 네덜란드에선 렌트했던 집을 이사할 때는 완벽하게 실내를 비워야 하는데, 커튼이나 침대뿐 아니라 카펫트까지 벗겨서 가져가야 한다. 카펫트는 깔려 있는 동안은 모르지만, 깔린 걸 벗겨내서 옮기려면 고생이 이만저만이 아니다.

조선족 아저씨들이 끙끙거리며 카펫트를 걷고 둘둘 말아 한쪽으로 쌓아놓자 마침 점심 때가 되었다. 나는 간단하게 점심을 준비했다. 이사중이라 따로 밥을 할 수도 없고, 짜장면을 시켜먹을 수도 없도, 그렇다고 샌드위치를 사다 먹는 건 더욱 아저씨들의 식성에 맞지 않는다기에 그냥 라면을 끓였다. 가구들은 모두 밖으로 옮겨졌으니 둘둘 만 카펫트 위에 걸터앉아 허옇게 드러난 시멘트 바닥을 쳐다보며 라면을 먹었다. 여러 개를 끓이느라 그만 풀어져 버린 라면에 미안한 마음을 품고 있는 참에, 아저씨들은 맛있다고 인사를 하며 입을 열었다.

전엔 중국도 그 정도는 아니었는데, 경제체제를 바꾼 이후 물가가 오르면서 돈없는 서민들은 상대적으로 살기가 힘들어졌다고. 도저히 전과 같은 수입으로는 생활비를 감당할 수가 없고, 더 이상 돈을 벌 방법도 없어 먼길을 돌아돌아 유럽으로 온 거라고. 여기에서 자기 한 몸 고생하면 집에 돈도 부칠 수 있고, 그 돈으로 중국의 식구들이 조금 편하게 살 수 있을 거라는 희망에 하루하루를 버티고 있다고 한다.

그러나 생각보다 네덜란드에서의 벌이가 시원치 않아 이태리나 독일, 혹은 다시 불법으로 배를 타고 영국으로 갈 궁리를 하고 있었다. 마침 불법 입국자들에 대한 사고와 단속, 경계로 온 유럽이 시끌시끌했지만, 그분들의 주름지고 거친 얼굴은 그런 것도 다 운명으로 돌리고 있는 듯했다.

그 사람들과 같은 루트로 네덜란드에 불법입국한 한 아저씨는 중국에서 여정을 시작했지만 북한 여권을 가지고 있었다. 북한은 중국보다 국가환경이 낮게 랭크되어 있어 이 아저씨는 난민신청을 쉽게 할 수 있었다. 3개월 동안 수용소 생활을 했고, 수용소 생활 끝에 쉽게 네덜란드 여권을 받아 당당히 일자리를 구할 수 있었다. 한가지 슬픈 사연이 있다면 그 여권을 소유하는 한 다시는 조국으로 돌아갈 수 없다는 것이다. 중국에 남겨진 가족들을 어느 세월에 다시 만날 수 있을지 기약할 수 없는 것이다.

네덜란드에서 공부하던 중국인 엘머가 이태리를 여행했다. 돈이 별로 없어 이태리에서 한 중국인 집에 머물렀는데, 레스토랑을 경영하는 이 중국인의 집에 있는 모든 방들은 그곳에서 일을 하거나 엘머처럼 임시숙소를 찾는 사람들에 의해 차지되어 있었단다. 샤워를 하자고 들어간 욕실의 욕조엔 콩나물이 촘촘

이 길러지고 있었으니, 돈을 아끼는 방법도 여러가지다. 언어의 장벽을 무릅쓰고 고단하게 살아가는 가난한 중국인들의 이야기였다.

유럽에 돈벌러 간다고 집을 떠난 남편이 로마의 콜로세움 앞에서 관광객들에게 물을 팔고 있는 모습을 텔레비전에서 보고 눈물 흘리던 중국 여인, 영국에서 조개잡이를 하다 죽어가는 남편의 마지막 전화를 받으며 이러지도 저러지도 못한 채 가슴이 철렁 내려앉았을 아내, 그들의 슬프고 막막한 얼굴이 현재 중국 서민들의 현실이다.

상하이에서도, 돈을 벌기 위해 고향을 등지고 와 막일에 몸을 담은 고생스런 노동자들이 넘쳐난다. '개같이 벌어서 자린고비처럼 아끼는' 것으로 유명한 중국 사람들, 그들을 보면 가끔 이런 생각이 든다. 산다는 건 무엇일까.

6
...
무성운 상하이

지금은 어디에서 살고 싶다는 꿈 없이 그냥 산다. 그냥 살아도 하루하루가 바쁘다. 세상은 배울만한 것으로 가득차 있기 때문이다. 결국 행복은 자신의 안에서 찾는 것이라는 진리를 깨달아가고 있는 때문인지도 모른다. 여행이 환상을 깨는 작업인 것처럼, 어딘가에 산다는 것도 마찬가지 일이라 생각한다.

백만장자가 서울 인구라?

중국 신흥부자들이 국제 경매시장을 돌아다니며 중국 고대 문화재들을 싹쓸이하고 있다고 한다. 이들은 대부분 구입한 문화재들을 개인 사설 박물관에 전시, 자신의 재력과 안목을 과시하고 있다고.

쩌장성 닝보(寧波)에 있는 진룬 그룹의 루한전 총재는 홍콩에서 열린 경매장에서 청나라 도자기 화병을 150만 달러에 사들였다. 이는 최초 호가보다 10배 비싼 가격이었는데, 루총재는 이 화병을 비롯해 2백여 점의 소장 문화재를 개인 박물관에 전시하고 있다. 뱀장어 양식으로 돈을 번 쉬지밍(徐基明) 쉬룽 그룹 회장은 같은 날 경매장에서 명나라 황실 도자 찻잔을 112만 달러에 구입한 데 이어, 일본인 수장가를 찾아가 3백 년 된 청나라 시대 육각형 꽃병을 19만 3천 달러에 샀다.

2003년 가을 뉴욕에서 열린 경매에서 중국 소장가는 전체 낙찰된 중국 예술품의 13%를, 런던 경매장에서는 18%를 각각 구입했다. 이는 과거 부호 중에서도 극소수가 참가했던 것과는 딴판으로, 소더비는 익명의 소장가가 내놓은 용무늬 상감도자기 화병을 130만 달러를 부른 중국인에게 팔았다.

중국 신흥부자들은 미국인 구매자들이 부르는 가격보다 적어도 30% 이상 높게 불러 기선을 제압하는가 하면, 경매와는 별개로 뉴욕과 런던의 이름난 문화재 상인들을 일일이 찾아다니며 매물을 훑고 있다고 한다. 신흥부자들의 해외 문화재 구입 열기는 중국 정부가 이를 권유하는 데다, 해외에 유출된 문화재를 되찾아 온다는 점에서 큰 의미가 있다.

2004년 서울에서 예술박람회가 열렸을 때에도 중국 화랑들의 작품을 사들인 건 화교들이었다. 그래서 중국에서 바리바리 작품을 싸들고 왔던 화랑들은 빈 손으로 휘파람 불며 돌아갔다는 것이다. 비단 백만장자가 아니라도 조국을 향한 나름대로의 애국심이라고 볼 수 있다. 한국인에게서는 찾기 힘든 상부상조. 흔히 해외 한국인은 서로 헐뜯느라 바쁘고, 중국인은 똘똘 뭉쳐 잘 산다는 진리를 증명하는 보기의 하나이다.

이런 부자들은 다 어디에 사는가. 통계에 따르면, 한 사람의 상하이인이 다섯 사람의 중국인을 먹여 살린다고 한다. 경제지 『포춘』이 해마다 발표하는 세계 5백대 기업 중 이미 3백 개 이상의 기업이 중국에 진출해 있고, 그 대다수가 베이징이 아닌 상하이에 진출했다.

내가 중국의 백만장자 인구를 실감한 것은 난징시루에 있는 백화점에서였다. 그 백화점에 들어갔던 건, 유럽의 같은 브랜드의 옷값과 비교해 어느 정도일까를 알아보고 싶은 유혹 때문이었고, 싼 옷들만 산다고 돌아다니다보니 사놓고 몇 번 입지도 못하고 후회하게 되는 저질 제품에 지친 때문이었다. 품질 좋은 탄탄한 물건을 만져보고 싶은 욕심. 그래서 들어갔는데, 나는 마음에 드는 블라우스의 가격표를 보고 입을 딱 벌리고 말았다. 블라우스 한 장에 천 오백 위안, 한국돈으로 20만 원이다.

이런 옷을 누가 사나? 상고를 졸업한 여직원의 월급이 그 정도라고 생각하면 정말로 황당한 옷값이었다. 그런데 더욱 나를 놀라게 한 것은, 그런 옷가게에 아무렇지도 않은 듯이 들어와 둘러보고 옷을 한 보따리 사들고 나오는 여자들이 있다는 것이다. 도대체 그런 여자들은 어디에 살고 있는지 궁금했다. 그리고 그 남편들은 어떻게 돈을 벌고 있는지…

어지러운 마음으로 집에 돌아왔다. 그리고 나중에 발견한 것인데, 중국에서 백만장자라 부를 만한 사람들은 적은 숫자에 불과하지만, 인구로 따지면 서울 시민 정도 된다는 것이다. 중국의 1인당 국민소득을 보면 아직도 가난한 나라라 생각된다. 그러나 한 기업이 상품을 들고 중국 시장에 진출했을 때, 그 제품을 소비해 줄 고객 수는 엄청나게 많은 것이다. 그러니 누가 중국을 얕볼 수 있으랴.

안용(安永)회계사무소는, 중국의 사치품 수입액이 2008년까지 연간 20%씩 증가하고, 이후 10%씩 증가해 2015년에는 세계 사치품 소비총액의 29%인 115억 달러에 이를 것이라고 했다. 현재 중국의 한 해 사치품 수입 규모는 20억 달러로 일본과 미국에 이어 세계 3위이다. 중국인들의 쇼핑에 많이 의지하고 있는 홍콩에선 중국 고객들을 상대하기 위해 푸동화를 배우는 열기가 한창이다.

해외여행객 수도 늘어나고 있는데, 지난해 2천 8백만 명이었던 여행객 수가 2008년 4천 9백만 명으로 늘어나고, 해외에서 소비한 돈도 250억 달러에서 350억 달러로 증가할 것이라고 한다.

중국의 부자들은 몇 가지 부류로 나눌 수 있다.

첫째, 원래부터 돈이 있는 사람들. 이런 집안은 공산혁명 이전에 일찌감치 해외로 나가서 자리를 잡은 케이스가 많다. 그들의 후예는 당연히 외국인처럼 자라나고, 이들의 재력과 명성과 네트워크는 탄탄하다. 중국에 많은 영향력을 미치며, 신문에도 곧잘 오르내린다.

둘째, 공산당 활동을 중심으로 한 정치인들. 월급으로 따져서는 그다지 큰 돈을 만질 것 같지 않으나, 여러가지 프로젝트와 뒤로 들어오는 돈, 그리고 정치적으로 주무를 수 있는 돈의 규모로 재산을 모은 사람들이다.

셋째, 사업이나 부동산 투자로 부자가 된 사람들. 상하이의 부동산 시장만 해도 5년만에 1백만 명의 부자를 만들어 냈다. 이 부류의 사람들을 신흥부자라 부른다. 이들은 급작스레 불어난 재산으로 물질과 정신의 지체로 곤란한 일을 겪는 경우가 많다. 비싼 샤또 마르고 와인을 소프라이트와 섞어 꿀꺽 마시는 사람이 있는가 하면, 상하이에서 가장 비싸기로 소문난 '플라자 66'의 유럽 브랜드 매장에서 코트와 가방을 산 뒤, 코트를 입으려 애쓰는 중년 남자의 이야기 등이 그것이다. 매장 직원은 코트가 안 맞

는다고 투덜거리는 그에게, 그가 산 것은 여성용 코트라고 말해
줘야 했다.

부를 과시하는 방법도 여러가지가 있는데, 여행업자 황씨는
항조우에 워싱턴의 백악관과 똑같은 저택을 가지고 있다. 외부뿐
만 아니라 내부 인테리어까지도 백악관과 그대로 닮은 이 저택은
황씨의 부를 잘 드러내고 있다. 또 다른 부자 훼이밍마우는 홍콩
에서 한때 세상에서 가장 비싼 것으로 알려졌던 집을 샀다. 이제
라스베가스에서는 중국 신흥부자들이 일본인을 누르고 가장 많
은 돈을 거는 사람들로 알려져 있다. 선전의 부자 왕더유엔과 왕
엔이 커플은 홍콩으로 쇼핑을 다닌다. 홍콩의 '휴고 보스'와 '막
스마라' 직원들은 그 부부를 잘 알고 있으며, 새 물건이 도착할
때마다 그들에게 정보를 보낸다.

중국인들의 사업 규모도 커지고 외화 사용도 많다보니 해외
에서의 중국인에 대한 인식도 좋아지고 있다. 특히 큰 가능성을
지닌 중국 부자들에게 각별한 관심을 쏟고 있는데, 주택개발업자
왕씨는 해외에서 중국 부자들을 알아 주는 것에 놀라고 있다. 뮌
헨 공항에 도착했을 때는 왕씨와 같은 중국의 백만장자들을 위해
특별히 마련된 세관 통과대를 보았고, 홍콩의 한 호텔에서는 그
를 위해 특별히 준비된 중국식 아침을 서비스 받았다.

스위스에서 알게 된 한 부동산업자는 상하이에 살고 있다는
이유로 우리에게 특별한 관심을 쏟아부었는데, 우리를 통해 중국
부자들을 고객으로 소개받을 수 있지 않을까 하는 기대에서였다.
중국인들은 이제 가난의 이미지에서 걷잡을 수 없이 돈이 많은

사람들로 인식되고 있으며, 중국으로 진출하려는 외국 회사들뿐 아니라 해외로 나오는 중국인들을 유치하기 위해 유럽과 미국은 눈을 부릅뜨고 있다.

　지난 몇 년 동안 향상된 중국의 생활수준으로 이제 많은 가정의 목표는 자식을 해외로 보내 공부시키는 것이 되었다. 쟝아이의 친구의 아들은 네덜란드에서 경영학을 공부했고, 알고 지내는 중국 친구 엘머 역시 네덜란드에서 공부하고 돌아왔으며, 컨설팅 회사를 다닐 때 사귄 동료 에이미는 5년 동안의 직장생활을 접고 모은 돈으로 영국 유학을 떠났다. 내가 살고 있는 아파트의 개발업자 딸은 캐나다에서 공부를 하며 방학 때마다 상하이로 돌아와 유창한 영어로 아버지의 사업을 돕고 있다. 조금 살 만하다 싶은 가정에서는 허리띠를 졸라매고 자식의 유학 뒷바라지를 하고 있는데, 유럽이나 미국으로 일찌감치 자식들을 보낸 부자들의 이야기는 두말할 필요도 없다.

　중국의 또 하나의 부자 그룹은 외국에서 자랐거나, 이렇게 외국 유학을 마치고 돌아온 하이꿰이(海龟)들이다. 중국이 활짝 피어나고 있는 지금, 이들은 인종차별을 받으며 단순직업에 종사하느니 같은 보수라도 좀더 높은 직위에서 일을 하며, 엘리트로서 자신의 지위를 굳히고자 조국으로 돌아오고 있다. 중국 정부에서도 이러한 해외파들을 좋은 조건으로 불러 들이고 있다. 많은 성공한 젊은 벤처 사업가들이 외국 경험을 살려 국내에서 참신하고 도전적인 사업을 벌임으로써 새로운 엘리트 계층으로 태어나고 있다.

우주선을 쏘아올린 중국

얼마전 '내셔널 지오그라픽' 채널에서 달 착륙과 관련한 다큐멘터리를 봤다. 1969년 인류를 흥분의 도가니로 몰아넣었던 미국의 아폴로 11호 달 착륙이 사실이 아니라는 설을 갖고 전문가들이 나와 조목조목 그 이유를 밝히고 있었다. 달에서 찍었다는 사진이나 동영상에 의문이 가는 사항들이 많다는 것이다. 무심코 보아왔던 달 착륙 사진들에서 정말로 믿을 수 없으리만치 이상한 부분들을 볼 수 있었다.

먼저, 그림자가 제각각이라는 것. 분명 멀리 있는 태양빛에 의해 그림자가 한쪽으로만 져야 하는 것이, 아폴로 달 착륙 사진들을 보면 두 사람의 우주비행사 그림자가 다른 방향으로 만들어져 있다. 조명을 여러 개 사용한 스튜디오 촬영이 아니냐는 말. 또 다른 것은, 달 뒤로 보여야 할 별들이 배경에 하나도 보이지 않고, 진공상태인데 성조기가 아름답게 펄럭인다는 것. 진공상태에선 바람이 존재하지 않는다는 것이다. 그리고 우주비행사들의 걸음은 중력이 약한 곳에서 붕붕 떠오르는 것처럼 보이지만, 필름을 빨리 돌리면 정상적으로 걷는 모양이 된다는 것. 특히 이 부분에서 나는 조금 충격을 받았다. 이는 정상적으로 걷는 모습을 촬영한 후 필름을 슬로우모션으로 고정시켰다는 얘기가 된다.

미국은 정말로 세계를 상대로 거짓말을 했는가? 거짓말을 했다면 왜일까? 이유는 간단하다. 냉전시대의 숙적인 소련을 제압하기 위해 그런 상황을 꾸몄다는 것이다. 한 번 착륙에 성공한 이상 달에 지속적으로 가 지금쯤 기지도 건설하고 관광 코스도 개발해야 할 것 같은데, 아폴로 11호 즈음에만 몇 번을 다녀온 후 지난 30년 동안 미국은 다시 달에 가지 않았다.

암스트롱의 "이것은 한 인간의 작은 걸음이지만, 인류에겐 큰 도약이다"는 유명한 말은 모두 연극이었단 말인가? 그러나 이 모든 것이 머지않아 중국에 의해 밝혀질 것이다.

세계 세번째로 중국이 유인우주선 발사에 성공했다. 간쑤(甘肅)성에 위치한 주취안(酒泉) 발사기지에서 '창정(長征)—2F' 로켓이 발사된 것이다. 로켓 발사체에 실려 우주로 보내진 선조우(神舟) 5호에는 중국 공군 전투기 조종사 출신 양리웨이(楊立偉)가 타고 있었다. 선조우 5호는 21시간 동안 350km 고도의 원형 궤도를 14회 돌고 내몽골에 위치한 스즈왕치(四子王旗) 기지 부근으로 무사히 귀환했다.

중국은 선조우 우주선 개발과 발사에만 23억 달러를 지출한 것으로 알려졌다. 중국은 앞으로도 2010년 우주정거장 건설과 유인 달 탐사, 2015년 달 기지 건설, 2040년 화성 유인 탐사 등의 계획을 가지고 있다.

　중국의 우주개발 역사는 캘리포니아 공대의 우주공학자 치엔슈에션(錢學森)이 1955년 중국으로 귀환하면서 본격적으로 시작되었다. 치엔슈에션은 저명한 독일계 항공우주과학자 폰 칼만의 수제자로, 제2차 세계대전 중에는 미국방과학자문위원회의 책임자였고, 이후 매사추세츠 공대(MIT)와 캘리포니아 공대 교수를 지내면서 제트추진연구소(JPL)의 책임자로 근무했다.

　치엔슈에션은 미국 정부의 잔류 유혹을 물리치고 귀국해 중국 우주개발의 아버지가 됐다. 여기엔 중국 정부의 우주개발 관련 과학자들에 대한 각별한 배려를 무시할 수 없는데, 문화혁명과 마오쩌뚱 사후의 혼란 속에서도 조우언라이(周恩來) 수상은 이들을 보호했다.

　중국의 유인우주선 계획은 1970년대부터 추진되었다. 1974년부터는 회수가능한 위성에 대한 실험을 시작했고, 1980년에 선박을 이용해 남태평양에서 위성을 회수하기도 했으나 엄청난 비용 때문에 휴지기에 들어갔다. 그후 본격적인 유인우주선 계획은 1992년에 발표되었다. 1994년 쟝쩌민(江澤民) 주석은 러시아를 방문해 중국과 러시아간의 유인우주선 분야 협력의 기본틀에 합의했고, 이에 따라 1995년 양국 사이에 우주분야 협력서가 체결되었다. 이 합의에 따라 러시아로부터 소유즈 캡슐과　생명유지 장비, 도킹 장비, 그리고 우주복이 제공되었다.

　1999년 11월, 션조우 1호가 무인으로 발사되었다. 2001년 1월에는 원숭이, 개, 토끼를 실은 션조우 2호가 발사되어 생명유지를 실험했고, 선조우 3호와 4호는 모두 2002년에 발사되었다. 선조우 4호는 유인우주선 비행의 최종연습으로, 실제 우주인이 발사 직전까지 탑승해 카운트다운을 진행했다. 그리고 드디어 유인우주선 발사를 시행한 것이다. 미국은 여기에 바짝 긴장하는 눈치다.

인공위성을 실어나르는 장거리 로켓 개발경쟁도 뜨거운데, 중국은 '창정 로켓'을 1970년 이후 70차례 발사해 90%의 성공률을 기록했다. 현재 미국은 94%, 유럽은 93%, 러시아는 90%의 발사 성공률을 기록하고 있다.

중국의 이런 성공에는 과학자들에 대한 각별한 배려가 큰 뒷받침이 되고 있는데, 중국정부가 과학자들에게 주는 '국가과학기술대상' 시상식만 보아도 알 수 있다. 2004년 2월 20일, 베이징의 인민대회당에서 열린 이 시상식의 수상자는 중국 최초의 유인우주선 '선조우 5호' 발사 프로젝트를 맡았던 왕용즈(王永志) 인민해방군 연구원과 황토 연구에 일생을 바친 지질학자 류동성(劉東生) 등 2명이었다.

2000년에 창설되어 그 동안 5명의 수상자를 배출한 과학기술대상은 1인당 5백만 위안(약 7억 5천만원)의 상금을 수여하고 있다. 시상식에는 후진타오 국가주석을 비롯 원자바오 총리와 쩡칭홍 국가부주석 등 국가 최고지도부 대부분이 자리를 함께 했다.

엄청난 인력과 국가의 적극적인 지원으로 중국의 과학 기술은 날로 진보하고 있다. 유인우주선 프로젝트에만 20억 달러를 쏟을 정도로 기초과학 진흥에 돈을 아끼지 않는 정부. 사실 그 뒷받침에는 제4세대 지도부 전원이 대학에서 공학을 전공한 엔지니

●● 푸동공항과 룽양루역을 잇는 자기부상열차의 앞부분

●● 열차 내부

 상하이에서 악녀가 되다

어 출신이라는 배경이 있다.

중국인들의 대범함을 증명하는 또 한 가지 과학기술이 있다. 푸동공항과 시내를 연결하는 자기부상열차(磁懸浮列牛, 츠쉬앤푸리에츠어). 자기부상열차는 자석의 같은 극이 서로 밀어내는 반발력을 이용해 선로에서 열차를 부상시키는 원리로 작동되는 것이다. 추진동력도 자석 반발력에 의한 특수 모터를 사용해 레일 위를 미끄러지듯 고속주행하는 이 시스템은, 원래 독일에서 1922년 헤르만 켐퍼(Hermann Kemper)가 자기부상의 원리를 연구, 발표하면서 세상에 알려졌다.

이후 일본도 1962년부터 자기부상열차 기술 연구에 들어가, 1978년에 시속 307.8킬로미터의 자기부상열차를 만들어냈고, 1997년엔 'MLX−01'이라는 초전도 자기부상열차를 개발하여 시속 530킬로미터의 세계적 기록을 달성하는 성과를 거두었다.

현재 국제적으로 자기부상열차는 두 종류가 있는데, 하나는 독일식 상전도 자기부상형이고, 다른 하나는 일본을 대표로 하는 초전도 자기부상형이다. 상전도 자기부상열차는 보통 직류전기자석의 자석 반발력을 이용하여 열차를 레일 위 1센티미터 정도 띄우는 것으로 시속 400~500 킬로미터의 속력을 내며, 초전도 자기부상열차는 초전도 자석에 의해 발생되는 수퍼 자기장과 지면상의 코일이 상호작용하면서 발생하는 반발력으로 열차를 레일위에 띄우는데, 자기부상의 간격이 10센티미터, 시속은 5백 킬로미터 이상 나온다. 일본은 현재 많은 예산과 인력을 동원해 자기부상열차 실용화에 박차를 가하고 있다.

1989년 독일에서 개발한 자기부상열차 트란스래피드 (Transrapid)는 실험주행에서 시속 436킬로미터의 기록을 냈는데, 이것이 상하이 자기부상열차의 모체이다. 쥬롱지 주석의 정치적 인기를 위해 급속히 진행되었던 자기부상열차 프로젝트는 정권이 바뀌면서 주춤했었다. 여러가지 이유가 있었고 무성한 소문이 떠돌았지만, 그래서 레일만 덩그라니 남겨둔 채 버려질 위기에 처하기도 했지만, 모든 소문을 잠재우며 2004년 1월부터 본격적인 실용 운행에 들어갔다.

독일에서 개발되어 상하이에 풀어놓은 자기부상열차 프로젝트. 건설 비용과 시간, 허가 등 여러 문제 때문에 독일에서는 감히 엄두도 못내는 것을 상하이에선 독일과 중국 과학자, 기술자 및 12개 합작회사들이 머리와 몸과 기술을 부어넣어 2년 반만에 덜커덕 만들어 냈다.

값싼 노동력과 국가개발을 향한 적극성, 과학 기술에 대한 욕심, 정부에서 계획하면 빠르게 이루어질 수밖에 없는 추진력이 합쳐 이 거대한 프로젝트를 달성하기에 이른 것이다. 물론, 거기엔 한 두 사람 죽어도 끄떡하지 않을 중국의 무한정한 모래알 인구가 뒷받침하는 '붉은 바다' 근성도 있었을 것이다.

중국 정부는 이 노선을 롱양루역에서 2010년 엑스포가 있을 황푸강 근접 지역까지 연장할 계획을 가지고 있고, 상하이와 항조우 사이를 연결하는 노선도 검토 중에 있다.

상하이의 건축물들

네덜란드의 건축가 야콥 판 라이스(Jacob van Rijs)가 지난 여름 상하이에서 전시회를 열었다. 중국의 각 도시의 도시계획을 제안하는 전시회였다. 그의 프로젝트엔 고령자들을 위한 편의시설이 갖추어진 아파트, 젊은 산업인구를 위한 건물, 급속하게 변화하는 중국의 대도시들을 위한 도시계획도 있었다. 우리는 프리뷰에 초대되어 전시회도 구경하고 셀러브리티 요리사의 레스토랑 '쟝죠지(Jean George)'에서 저녁도 먹었다.

야콥의 건축사무소 MVRDV는 현재 중국에서 프로젝트를 따 진행하고 있다. 중국에 웬 네덜란드 건축사무소가 진출하는가 싶겠지만, 그뿐만이 아니다. 중국엔 전 세계의 건축가들이 모여들고 있다. 단순히 모여드는 것이 아니라, 다른 나라에선 행할 수 없는 온갖 실험적인 디자인들을 중국에서는 현실화시키고 있는 것이다. 상하이도 예외가 될 수 없다.

현재 중국에서 가장 높은 진마오 빌딩은 미국 건축사무소

Skidmore, Owing & Merrill에 의해 디자인되어 1999년에 완공되었다. 세계에서 가장 높은 호텔(88층)로 꼽히는 하이얏트가 들어서 있는 진마오 빌딩의 지붕은 오리엔탈 분위기를 살려 파고다식으로 설계되어, 멀리서는 특이한 세련미를 풍기고 가까이에선 웅장한 자태를 뽐낸다. 상하이의 스카이라인을 선명하게 조망할 수 있고, 하이얏트 호텔의 로비조차 환상처럼 내려다 볼 수 있는 전망대는 매우 유명하다.

진마오 빌딩이 있는 루자쮀이 지역은 지난 5, 6년에 걸쳐 동광밍주(东方明珠, 동방명주)도 세워지고, 온갖 고층 건물들이 들어서며 아시아의 경제 중심지역으로 자리잡아 가고 있다. 10년 전만 해도 아무 것도 없는 허허벌판이었던 곳이 이렇게 바뀔 수 있는 건지 믿을 수 없다. 그러나 현실은 현실. 한국의 포스코 개발이 지은 포스코 빌딩도 그곳에 있다.

루자쮀이 지역에서 가장 주목을 받고 있는 빌딩이라면 Kohn Pedersen Fox Associates 사가 디자인한, 진마오 빌딩을 누르고 가장 높은 빌딩이 될 '월드 파이낸셜 센터'이다. 이 빌딩은 오랫동안 터만 잡아놓고 공사가 자꾸 지연되었는데, 빌딩 꼭대기에 있는 원형 구멍이 일장기를 연상시켜 중국 정부가 허가를 내주는 데 망설였다는 소문이다. 설계사무소 측에서는 이 원형 구멍은 '천국'을 의미하며, 바람의 저항을 감소시켜 한결 안전하다고 말했다. 이 빌딩엔 사무공간과 함께 꼭대기 층에 6성급 호텔이 들어앉을 예정이다. 그러면 역시 하이얏트를 물리치고 세계에서 가장 높은 호텔이 될 것이다.

●● 푸둥의 야경. 동방명주가 보인다.

●● 황푸강 너머로 보이는 와이탄 풍경

푸동 지역엔 사무공간뿐 아니라 문화공간도 들어서고 있는데, 프랑스 건축가 폴 앤드류(Paul Andreu)의 오리엔탈 아트센터와 전다이 투자집단의 전다이 현대미술관이 그것이다. 시골같기만 하던 진챠오(金桥) 지역과 쟝쟝(长江) 과학기술단지는 현대적 건물들과 아파트들로 날로 번화해져 가고 있다. 폴 앤드류는 가장 빠른 시간에 체크인 하고 탑승 게이트까지 갈 수 있다는 푸동 공항도 디자인했고, 파격적인 외형으로 화제에 오른 베이징의 오페라 하우스도 그의 작품이다.

외국인 건축가들의 손길은 푸동(浦东)에만 그치지 않는다. 푸시(浦西)에서도 이미 많은 건물들이 외국인 건축가들에 의해 디자인되었는데, 대표적인 것으로는 난징시루의 상하이센터가 있다. 미국 건축가 존 포트만(John Portman)이 디자인한 이 건물엔 릿츠 칼튼 호텔이 들어서 있는데, 외국의 수상과 대통령들이 머무는 최고급 호텔로 인정받고 있다. 그의 업적을 기려 이 건물은 '포트만'이라고도 불린다. 그는 또 메리어트 호텔이 있는 로켓 모양의 밍티엔 광장(Tomorrow Square)과, 꼭대기에 금색꽃을 활짝 피운 번드 센터(웨스틴 호텔)도 디자인했다.

상하이의 가장 호화스런 쇼핑몰인 헝룽광장(Plaza 66)은 Kohn Pedersen Fox Associates에서 디자인했다.

상하이에서 대표적으로 아름다운 빌딩 지구를 꼽자면 단연 와이탄의 은행가이다. 와이탄은 길지 않은 상하이 도시사에서 오랜 역사를 차지하는 지역이다. 양쯔강 하구에 자리잡은 상하이는 원래 자그마한 어촌에 불과했다. 이렇게 잠자고 있던 상하이 앞

바다에 영국 함대가 나타난 것은 1842년. 아편전쟁에서 패한 중국은 난징조약을 맺고 상하이를 조약항이라는 명목 하에 외국인들에게 개방해야 했다. 그래서 상하이는 외국 상인들이 다스리는 도시로 발전하기 시작했으며, 1900년대 초반부터 2차대전이 발발한 1940년대 초까지 런던, 뉴욕에 버금가는 세계 제3대 도시로 대접받았다.

런던이나 뉴욕과 다른 면이 있다면, 당시의 상하이는 완벽한 자유와 무법천지가 공존하는 곳이라는 점이었다. 자본가들이나 군벌, 경찰, 갱들이 뒤엉긴 채 적자생존의 정글을 연출했으며, 서민들은 하루하루를 연명할 식량을 얻기 위해 비참하게 노동품을 팔아야 했다. 이들 서민의 평균수명은 27세로 13세기 유럽 사회와 같았다. 당시 상하이에서 선교활동을 했던 한 종교인은 "하나님이 상하이를 용서한다면 그분은 소돔과 고모라에 용서를 빌어야 할 것"이라고 한탄했을 정도였다.

당시 상하이 중심가는 부두와 인접한 와이탄 지역이었는데, 이곳엔 홍콩 상하이 은행(HSBC)을 비롯해 노스차이나 데일리 뉴스, 상하이 클럽, 스탠다드 차터드 은행, 사순 하우스, 중국은행, 요코하마쇼킨 은행, 쟈뎅 매디슨 상회의 화려한 사옥들이 줄지은 채 시선을 끌었다.

당시의 건물들은 현재 다른 용도로 쓰이거나 개조되어 새로운 얼굴로 태어나고 있다. 엘리트들을 위한 건물 '와이탄 3호'의 재탄생도 그렇고, 1920년대 영국회사 Palmer and Turner에 의해서 디자인되고 Chartered Bank of India 건물로 사용되었던

●● 상하이의 야경

●● 신티엔디에 있는 호텔 간판. '8'자는 중국인들에게 인기있는 숫자이다. 부를 상징하는
단어와 동음이의어이기 때문.

'Bund 18'은 이태리 고급 브랜드 상점들과, 상하이의 엘리트가
모이는 바·레스토랑에 의해 트랜디한 장소로 거듭 났다. 그보다
조금 북쪽으로 상하이의 일반인들이 사는 와이탄 지역은 미국 건
축사무소 Wood & Zapata와 Skidmore, Owing & Merrill 에 의해
상점과 레스토랑 지역으로 다시 태어날 예정이다.

그보다 조금 더 북쪽으로 가면 상하이에서 가장 오래된 호텔이면서 최초의 서구식 호텔이었던 푸장호텔(浦江飯店, 이전 이름은 리차드 호텔)이 나타난다. 푸장호텔은 1846년 청조 때 리차드 일가에 의해 세워졌는데, 이후 1907년에 네오클라식 바로크 스타일로 다시 지어졌고, 아인슈타인, 버트랜드 러셀, 그란트 전 미국 대통령, 찰리 채플린 등이 묵은 유서깊은 호텔로 아직까지 존재하고 있다.

1845년 상하이의 인구는 50만명이었다. 그러나 1936년엔 세계에서 다섯번째로 큰 4백만 인구, 6만의 외국인을 자랑하는 도시가 되었다. 1885년에서 1935년 사이 상하이의 인구 증가는 7백 퍼센트 이상을 보였다. 그러한 유입민들을 수용하기 위해 집들이 많이 지어졌는데, 아치형의 돌문을 가진 시쿠먼식 가옥들이 인기를 얻었다. 시쿠먼(석굴문) 레인 하우스들은 이후 기본적인 상하이의 가옥 형태가 되었다. 시쿠먼식은 좁은 골목에 열지어 지어진, 돌로 된 문틀에 검은 나무로 된 문, 안쪽으로 작은 정원이 있는 집이다. 이 디자인은 거대하고 시끄러운 도시 주민들에게 조용한 공간과 안전을 느낄 수 있도록 설계된 것으로, 상하이의 중심 징안취, 황푸취, 홍코우취에 집중적으로 있다. 상하이의 뒷골목은 리롱(里弄)이라고 부른다.

1930년대 상하이의 대표적 건축물인 시쿠먼식 집들을 개발한 것은 홍콩의 '슈에이온 그룹'이다. 1999년, 그룹 관계자는 지금의 신티엔디 지역을 방문했고, 그때 이사를 가고 있는 한 나이 많은 여인을 만나게 되었다. 새 아파트에 이사할 것을 고대하고

●● 신티엔디 입구

있는 그 여인에게 그룹 관계자는 사진을 찍어도 되겠냐고 물었는
데, 여인은 도망치듯 사라졌다가 얼굴에 화장을 조금 하고 옷도
갈아입고는 30분 후에 나타났다.

　여기에서 이 그룹 관계자는 이 지역의 아름다움이 사라지는
것을 안타깝게 여겼고, 옛 스타일을 유지하는 것으로 프로젝트를
바꾸었다. 당시에는 긍정적인 반응을 얻지 못했으나, 지금 상하
이 최고의 인기지역이 된 신티엔디를 걸어보면 오래된 것과 새
것, 서양과 동양이 조화된 곳임을 느낄 수 있다. 파리엔 물랑루즈
가 있고, 홍콩엔 랑콰이퐁이 있고, 상하이엔 신티엔디가 있다고,
1억 5천 6백만 불을 투자한 슈에이온의 회장은 말한다.

　미국의 커피 전문점 '스타벅스'와 홍콩 스타들에 의해 열린

'스타 이스트', 지중해 스타일의 레스토랑 Luna, 미국 레스토랑 KAAB와 라틴 아메리카식 바베큐를 즐길 수 있는 Latina, 퓨전 레스토랑 T8, 영국식 펍 Soho, 독일 레스토랑 Paulaner, 프랑스 음식을 맛볼 수 있는 La Maison, 이태리 아이스크림점 Ven Ice 등과 함께 다양한 디자인 스토어들이 그곳에 있다.

여러 건축가들이 상하이 건축에 직접 뛰어들거나 그와 관련된 책들을 내고 있다. 이태리 건축가 루이기 노벨리(Luigi Novelli)는 1990년대 초에 상하이에 와 살다가 『상하이 건축 가이드 100년/100빌딩』이라는 책을 냈다. 그는 상하이 건축물의 매력은 여러가지 형태들이 섞여 있다는 데 있으며, 이는 상하이를 세계건축박물관으로 만들었다고 했다. 독일 건축가 피터 로웨(Peter G. Rowe)는 『상하이, 현대 중국을 위한 건축과 도시화』라는 책을 냈고, 댑(Daab)은 『상하이 건축 & 디자인』을 냈다.

미국 여인 테스 존슨(Tess Johnston)은 상하이의 오래된 서양건축물 전문가다. 그녀는 각각의 건물에 얽힌 사연들을 줄줄이 꿰고 있다. 한 사진작가와 공저로 상하이의 오래된 건축물 관련 책도 여러 권 냈고, 이런저런 강의에 불려 다니느라 바쁘기도 하다. 하다못해 상하이엔 '오래된 집을 연구하는 클럽'도 있다. 한번은 이 클럽의 행사에 갔다가 많은 외국인 회원에 깜짝 놀랐다. 그토록 많은 외국인들이 상하이의 오래된 건축물에 관심을 가지고 있었다니.

미국 남자 스펜서는 1930년대에 지어진 상하이의 건축물에 관심이 있었다. 그는 온갖 자료를 수집했고, 발로 뛰며 조사를 진행했으며, 많은 사람들을 인터뷰했다. 그는 현재 다니던 직장도 그만두고 대학에서 건축 관련 공부를 하며 오래된 주택을 개조해 주는 전문가가 되었다.

상하이의 건축물을 언급하면서 빼놓을 수 없는 것이 1936년에 완공된 몰러 빌라(Moller Villa)이다. 1919년에 상하이에 온 영국 사업가 몰러(Moller Eric)는 어느날 딸이 안델센의 동화에 나오는 성에 살고 싶다는 꿈을 가지고 있다는 것을 듣고 딸을 위해 집을 지었다. 이 집은 1936년에 완공되었고, 처음에는 몰러 가족의 개인 주택이었는데, 1949년부터 상하이의 중국공산당 동맹본부로 사용되다가 현재는 호텔로 새로이 태어났다.

지난 20년 동안 상하이에는 15층 이상의 고층건물이 5천 개이상 세워졌다고 한다. 한 기록에 의하면 1990년대에 전 세계 4분의 3의 크레인이 중국에서 작업했다고 하고, 4분의 1이 상하이에서만 이용되었다는 것이다. 크레인은 아직도 여기저기서 움직인다. 밤이면 자갈 붓고 땅 파는 소리가 어디에선가 쩌렁쩌렁하다. 5년 전의 상하이가 지금과 완전히 달랐던 것처럼, 5년 후의 상하이는 어떻게 변해 있을지 매우 궁금하다.

상하이에서 애완견 키우기

어려서부터 집에 개가 있었던 탓인지, 나는 지금도 개를 매우 좋아한다. 털빠짐과 대소변 가리기의 번거로움에 불만을 터뜨리시는 엄마의 반대에도 불구하고, 내 어린 시절 추억에 개가 여러 마리인 걸 보면, 개를 좋아했던 아버지와 우리들의 염원이 대세였던 것 같다.

90년대 초를 마지막으로 나는 개를 기르지 않았다. 마땅한 장소도 없을 뿐더러, 자꾸만 옮겨 사는 생활로 나 자신을 추스리기도 바빴기 때문이었다. 이제 상하이에 정착한 지도 꽤 된 데다, 앞으로 우리들이 정착할 곳을 거의 정한 거나 마찬가지인 셈이라, 개에 대한 관심이 다시 고개를 들었다. 그건 항상 동물들과 함께 살았던 남편도 마찬가지였다.

그래도 자주 장기적으로 집을 비우는 생활 때문에 미루고 있었는데, 이태리 화가 모니카가 치와와를 우리집에 데리고 왔을 땐 큰 충격을 받았다. 질투에 불타오르는 우리. 개들의 충성스런 성격, 그 정직한 눈동자와 따뜻한 몸뚱아리가 그리웠던 것이다. 우리 못지않게 집을 비우는 모니카도 기르는데 우리라고 못 기르랴. 당장 동물가게로 달려가 3개월이 채 안된 강아지 셔틀랜드 쉽독(일명 셸티)을 손에 넣었다. 한 우리에 있던 제 여동생의 다리를 물고 장난을 치는, 덩치도 제법 크고 명랑해 보였던 강아지였다. 나중에 크면 〈돌아온 래시〉의 주인공처럼 씩씩해지고, 하얀 목도리도 근사하게 두를 거라는 기대감을 가지고.

근데 그걸 안고 집에 돌아온 날부터 문제가 시작되었다. 처음엔 애완견은 새로운 집에 가면 겁을 먹어 꼬리를 착 내리고 잠만 자려 한다 해서 그런가보다 했다. 그런데 다음날에도 기침을 카악카악 하고 다리를 잘근잘근 깨물기 시작하는 것이 조금 이상했다.

그래도 괜찮아지겠지 무시하고 지내다가, 3차 예방접종을 하기 위해 병원에 데리고 갔다. 수의사는 지독한 감기에 걸린데다 개선충이 옮았으므로 치료가 될 때까지 예방접종을 할 수 없다고 했다. 예방접종 맞히러 갔다가 감기주사와 개선충 주사, 감기약만 받아가지고 집으로 돌아왔다. 문제는 감기가 떨어지지 않는 거였다. 약 먹이고 병원에 가면 아직도 기침을 한다며 또 다시 4일치, 그거 다 먹이고 가면 역시 콧물 때문에 다시 4일치, 하는 식이었다. 감기로 열흘이 넘는 날들을 허비하고 있던 어느날, 나는 약 기운에 눈이 풀어진 강아지의 기분도 위로할 겸 육포류의 애완견용 간식거리를 사가지고 왔다.

쿰쿰한 냄새에 귀를 쫑긋 세우는 강아지. 이제 이놈이 살려 나보다 싶어 기쁘긴 했는데, 그 딱딱한 걸 잘못 삼켰다간 위에서 탈이 날 것 같았다. 그래서 나는 길다랗게 생긴 육포의 한 쪽 끝을 잡고 다른 끝부터 강아지에게 먹게 했다. 고깃덩어리 분위기의 먹을 것에 신이 난 강아지, 아주 옴팡지게 입을 놀리며 그걸 먹는데, 거의 끝부분에 다다랐다 싶더니 내가 미처 손을 빼기도 전에 손가락까지 꽉 깨물어 버렸다. 몽클하고 보드라운 고기포라고 생각했는지…

순간적으로 비명을 지르고 손을 뺐다. 손가락에서 피가 나왔다. 강아지 이빨로 짓눌린 검지 손가락, 손톱 옆 부분의 긁힌 듯한 상처에서는 피가 번져 나왔고, 손가락 안쪽엔 작은 구멍이 뽕 뚫려 역시 핏방울이 나와 동그랗게 맺혔다.

통증도 그다지 없었고, 다른 생각도 처음엔 하지 않았으나, 강아지에게 3차 접종을 아직 해주지 못한 게 갑자기 마음에 걸리기 시작하면서 생후 3개월 이후에 시작할 수 있는 광견병 주사도 아직 맞히지 않았다는 데 생각이 미쳤다.

불안한 마음을 안고 미리 약속이 있었던 쉬자훼이(徐家匯)의 한 화랑에 갔다. 그때쯤 나의 얼굴은 하얗게 질려 있었을 것이다. 친구들이 무슨 일이 있느냐고 물었다. 강아지 이빨이 피부를 뚫었다 했더니, 처음엔 둘 다 뭐 그런 걸 가지고… 하다가, 내가 아직 광견병 주사를 맞히지 않은 강아지라서, 하며 말을 흐리니, 그럼 병원에 함께 가자고 했다. 그런 상처를 다루는 병원은 각 취(區: 구)에 하나씩 있는데, 내가 사는 창닝취(長寧區)에는 씨엔샤루(仙霞路)에 있었다. 전화를 걸어 자초지종을 얘기하니 무조건 따전

●● 나의 손가락을 깨물던 '우리'

(打針, 주사) 맞으러 오란다. 광견병 주사를 맞으라는 말이다.

중국의 개주인들은 흔히 예방주사를 맞히지 않는다. 그렇다고 개를 꽁꽁 묶어놓고 키우는 것도 아니다. 그냥 아무데나 다니도록, 그러다가 길을 잃으면 그런가보다 할 정도로 방치해서 키운다. 태국 수준에 맞먹을 정도, 혹은 내가 어렸을 때의 한국 정도? 그러한 무책임한 주인들 때문에 중국엔 광견병에 걸리는 개들이 많고, 그 개들과의 접촉에서 광견병에 걸려 사망한 사람들의 수가 2002년 1천 명을 넘었다. 지난 해 438명의 생명을 앗아간 사스의 6.53% 치사율보다 훨씬 높아, 일단 증상이 나타나면 거의 사망하는 것으로 알려져 있다.

지난 5월엔 전국에서 203건의 광견병이 보고되었고, 그 중

127명이 사망했다 하니 나로서는 긴장이 될 수밖에. 더우기 나를 결정적으로 겁먹인 것은, 현재 건강한 개라도 광견병 바이러스 보균율이 5~10%에 달한다는 것이다.

어렵게 잡은 택시를 타고 가 병원에서 주사약을 받았다. 초록 유니폼의 담당자는, 지금은 의사가 없으므로 월요일에 다시 와야 하며, 자기는 주사를 놓는 사람이 아니니 주사를 맞으려면 다른 병원으로 가라고 병원 주소를 적어 주었다.

주소를 건네받은 후 근처 다른 병원으로 다시 택시를 타고 갔다. 접수대에 가 주사 맞으러 왔다니, 주사비를 먼저 내고 오란다. 계산대에 가 주사비 90마오(한국돈 130원 정도)를 냈다. 1위안도 아니고 90마오라니, 그거 하난 싸다. 90마오 짜리 영수증을 가지고 가니 안내인이 턱으로 주사실을 가리켰다.

주사실은 전당포처럼 생긴 곳이었다. 무표정한 얼굴로 앉아 있는 간호사에게 영수증을 내밀고 병원에서 가져온 약을 건네니, 간호사는 로보트처럼 약병을 따 주사기를 꺼내 팔에 침을 꽂았다. 고맙다고 인사를 해도 들은척 만척. 그러나 나도 이젠 그런데 단련됐다. 대답이야 하든 말든.

월요일에 의사를 만나러 다시 씨엔쌰루 질병예방전문병원에 갔다. 췐야오(犬咬) 전문 진료실에 가니, 개에 물린 사람들이 이렇게 많을 수가…. 중국에서 한 해 광견병 백신을 접종하는 사람이 8백만~1천만 명이며, 개나 다른 동물에 물린 상처 치료에 들어가는 의료, 주사, 약물 등의 비용이 15억~20억 위안에 달한다는 게 이해가 됐다.

●● 신나게 뛰노는 '우리'와 친구 '날라'

　　엄마와 함께 온 한 아이는 시퍼렇게 멍든 허벅지와 입술을
보였는데, 창닝취에 사는 사람들이 아니어서 놀란 가슴을 안고
멀리 자기들이 사는 구역의 병원으로 가야 했다. 나도 어릴 때 기
르던 개한테 배를 물렸던 기억이 두고두고 잊혀지지 않는데, 아
마도 그애에겐 이 사건이 큰 충격으로 남을 것이다.

　　어른들은 대부분 나처럼 먹이와 관련한 사고였고, 모두 광견
병 주사를 맞고 있었다.

　　의사에게 진료를 받는 절차 역시 매우 복잡했다. 특히 나를
더 불안하게 한 것은 엉성해 보이는 시설과 스텝의 불친절함. 게
다가 의사가 머리에 쓰고 있는 건, 공장에서 품팔이하는 사람들
이 임시로 사용하는 것 같은 하얀 부직포 모자다. 머리는 언제 감

앉을까 의심나는 까치집에.

얼마나 절차가 복잡하던지 지금도 속이 울렁거릴 지경이다. 어쨌거나 그렇게 해서 나의 광견병 주사 치레는 시작되었다. 일곱 번이나 맞아야 한다는 무시무시한 주사. 씨엔샤루의 질병예방 전문병원에 두 번 갔고, 근처 병원에 한 번 갔으며, 이후 한꺼번에 받아 냉장고에 보관해 둔 주사약을 하나씩 들고 우리집 근처 병원에 가 주사를 맞았다.

사서 고생이 따로 없는 것 같았다. 애완견 소유 허가증 신청 (매년 상하이 중심지역은 2천 위안, 외곽지역은 1천 위안을 내야 한다), 각종 주사며 약, 목욕비, 거기에 드는 택시비까지 합치자 면 감당해야 할 돈은 어마어마한 금액이었다.

개를 키우는데 더 어려움을 주는 것은 이웃들이다. 개를 보면 무조건 얼어붙는 사람들, 비명을 지르는 사람들, 도망가는 사람들. 하루는 저녁을 먹고 강아지를 데리고 정원에 나갔다. 한 바퀴를 걷다가 사람들도 없고 조용하길래 목줄을 풀어주고 함께 달리기를 했다. 상쾌한 공기에 시원한 가을 바람, 내 옆으로 총총거리며 달리는 강아지. 한참 행복이란 이런 거야, 생각하고 있던 차에 저만치 벤치에 두 남녀가 앉아 있는 것이 보였다. 그리고 그들을 목격하는 순간 호기심 많은 강아지가 그들쪽으로 다가갔다. 강아지가 다가가자 여자가 다리를 움찔한다.

순간적으로 여자가 강아지를 좋아하지 않는다는 사실을 깨닫고, 나는 다가가 강아지의 머리를 돌리고, 여자에게 '뚜에부치'라고 말했다. 여자에게 닿지는 않았으나 가까이 접근했다는 것만으로도 미안하다고 말하는 게 예의라고 생각해서였다.

　그리고 돌아서려는데 남자가 갑자기 뭐라고 말을 투두둑 뱉었다. 중국말이었고, 빠르게 했으므로 난 그의 말을 알아듣지 못하고 고개를 돌렸다. 남자는 내가 그의 말을 알아듣지 못했다는 걸 깨달았던지 얼른 영어로 말을 바꿨다.

　"왜 개를 목줄에 매 다니지 않는 거야!"

　귀에 거슬리는 책망조의 목소리였다. 나도 기분이 발끈했다.

　"원래는 목줄을 하고 다니지만, 여기는 개인 정원이고, 지금은 함께 뛰는 중이어서 잠깐 풀어줬다."

　"너 어디서 왔냐, 한국에서 왔어?"

　다짜고짜 한국에서 왔냐고 묻는 말에 기분이 더 나빠졌다.

　"내가 어디서 왔는진 알아서 뭐해! 넌 어디서 왔냐?"

　내가 되묻자 그는, "난 유나이티드 스테이츠에서 왔다!"고 자랑스럽게 말했다.

　"어쩐지… 그런 줄 알았다."

　내가 비꼬았다.

　"미국에선 공공장소에서는 반드시 개의 목줄을 사용하게 되어 있다."

　"여기는 미국이 아니고, 또 완전한 공공장소도 아니다."

　그렇게 해서 그와 나는 어디에 사냐, 여기에 산다, 난 집을 샀다, 하 그러냐, 나도 집 샀다, 니네 개가 정원을 망치고 있다, 왜 집에 안 있고 여기 나왔냐, 너야말로 집에 있지 왜 정원 벤치에 앉아 사람들을 괴롭히냐, 등등의 유치한 말다툼을 했다.

기분이 나쁜 저녁이었다. 그후로도 며칠 동안 산책을 나갈 때마다 그날 저녁의 일이 떠올라 기분이 상했으나, 나와의 싸움으로 달을 쳐다보며 사랑을 고백하려던 그의 저녁도 망쳐졌으니 나만 손해는 아니다.

공공장소가 아니면 목줄을 하지 않아도 된다고 큰 소리쳤지만, 사실 상하이에서도 조심해야 하는 건 사실이다. 지난 7월, 상하이 민항취에서는 개가 자전거를 타고 가는 사람에게 달려드는 바람에 그 사람이 자전거에서 떨어지면서 뼈가 부러졌다. 자전거를 타던 사람은 개주인을 고발했고, 개주인은 그로 인해 4만 위안을 물어야 했다. 삭막한 세상이다. 동물들을 밀어내고 사는 건 인간인데, 인간이 더 우세하다는 이유로 동물들로부터 삶의 터전을 빼앗고, 그나마 큰소리를 치고 있다니.

원칙적으로 병원에 갈 때가 아니면 개를 거리로 데리고 나갈 수 없도록 되어 있다. 허가증을 가지고도 개를 공공장소에서 산책시킬 수 없는 상하이에서 개 키우기는 험난한 산길을 맨발로 오르는 것과 같다.

반쪽이의 병원 생활

청천벽력이란 게 존재한다면 아마도 그런 것이 아닐까. 어느 날 갑자기 함께 몸 부대끼고 살던 배우자가 반쪽이 역할을 방기하고 입원해 끙끙거릴 때. 아니 그보다 먼저 의사로부터 이 사람은 오늘 집에 가지 못합니다, 라는 선고를 받을 때. 혹은 피검사니 엑스레인지 시티스캔인지 하는 걸로 뽑아낸 그 사람의 내부를 보고 뭔가 잘못되었으며 어떤 방향으로 튈 지 모르니 당분간 입원해 관찰받아야 한다는 말을 들었을 때… 분명한 건, 나에게 그런 일이 일어났다는 것이다.

휴가에서 돌아온 바로 다음날이었다. 휴양지에서 탈이 나지 않은 게 다행이라면 다행이었다. 오랜만의 단잠으로 늦도록 침대에서 뭉기적거리고 있는데, 갑자기 남편의 구토소리가 들려 왔다. 진작부터 화장실에 들락거린다 싶더니 배가 아프다는 것이다. 배가 아프면 누워서 좀 쉬면 돼, 나는 그대로 누워 말했다.

남편의 구토가 계속된다. 아무 것도 나오지 않는데 뱃속 깊은 곳에서부터 울거져 나오는 이상스런 구토 소리. 심상치 않았다. 벌떡 일어나 당장 병원으로 가자고 했다. 덜커덕 겁이 났지만, 별 거 아닌 배탈이라는 걸 그에게도 나에게도 증명하고 싶은 마음이 한 켠에 있었다. 택시를 잡아타고 화산의원 외국인 병동으로 달려갔다. 증상을 말하자, 배를 만져보던 의사는 즉각 여러 가지 검사를 지시했다. 진단을 하고, 피검사를 하고, 엑스레이를 찍고, 울트라 스캔에 시티 촬영, 모든 것들이 순식간에 이루어졌다. 전문의가 차트를 들고와 그를 만날 때쯤 남편의 몸에선 식은 땀이 흐르고 있었다.

백혈구가 높고 아밀라아제 수치가 높으니 두고 보아야 한다는 것이다. 그러고도 한참을 자기네들끼리 이야기하고… 그 다음 이야기가 하도 늦게 나와 마음 급해진 내가 먼저 물었다. 그럼 어떡하면 되나요? 약먹고 쉬면 된다는 답을 기대하면서… 그런데 뜻밖에도 의사의 입에서 나온 말은, 당신 남편 오늘 병원에 있어야 해요, 였다. 그 말을 이해하는데 한참의 시간이 걸렸다. 그럼 입원을 해야 한다는 말 아닌가. 입원이라… 그런 건 나하고 상관이 없는 행사라고 생각했는데… 멍한 기분으로 직원을 따라 입원실로 갔다. 침대가 두 개 있는 방이었다.

곧이어 간호사가 들어오고, 주치의가 될 닥터 쟈오가 들어오고, 그리고 나의 반쪽은 환자용 옷으로 갈아 입고 침대에 누웠다. 남편의 손등에 링거 바늘이 꽂혀졌고, 가슴과 등과 손가락에는 모니터가 연결되었으며, 콧구멍을 통해 위장까지 관이 삽입되었다. 졸지에 중환자가 된 낯선 남자. 그의 몸에서 떨거져 나온 신발과 양말, 코트, 셔츠, 속옷을 보면서도 나는 그 사실을 받아들일 수가 없었다. 남편이 입원을 하다니. 늘 곁에서 호탕하게 웃고, 농담을 하고, 사람들을 만나면 끊임없이 이야기를 하고, 가끔 위압적인 태세로 상대를 누르기도 하는 그 사람이.

조금 지나 간병인이 방에 들어섰고, 그날 이후 밤낮으로 두 사람의 간병인이 남편 옆을 잠도 안자고 지켰다. 한 사람은 50세, 다른 한 사람은 65세의 퇴직 간호사였는데, 그녀들은 남편의 링거제를 바꾸고, 소변 양을 재고, 시시각각 모니터에 나타난 수치를 기록하고, 혈압을 재고, 목욕 시키고, 머리 감기고, 침대보를 갈고 하였다. 할머니로 대접을 받아도 부족하지 않을 나이에 되려 환자를 돌보고 있는 그들이 대단해 보였다.

남편을 병원에 놔두고 집으로 돌아오던 밤, 택시에서 내려 하늘을 보았다. 언제나 즐겁던 우리 집 하늘인데, 그 날은 왜 그렇게 어둡고 외롭고 서늘하던지… 근심과 허전함과 두려움이 가슴에 솜덩이처럼 뭉쳤다. 아버지가 아프실 때, 시어머니가 편찮으실 때, 언니가 힘들 때 쉽게 갈 수 없었듯이, 내가 그들을 필요로 할 때 쉽게 그 만남이 이루어지는 것도 아니라는 게 가장 큰 외로움이라면 외로움이었을 것이다.

남편은 며칠을 기력없이 보냈다. 췌장에서 분비되는 소화액을 막기 위해 음식물 섭취가 절대 금지였으니, 힘도 없었을 것이려니와 고통과 그 후유증으로 정신 차리기도 힘들었을 것이다. 간병인들은 최선을 다해 그를 돌봤다. 가족들도 방문시간에만 허락되는 네덜란드의 병원에 비하면 여기는 천국이라며, 남편은 밤에도 잠을 안 자고 그를 지키는 간병인들의 존재를 행복해 했다. 유럽에서는 절대 이런 사치를 누릴 수 없다는 걸 강조하며.

그러나 기쁨도 단 며칠. 컨디션이 좋아지자 누군가가 옆에 항상 있다는 것에 대해 불편을 느끼기 시작했고, 그들 방식에 불만을 갖기 시작했다. 예를 들면 이런 것이다. 그가 이불을 제끼면 간병인이 바로 다가와 이불을 다시 덮어준다. 몸을 차게 해선 안 된다는 것이다. 침대에서 내려서면 바로 슬리퍼를 갖다준다. 슬리퍼를 준비하기 전에 바닥에 맨발을 디디면 조심성없다는 듯 혀를 찬다. 찬물을 달라고 하면 회복이 안된다며 또 고개를 가로젓는다. 혈관을 찾을 수 없어 여러번 찔러댄 바늘 흔적 때문에 손에 통증이 있는데, 그게 괜찮은가 확인한다며 손을 툭툭 쳐보고, 그러면 반쪽은 아파 죽겠다고 비명을 지른다. 한번은 심심해서 텔레비전을 보려는데, 시간이 조금 지나자 아줌마가 그냥 텔레비전을 꺼서 드디어 반쪽이 폭발했다.

옆 침대 환자도 간병인 때문에 프라이버시가 없어 불편하다고 했다. 유럽 사람들은 다른 사람에게 노출되는 24시간이 좀처럼 견디기 힘든 것이다. 그러나 둘은 서로에게 익숙해져서 나머지 날들은 순탄하게 지냈다.

2주는 입원해야 할 거라고 했으나 놀라운 회복력으로 그는 8일만에 퇴원하게 되었다. 감정의 변화와 표현이 유발난다며 그에게 '아이' 라는 별명을 붙여준 간병인들은 아쉬운 표정으로 헤어졌고, 우리는 췌장의 손상으로 발생한 당뇨를 조절하기 위해 혈당검사기와 인슐린 주사기를 가지고 집으로 돌아왔다.

오랫만에 그가 나타나자 '우리'가 미친듯이 마루를 뛰어다니며 기뻐했다. 강아지도 누가 집을 오래 비웠는지 안다. 매일 집에 드나든 나는 얼굴만 한 번 쳐다보고, 오랫만에 나타난 그를 반기느라 정신이 없었다.

퇴원 이후 두 달 동안 남편은 아침 저녁으로 혈당을 재고 인슐린 주사를 놓고, 강력한 식이요법을 병행했다. 먹을 게 있으면 무조건 행복한 거 아니냐는 나의 철학도 바뀌어야 했다. 기름도 소금도 설탕도 안되고, 먹고 나면 포도당으로 변하는 탄수화물류도 줄여야 한단다. 재료 자체의 맛을 즐겨야 한다니 유기농법 음식을 찾아 먹어야 더 좋단다. 그 많은 맛있는 것들을 가려 식탁에 올려야 하는 것이다. 미식가 아버지 밑에서 자랐지만, 스스로는 한 번도 음식에 대해 까탈스럽게 굴지 않았었는데, 먹는다는 것 자체만으로 행복했는데, 이제는 그 차원에서 벗어나야 했다.

나의 생활도 바빠졌다. 그래도 감당할 수 있는 시련만 주어진다고 했으니… 그 증상이 휴가에서 돌아온 다음에 나타났다는 것도, 고통이 심하다는 증세에도 불구하고 그의 병세가 빨리 호전되었다는 것, 그리고 이제 집으로 돌아와 정상적인 생활로 돌아갈 수 있다는 것이 얼마나 좋은 일인가. '따난부쓰 비요우호우푸'(大难不死 必有后福: 죽음을 초래하지 않는 큰 재난은 반드시 복을 불러온다).

상하이 의료시설은 전과 비교하면 많이 좋아졌다. 전엔 의료시설이 선진적이지 못해 외국인들은 단 한 곳의 병원, 아니면 홍콩으로 날아갔어야 했다. 그러나 이제는 날로 늘어가는 세계적 수준의 병원에, 보험을 직접 처리해 주는 병원도 있다. 또 영어를 할 줄 아는 의료진이 있는 병원, 한국어 등 외국어를 통역할 수 있는 곳들도 많아 상하이에서도 안심하고 병원에 다닐 수 있게 되었다. 다음은 외국인들이 다녀도 괜찮을 상하이의 병원들이다.

- 화산의원－乌鲁木齐中路 12号(6248－9999*1921)
- 화동의원－延安西路 221号(6248－3180*3106)
- 월드링크－www.worldlink_shanghai.com
  虹许路 788号(6405－5788)
  南京西路 1376号上海商城西峰 203－4室(6279－7688)
- 뤠이진의원－瑞金医院. 瑞金二路 197号(6437－0045*668101)
- 캔암 국제의료센터－淮海中路 966号(5403－9133)
  www.canamhealthcare.com
- 창닝취 의료중심－仙霞路 1111号(6290－1554)
- 징안취 중심의원－西康路 259号 2号搂 10号(6289－2984)
- 유나이티드 패밀리 클리닉－仙霞路1139号(5133－1900)
- 글로벌 헬스케어－南京西路 1515号 嘉里中心 301室
  (5298－6339)
- 푸난의원－浦东南路 2400号(5889－2700)

얼렁뚱땅 전시회

2003년의 한 여름밤을 난 잊지 못한다. 미술평론가로 여러 잡지에 글을 쓰고 있는 캐나다 친구로부터 한 전시회 오프닝에 초대를 받았던 날이다. 뭔가 재미있는 일이 없을까 갸웃거리고 있던 참인데, 반가운 소식이었다. 그 전시회의 주인공인 화가 완충(万琼)에게 전화하면, 어떻게 그곳에 갈 수 있는지 자세하게 답해 줄 수 있을 거라 해서 나는 그녀에게 전화를 했다. 영어도 꽤 할 줄 아는 여인이었다. 가는 길을 아주 자세하게 설명해주었다.

푸싱루에 있는 갤러리였다. 사람들이 북적거리고 외국인들도 꽤 있었다. 벽에는 억 소리가 날 정도로 그린 이의 혼이 적나라하게 담긴 커다란 얼굴 그림들이 가득하고. 아는 사람은 하나도 없었다. 그녀에게 전화를 걸었다. 전에 통화한 사람인데 여기에 왔다고, 당신은 어디에 있느냐고. 머리는 길고 무슨 색깔의 옷을 입고 있다는 답이 왔다. 핸드폰을 들고 왔다갔다 하다가 결국 그녀와 나는 갤러리 문 앞에서 만났다. 음… 미인… 그리고 할 말이

●●● 모간샨루의 '샹아트(Shanghart)' 갤러리를 찾은 네덜란드의 매니저 그룹

없었다. 이렇게 예쁜 사람도 존재하는가?

　조금 늦게 평론가 친구가 나타났고, 그는 윈난 판화에 관심이 있다는 나의 말을 잊지 않고 있었다. 윈난에서 온 화가 쟝쭝치(长钟琪)와 쒸웨이챵(徐微强)을 나에게 소개시켜 줬다. 그러나 아직 나의 중국어가 내 맘을 잘 표현해 줄 수 없던 때여서 많이 답답했다. 사람은 눈으로 모든 걸 말할 수 있다고 하지 않는가. 아쉬우나마 대화를 대충 했고, 서로 전화번호를 주고 받았다. 그들의 작업실을 방문하는 것도 적잖은 호강이겠다는 생각이 들었다.

　그때 내게 말을 걸어온 사람은 허베이에서 온 화가 쟝쒸보(长旭波). 그는 내가 독일에서 살다 온 중국 사진작가인 줄 알고 말을 걸어온 것이다. 그러나 나중에 내가 한국에서 온 사람이라는 걸 알게 되었고, 대화는 그 이후로 이어졌다. 푸동의 화가촌에 살고 있다는 그는, 시간을 내어 한 번 찾아오라고 했다. 베이징에서 상하이로 옮겨온지 얼마 되지 않아 명함을 만들지 않은 그는, 종이에 허술하게 전화번호와 주소를 적어주었다. 털털한 웃음만큼이나 친근한 사람이었다.

상하이에는 MBA를 했거나 하고 싶은 사람들, 돈을 위해 사는 사람들만 있는 줄 알았다. 그 날은 그러한 선입견을 무너뜨리게 해준 신선한 날이었다. 그 날 만난 사람들과 지금까지도 친분 관계를 유지하고 있으니, 그날은 나의 상하이에서의 삶을 바꾸어 놓은 날이라고 감히 말한다.

얼마 후 쟝쒀보의 전시회가 있던 날, 난 모로코 거리 상점에서 싼 싸구려 블라우스를 입고 갔다. 속이 훤하게 내비치는, 티셔츠를 받쳐 입고서도 브래지어까지 챙겨 입어야 하는 블라우스였다. 완충을 다시 만났다. 그녀의 눈은 커다랗고 깊으며 언제나 상대방의 가슴을 쑤욱 잡아당기는 향기와 미소를 가지고 있다. 나는 정신없이 그녀를 쳐다보았다. 그녀는 다른 사람에게 가지 않고 곁에서 나와 이야기를 하며 머물렀다. 그날 그녀에겐 뇌암으로 돌아간 어머니에 대한 아픈 기억이 있다는 것, 그림을 그리는 일 외에도 중학교에서 학생들을 가르치고 있다는 것, 옷을 직접 디자인해 입는다는 것들을 알게 되었다.

중국에서 사 입을 수 있는 여느 블라우스와는 다른 분위기 탓이었겠지만, 완충은 나도 옷을 직접 디자인해 입느냐고 물었

●● 전시회 준비를 하고 있는 배희권 작가와 완충. 그리고 나

다. 내 머리는 순간 인형옷을 만들어 입히고, 뜨개질을 하고, 바지 스타일을 바꾸거나 스스로 치마를 만들어 입던 초등학교 5,6학년 때로 돌아갔다. 모양을 그리고, 헝겊을 자르고, 그걸 정성스레 바느질해서 작품을 만들어내던 어린 시절.

그러나 손바느질은 고달프고 어려운 작업이었고, 나는 그에 질려 디자이너에 대한 꿈을 접었었다. 그리고 20년을 잊고 살았다. 옷을 디자인할 수 있다는 사실, 그걸 즐겼다는 사실. 인생을 바쁘다고 느끼게 만드는 잡다함과 창조력을 말살시키는 일상, 그리고 요령에 대한 무지와 유럽의 비싼 인건비 등이 내 어린 시절의 낭만을 멀찌감치 물러가게 만들었지 않은가. 생각해보니 난 옷을 디자인해 보지 않았다. 지난 20년 동안.

완충의 물음에는 일단 아니라고 대답했다. 그러나 기회가 있으면 디자인해 보고 싶다는 말도 잊지 않았다. 자기는 직접 디자인을 하니 함께 옷감시장에도 가고, 나를 도와 옷을 만들겠다고 했다. 그날 이후 잠을 이룰 수 없었다. 끊임없이 떠오르는 아이디어 때문이었다. 이런 옷, 저런 옷, 마음에 담았던 옷이 눈 앞에 아른거려 눈까풀을 덮을 수가 없었다. 나는 즉각 옷 만드는 작업에 들어갔다. 상하이의 옷감시장인 동자두에 일주일에 한번씩 가고, 갈 때마다 가방 하나 옷감을 샀으며, 여러 명의 재단사에게 동시에 옷을 맡겼다. 그리고 2년이 흘렀다. 내 방 옷걸이에 주렁주렁 걸려 있는 옷들. 이제 그것들로 무엇을 해야 하나? 언젠가 무슨 일이 벌어질 것이다. 완충과 나는 아직도 흥에 겨워 일을 하고 있으니.

이제 몇 주 후면 내가 기획하는 전시회가 또 있을 것이다. 얼떨결에 시작한 이후 몇 번 째가 되어버린 미술전시기획이다. 지금 생각해도 그게 왜 나한테 떨어졌던 건지 이해할 수가 없다. 아마도 다른 사람들은 과감하게 고개를 저을 정도로 모두 현명했고, 나는 그렇지 못했다는 것이 이유였을 것이다. 호기심도 한 몫했다.

건강이 안 좋아 치료차 고국으로 돌아간다는 프랑스인 큐레이터 세실이 대뜸 나에게 여러가지 서류들을 내밀었다. 당시 개관한지 6개월쯤 되는 두오룬 현대미술관의 전시회를 맡아 달라는 거였다. 자기가 프랑스로 돌아가게 되어 막상 전시회 기획을 진행할 사람이 없다는 것이었다. 뭐라고? 분명 내 눈이 휘둥그레졌

●● 모가샤류를 찾은 네덜란드 문화방문사절단. 콘서트후바우 관장, 라익스박물관의 컬렉션매니저, 영화인협회 회장 등이 왔었다.

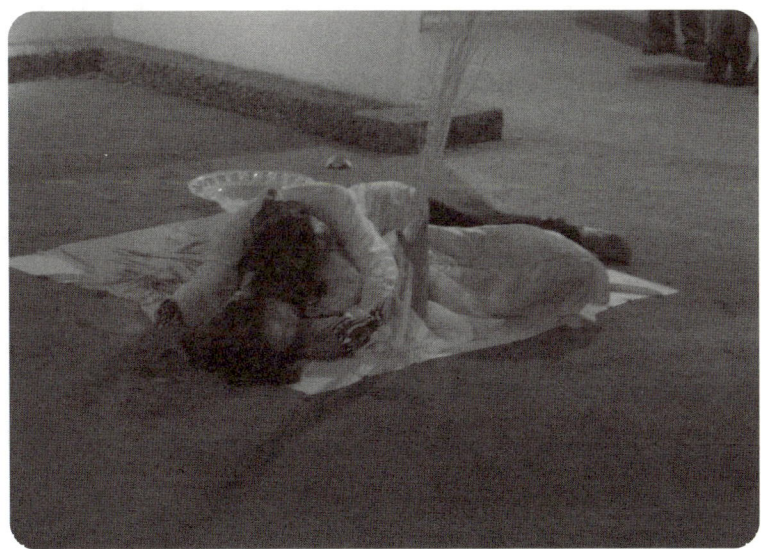

●● 퍼포먼스를 하고 있는 배희권작가와 완충

을 것이다. 여섯 명의 외국인 예술가와 큰 미술관 사이의 그건 내가 할 수 있는 일이 아니지, 사람을 뭘로 보고… 내가 천재라도 되나?

두 손을 내젓는 내게 세실은 나밖에 할 사람이 없다고 했다. 옆에 있던 화가 친구도 좋은 기회라며 한 번 해보라고 했다. 어려운 일이 있으면 자기가 도와주겠다고. 한참 고민을 한 후에 나는 그 일을 기꺼이 떠맡기로 했다. 쓸데없는 책임감의 발동이 나를 늘 곤란에 빠뜨린다.

그럭저럭 일은 잘 추진되었다. 돌이켜 보면 나에겐 타고난 재주가 있는 건 아닐까 하는 생각조차 들 정도였다. 많은 사람들이 미술관을 찾았고, 다과와 와인이 금새 동났다. 생각지도 않았던 연설을 졸지에 마이크를 잡고 했고, 그것으로 자신감도 얻었다. 그리고 자유와 평화와 깊은 잠… 전시회도 연극을 무대에 올리는 것과 비슷한 일이다. 긴장감과의 팽팽한 맞섬과 다양한 일들 다음에 갖는 오프닝, 그리고나서 찾아오는 고요와 평화와 허탈감.

두오룬 현대미술관 전시회를 시작으로 나는 터키 화가 아리훼와 한국 화가들의 상하이 전시회, 중국 작가들의 네덜란드와 독일 전시회, 상하이 비엔날레에서의 네덜란드 조각가 테오 스혜이브스(Theo Schepens) 프로젝트, 상하이 아트훼어에서의 작업, 프랑크푸르트 아트훼어 관련 일 등을 했다.

그새 내 삶엔 많은 변화가 있었다. 이렇게 살아도 되는 걸까 싶을 정도로 이상한 방향으로 흘러가는 것, 인생이라는 것. 얼렁

뚱땅 전시회를 시작했고, 앞으로도 전시회를 계속 하게 될 것 같은 느낌이다. 한가지 변명을 하자면, 비록 전공으로 미술은 하지 않았지만, 예술가들과 화랑 사이에서, 그리고 전시회를 기획하고 실행해 나가는데 있어 체계적 추진력을 발휘해 나가는 게 나의 강점이라고 자신하는 것이다. 실무에서 얻은 경력이라고나 해야 할까.

탄탄한 재력을 바탕으로 미술관급 화랑들이 가득한 서울에 비하면 상하이의 미술 관련 시설은 아직 보잘것없다. 정부는 1백여 개의 미술관을 앞으로 몇 년 내에 오픈할 것이라고 발표했다. 상하이에 있는 미술관과 화랑들을 소개해 본다.

- 상하이 미술관 — 上海美术馆. 南京西路 325号 (6327-2829)
- 두오룬 현대미술관 — 多伦现代美术馆. 多伦路 27号 (6587-6902)
- 주치쟌 예술관 — 朱屺瞻艺术馆. 欧阳路 580号. 虹口公园 (6587-6901)
- 류하이수 미술관 — 刘海粟美术馆. 虹桥路 1660号 (6270-1018)
- 전다이 현대 미술관 — 浦东芳甸路 199号 (6864-5783*160)
- 상하이 당대 예술관 — 上海当代艺术馆. 南京西路 231号 人民公园
- 모간샨루 예술단지 — 莫干山路 50号. 샹아트, 비즈아트, 이스트링크 등과 함께 40여 명의 예술가 작업실이 밀집되어

있는 곳이다.

- 타이캉루 예술의 거리—泰康路 210弄. 상하이 정부가 야심 차게 '예술의 거리'라는 명목을 걸고 시작했으나, 몇 개의 예술 관련 작업실 외에 디자인 스튜디오가 더 많이 들어선 곳. 몇 군데의 도예 관련 작업실들도 있다.
- 동다밍루—东大名路 713号. 거대한 창고형 건물 안에 디디 엠, 오라 갤러리, 앤드리스 등 여러 개의 화랑들이 들어서 있는 곳이다.

상하이에 가서 악녀가 되다

옛 직장 동료 조나단과 점심을 먹었다.

조나단은 나와 함께 다니던 직장을 그만두고 현재는 선박설계회사에 몸담고 있는 미국인이다. 그와 알고 지내던 때는 내가 상하이에 온 지 얼마 안되던 시절이었다. 그도 중국인 보스를 모시고 일을 하게 된 첫 직장이라 우리는 둘 다 나름의 시행착오를 겪고 있었다. 맘에 안들거나 이해되지 않는 것들은 모두 중국의 이상한 직장문화인 것으로 해석하기도 했다. 그와 나의 자리가 바로 옆이어서 우리는 일을 하면서도 중국 문화와 한국, 미국, 유럽 문화, 그리고 상사와 다른 동료들에 대한 이야기를 끊임없이 주고 받았다.

우리는 회사도 거의 비슷한 시기에 그만두었는데, 이후 나는 특별히 돈되는 것은 없는 일들로 바쁜 아줌마가 된 반면, 그는 한 미국 회사의 지사장이 되었다. 그리고 한가지 더 보태자면 나는 악녀가 되었다. 순하던 내 성격은 어느새 조금만 건드리면 모든 것을 토해낼 듯 악악대는 사람으로 사납게 변했고, 나의 자랑거리이기도 했던 참을성은 어디에 갔는지 찾아볼 수 없게 되었다.

무엇이 나를 이렇게 변하게 했는가. 조나단에게 그 동안 있었던 일들을 이야기해 주자, 자신이 알고 있던 나에게는 너무나 걸맞지 않는 행동들에 박수를 치며 즐거워 했다.

급작스레 전시회 진행을 맡았던 때이다. 원래 기획했던 큐레이터가 자리를 비워 졸지에 혼자서 모든 일을 도맡아 하자니 어려움이 많았다.

예상하지 못한 상식밖의 일들이 연달아 터지니 나같은 사람도 어쩔 수 없이 소리를 지르게 되었다. 그 전시회에 참가했던 한 미국인 예술가의 나에 대한 코멘트이다. 전시회 준비 때 사람들에게 소리를 버럭버럭 지르는데, 그게 너무 통쾌했다는 것이다. 그거 나와 전혀 맞지 않는 컨셉인데…? 나는 기억도 못하는 그 순간을 (얼마나 정신이 없었으면) 그는 생생히 기억하면서, 나의 그런 모습이 제 자식들을 왼 가슴에 품고 오른 쪽 집게발로는 적들을 물리치는 왕발집게처럼 든든했다고 한다.

며칠 전엔 몇 명의 사람들과 저녁을 먹게 되었다. 그래도 중국어를 제일 잘 한다고 내가 레스토랑 테이블을 예약하게 되었다. 이 인기높은 후난(湖南) 레스토랑에 하루 전에 전화해서 테이블을 예약하겠다 하니 매우 달갑지 않은 소리로, 예… 가능하긴 한데요, 몇 시요, 하고 묻는다. 일곱시에 예약하겠다니까, 여섯시 반은 안되나요, 한다. 일곱 시라는데 여섯 시 반은 무슨 여섯 시 반.

"사람들이 다 일하니까 여섯 시 반은 안되고, 일곱 시요!"

내가 못을 박았다. 그런데도 레스토랑의 여자는 포기하지 않는다.

"그래도 여섯 시 반에 오시면 안될까요?"

"안된다니까 그러네. 일, 곱, 시!"

목소리가 높아졌다. 언제부턴가 나도 소리 지르면 일이 해결될 것 같은 기분을 가지고 살고 있는 것 같다. 레스토랑 여자는 알았어요, 하고 달갑지 않지만 나의 예약을 받아들이고 전화를 끊었다.

다음날 여섯 시 40분, 퇴근시간이어서 택시가 잘 안 잡혔다. 벌써 길거리에 늘어선 사람들이 건너편 이편으로 열 대여섯 명 되니, 택시는 빈 게 없다는 얘기다. 할 수 없이 전철역으로 막 몸을 트는데 전화가 왔다.

"여기 레스토랑인데요, 어제 예약하신 거 변동사항 없나요?"

"변동사항 없는데요."

"근데 아직 한 분도 안 오셨는데요."

뭐? 지금 예약시간 되려면 아직 20분이나 남았는데 한 분이라도 오는 게 이상하지.

"예약, 일곱 시에 했는데요."

"그럼 그때 모두 함께 오시나요?"

"모두 함께라기보다는 각각 오기 때문에 함께라고 말할 수는 없고…"

"그럼 일곱 시에 모두 오는지 확실하지 않단 말씀인가요?"

"각각 올테니 내가 장담할 수는…"

말을 끊었다. 그러다보니 기분이 이상해진다. 여자는 우리가 예약을 지키지 않을 것으로 몰아부치고 있는 것 아닌가.

"지금 오실 수 있나요? 기다리고 있는 사람들이 많아서요."

"이봐 아가씨, 우린 일곱 시에 예약했고, 일곱 시에 온다니 까! 일! 곱! 시! 알아? 일! 곱! 씨!"

길거리에서 또 한바탕 소리를 지르고 말았다. 그리고는 다리 가 부러져라 전철역에서 뛰어 레스토랑으로 갔다. 일곱 시 5분 전. 우리 테이블은 당연히 비어 있고, 몇 명의 사람들이 불만스런 표정으로 대기용 의자에 앉아 있었다. 당당하게 테이블에 가 앉 았지만, 예약을 하고 자리를 차지하고도 조금 찝찝했다. 예약문 화가 발달하지 않은 중국에서는 테이블을 비워놓고 손님을 받지 않으면 항의가 심한 모양이었다.

전철역에선 이런 일도 있었다. 표를 사려고 줄을 서 있는데, 내 앞 남자가 빠져나간 자리에 어떤 20대 여자가 뒤에 서 있던 나를 못본 척하고 자기 동전을 스윽 기계로 밀어넣으려는 것이 아닌가. 눈에 불이 난 나는 당장에 "야, 내 차례야!" 그 여자를 어깨로 밀었다. 여자는 내게 밀쳐진 것도 민망했겠지만, 저도 딴 엔 교양이 있는 사람이란 생각이 들었던지 순순히 물러났다. 그 러고나니 내 자신이 부끄러워졌다. 그냥 뒤로 가서 서요, 라고 해 도 되었을 것을 왜 그렇게 쌍심지를 켜고 힘껏 밀어제꼈던가. 내 어깨가 다 얼얼했다. 일부러 밀쳤으니 미안하다고 사과할 수도 없는 일이고…

이 믿을 수 없는 이야기들을, 조나단은 즐거운 표정으로 들었다. 줄 서는 것과 관련해선 조나단도 기록에 남을 여러 사건들을 가지고 있었고, 그 '소리치는 외국인'의 대열에 들어선 나를 심히 반기는 눈치였다. 식사를 하고 헤어지며 그가 말했다. 1년 후의 나의 모습이 궁금하다고. 환경은 사람을 변화시킨다. 상하이에 사는 동안 많이 변했다.

어느 날은 동네 가게에 갔는데, 내 앞에 있던 사람이 자기 물건 값을 지불하고 물건을 가져갔다. 이제 내 바구니를 올려놓을 차례가 되었는데, 어떤 아줌마가 턱하니 자기 물건을 내 바구니 옆에 올려놓는다. 그런데 놀랍게도 점원은 그 여자 것을 먼저 계산했다. 갑자기 머리가 뜨거워졌다. 점잖은 사람도 화가 날 때가 있는 법이다.

"워 씨엔라이러!(내가 먼저 왔어요)"

얌전한 여잔 줄 알았는데 울먹일 듯 소리를 지르는 나를 보고 모두 놀란 표정이 됐다. 그제서야 새치기한 아줌마도, 아줌마 것을 먼저 받아 계산한 점원도 뭔가 잘못되었다는 것을 시인하는 표정이었다. 그러나 내 행동을 이해하지 못하겠다는 듯 묘한 표정을 지었다. 점원은 아줌마 것 계산하고 나면 금방 내 것을 계산해 주겠다고 싱글거리며 말했다. 나는 기분이 나빠져서 그냥 물건을 놓고 씨부렁거리며 그 가게를 나왔다.

성질을 이기지 못하고 남에게 소리를 지르는 사람을 나쁘게 생각해 왔는데, 상하이에 살면서 나의 의식도 변해가고 있었다. 우스운 건, 그러한 환경이 나의 행동마저 바꾼다는 사실이었다.

새치기에 신경을 곤두세우며 상하이에 살다가 네덜란드에 갔을 때였다. 빵을 사려고 베이커리에 들어갔는데, 사람들이 세 명 정도 기다리고 있었다. 딱히 번호표가 있는 것도 아니고 줄을 서서 기다리고 있는 것도 아니어서, 대충 자기가 베이커리에 들어섰을 때 누구누구가 있었나를 찜해 두고, 뒤에 들어오는 사람들에게 내가 먼저다 하는 암시를 주기만 하면 된다.

누구도 새치기를 하려 하지 않고, 점원도 대충 눈으로 보아 두었다가 순서에 맞게 서브를 해준다. 행여 실수로 나중 온 사람이 자기 차례라고 나서면 먼저 와 있던 사람이 자기 차례임을 점 잖게 말한다. 그러면 본의아니게 새치기를 할 뻔 했던 사람도 점 잖게 미안하다며 뒤로 물러선다.

근데 이건 뭔가. 베이커리에 들어선 순간부터 나는 긴장하고 있었다. 내가 들어섰을 때 먼저 와 있던 사람들의 얼굴과 몸의 특징을 보고 또 보고, 그래서 실수가 없도록 다짐한 뒤, 내 뒤에 오는 사람들의 길을 은근히 몸을 부풀리고 팔을 양 옆으로 벌리며 막고 있는 것이 아닌가. 그들이 내 앞의 영역으로 들어가지 못하도록… 나의 차례가 점잖고도 당연하게 되어 빵을 사게 될 때까지 나는 혼자만의 그 숨가쁜 줄서기에서 넉다운되고 있었다. 슬펐다. 내가 그렇게 변해가고 있다는 사실이…

고등학교 때 친구 은정이가 상하이에 왔다. 대학에서 중문학을 전공하고 느즈막에 그걸로 박사학위까지 따고 있으니, 중국어에 관한 한 나보다 한 수 위인 친구이다. 그녀와 낄낄거리며 상하이 구석구석을 누비고 다녔다.

피곤한 몸을 이끌고 전철역 플랫폼에 들어서는데, 마침 빈 의자가 두 개 보였다. 우리는 얼른 그 의자에 가 앉았다. 그런데 옆자리에 앉아 있던 여자가 얼굴을 잔뜩 찌푸리며 "여기 사람 있어요!" 하는 거 아닌가. 무슨 극장 좌석도 아니고, 기차 안도 아니고 플랫폼에 널려 있는 의자에 사람 있다고 앉지 못하게 하는 건 무슨 경우란 말인가. 게다가 인상까지 쓰면서.

"지금은 없잖아!"

내가 근엄한 표정으로 말했다.

"어린애란 말야!"

여자는 내가 한심한 사람이라는 듯 인상을 구기며 내뱉았다.

"참 나~ 오면 비켜 줄게.(더럽다 더러워)"

그러고나니 그녀의 저 편 의자 위에도 쇼핑백들이 놓여 있는 게 보인다.

"저건 뭐냐, 저거. 사람도 아닌 쇼핑백이 의자를 차지하고 있어. 누구 꺼야, 저건."

눈치를 보니 이 여자 것이 틀림 없었다. 여자는 투덜거리며 쇼핑백을 내 옆 의자로 가져다 놓고 자기가 그 의자에 가 앉는다. 내 옆에 앉아 있기가 싫다는 거지 이제.

잠시 후에 그 '아이' 가 왔다. 자동판매기로 뭔가를 사러 갔었던 모양이다. 의자에 쇼핑백들을 올려놨던 게 켕기는지 여자는 나더러 일어나라는 말을 안한다. 나도 안 일어나고 여자가 하는 양을 본다. 쇼핑백 몇 개 중 두 개를 내려놓고 아이를 거기에 앉힌다. 그러는 동안 내가 타야 할 전철이 왔다. 이제 그렇게 싸워서 이긴 자리를 스스로 포기해야 할 때인 것이다.

순식간에 일어난 일이었다. 내 기분도 엉망이지만 그녀의 기분도 좋진 않았을 거다. 웬만하면 나도 그렇게 맞대놓고 싸움을 하는 스타일은 아니지만, 해도해도 너무할 때는 더이상 참을 수가 없게 되는 것이다. 비닐봉지를 바리바리 올려놓고 자리에 있지도 않은 자기 아이를 위해 의자에 앉지 말라는 건 도대체 예의가 아니지 않은가 말이다.

은정이는 나의 그러한 모습에 적잖이 충격을 받은 모양이었다. 상하이 생활이 얼마나 팍팍하면… 나도 안다. 내가 이상스레 변해가고 있다는 사실. 어떤 땐 잠자리에 들며 결심한다. 마음을 평화롭게 먹고, 이 잠을 자고 나면 너그러운 사람이 되자고. 그런데 현실은 그렇지가 않다. 아침에 일어나면 나는 더욱 표독스러운 악녀가 된다.

어디에서 살까?

유럽에 갔다가 상하이로 다시 돌아왔다. 벌써 몇 년 째 둥지를 틀고 있는 곳이다. 유럽에 왔다갔다 하고는 있으나 내 침대와 책상과 옷들이 바로 있어야 할 자리에 있는 곳은 이곳이니, 나는 여기에 둥지를 틀고 사는 거나 다름없다. 한때는 암스테르담에 나의 둥지가 있었고, 잠시나마 런던에도 둥지가 있었으며, 그래서 이곳으로 이사왔을 때는 내 살림이 런던과 네덜란드에 각각 흩어져 있었다. 꿈이 뭐냐고 질문받고는 내 소유물을 한 곳에 모아놓고 사는 거라고 말했던 적이 있을 정도니, 그간 살림살이가 어떠했는지 짐작이 갈 것이다.

네덜란드에서 영국으로 갈 때도 잠시 일 때문에 가는 것이었고, 영국에서 중국으로 올 때도 2,3년을 살아보다가 여차하면 유럽으로 돌아갈 예정이었다. 처음 네덜란드에 떨어뜨린 물건들을 영국으로 옮기기도 전에 다시 런던 변두리 창고에 런던에서 쓰던 물건들을 집어넣었다. 계획이 너무 많은 게 탈이었다. 이제는 런던으로 다시 이사가겠다는 희망을 접고 창고에 보관되어 있던 물건들을 네덜란드로 보냈다. 그래서 지금은 내 살림들이 네덜란드와 상하이로 나뉘어 있다. 그러나 네덜란드엔 현재 우리 소유의 집이 없기 때문에 내 살림들은 여전히 창고에서 주인의 손길을 기다리고 있다. 가엾은 것들… 방에 갇혔다가 직장에서 돌아온 주인의 냄새에 꼬리를 흔드는 강아지처럼 1년에 한 두 번 방문하는 주인의 손길에 겨우 얼굴을 펴는 살림들.

오랫만에 대하는 물건들에선 낯선 냄새가 난다. 이런 것도 나에게 있었던가 싶게 해가 갈수록 서먹해지는 물건과 나의 관계. 그래서 네덜란드에 갈 때마다 난 창고에 들어가 상자들을 열어 이것저것 꺼내보며 오래도록 사용되지 않고 쳐박혀 있는 게 안스러워 먼지를 털고 아는 이들에게 나누어 준다. 상자 밖으로 내놓으면 어디선가 새 주인들이 나타나 기쁜 마음으로 가져간다. 누군가에게 사랑받으며 쓰일 거라고 생각하면 주는 마음이 흐뭇하다. 필요하면 나중에 또 사면 되지. 멀쩡한 물건을 상자에 가둬 몇 년 동안 썩히는 건 못할 짓이다. 몇 달을 사이에 두고 겪는 일인데도, 한 동안 건드리지 않은 나의 물건들을 볼 때마다 난 기분이 이상해진다.

내가 물건을 여기저기 널려놓고 사는 덴 이유가 있다. 늘 내 마음에 흡족할 곳에 가서 살 준비를 하고 있는 탓이다. 언제라도 이사갈 준비, 지금 사는 이곳이 내가 영원히 뿌리 내릴 곳은 아닌 객지라는 생각을 갖고 있는 탓이다. 호기심의 죄도 크다. 내 생각도 원래 그런데다 남편까지 그런 사람을 만났으니, 우리는 의견

충돌없이 쉽게 짐을 싸고 즐겁게 이동한다.

"어디에서 살고 싶니?"

외국에 나가 살고 싶었으나 네덜란드에서만 35년을 살아온 제니(Jeny)의 물음이었다.(그 부부는 전형적인 농부 타입. 집도 크고 짐도 많다. 자동차도 두 대) 한국에서 사는 것을 환상처럼 생각하는, 그래서 그런 좋은 나라 한국을 떠나 사는 나를 이상하게 여기는 꼰요(Conjo)가 묻는 말이기도 하다. 비행기 승무원으로 전 세계를 날아다니는 헬가(Helga)의 질문이기도 했다. 짐을 싸서 떠나나 돌아갈 곳은 늘 한 곳인 그들의 눈에 나의 삶은 자유롭게도, 신비하게도, 그러나 한편 버겁고 불안하게도 보이는 모양이다. 그들의 질문에 대한 나의 대답은 호기심이 가득하다. 이렇게 둥둥 떠다니며 사는 여자가 정착하고 싶어하는 곳은 어디일까, 내 입술을 뚫어지게 쳐다본다.

전엔, 대답이 분명했다. 한때 난 아프리카에서 살고 싶었다. 붉은 땅 위를 뛰어다니는 동물들, 인간과 자연이 어우러져 살고 있는 미지의 땅, 그곳에 가면 내가 할 수 있는 일도 있을 것 같았다. 하다못해 태양만 보면서도 살 수 있을 것 같았다. 그러나 그 꿈은 북아프리카에서 겪은 경험과, 짐바브웨와 남아프리카에서 온 친구들의 이야기로 쪼그라들게 되었다. 난 그런 곳에 살 수 있을 정도로 강하고 용기있는 사람이 아니라는 결론에 다다르면서 아프리카를 살고 싶은 나라의 목록에서 지우는데 어려움을 겪지 않아도 되었다.

런던에서는 고풍스런 건물들과 친절한 사람들, 유서깊은 문화에 흠뻑 빠졌으나, 겨울이면 고질병처럼 도지는 우울증이 나를 가만두지 않았다. 그때는 덥고 나른한 동남아시아가 너무나 그리웠다. 야자수 가득한 해변가에서 파도 소리를 들으며 살고 싶었다. 그러나 동남아시아에 대한 환상은 상하이에 살면서 슬며시 수그러들었다. 같은 아시아에 살고 있기 때문인 것같다.

최근까지는 스페인이 내가 살고 싶은 첫번째 나라였다. 그들의 시에스타 문화가 좋았고, 늘 사람들과 어울리는 분위기도 좋았고, 마드리드 한복판의 레스토랑에서 와인을 거저 마시는 후한 인심도 좋았다. 그러나 유로화가 통용된 이후, 침침한 겨울을 피해 남쪽으로 몰려드는 북유럽 사람들의 열풍으로 스페인은 유럽에서 집값이 가장 많이 오르고 있는 나라가 되었다. 그러니 거기도 현실적인 이유로 나의 꿈에서 삭제.

캐나다와 호주에 대한 꿈도 키워보지 않은 것은 아니다. 그러나 캐나다의 거대한 자연은 나를 무지막지하게 압도했고, 그렇게 넓은 곳에서 살다가는 아무래도 외로워서 죽을 것 같았다. 자동차로 다니는데도 어찌 그리도 마을과 마을이 멀리 떨어져 있던지… 11월이었는데, 날씨도 너무 추웠다. 호주 역시 아름다운 나라임에 틀림없으나, 다른 대륙과 동떨어져 있다는 데서 괜한 고립감이 압도한다.

이제는 그 모든 것들이 모호해져 버렸다. 좋기도 하고 나쁘기도 한 탓이다. 장점과 단점은 어디에나 있다. 막상 나라를 옮겨 살고보니 꿈같은 날들만이 이어질 나라가 있을 것이라는 환상이 사라졌기 때문이기도 하다. 그래서 나의 대답은 '글쎄?'가 되었다. 실망하는 친구들.

지금 난 어디에서 살고 싶다는 꿈 없이 그냥 산다. 그냥 살아도 하루하루가 바쁘다. 세상은 배울 만한 것으로 가득차 있기 때문이다. 결국 행복은 자신 안에서 찾는 것이라는 진리를 깨달아가고 있기 때문인지도 모른다. 여행이 환상을 깨는 작업인 것처럼, 어딘가에 산다는 것도 마찬가지 일이라 생각한다. 그러다보면 언젠가 내 소유물을 한 곳에 모으게 될 날도, 혹은 필요한 두 집에 나눠 놓고 살 날도 오게 되지 않을지.

집이 하나 생겼다. 홍목(紅木) 바닥이 반짝반짝한 집. 쟝아이의 살뜰한 걸레질로 살아나는 집. 대리석이 얹힌 테이블과 바퀴 달린 식탁 의자들, 강아지 '우리'가 늘 폴짝 올라앉는 아이보리색 소파, 두 대의 컴퓨터와 전화기, 책상용 달력, 정리되지 않은 종이들, 파일들, 펜들과 함께 널려져 있는 나의 책상, 언제나 편안한 수면을 제공할 수 있는 손님용 침대, 화려하지 않으나 각각의 사연을 가진 그림들… 여기가 나의 집이다. 이 집을 지금처럼 만들기까지 얼마나 많은 시간과 에너지와 다툼이 있었던가.

처음부터 인테리어 문제로 삐걱거렸던 집. 이러다간 영원히 완공되지 않을지 모른다는 불안감에 우리는 무조건 이사짐을 풀었다.

더운 물이 안 나와 수영장에 내려가 샤워하고, 싱크대가 설치되지 않아 밥은 밖에서 사먹고, 문고리들이 쑥쑥 빠지는가 하면, 자동 커튼 조작장치가 망가지고, 마룻바닥과 문에 묻은 하얀 페인트 방울들은 눈에 거슬리고…

베란다 문은 틈새가 벌어져 위잉위잉 소리가 요란했다. 가스 레인지 환풍기는 제품을 보호하기 위해 얇게 코팅해 놓은 비닐을 벗겨내고 장착해야 하는데, 먼저 장착을 해버려 굴뚝 부분과 아래 환풍기 판이 연결된 곳에 낀 코팅 비닐이 나오질 않는다. 세탁기의 배수가 안돼 사람을 부르고, 손님방 욕실의 샤워기는 너무 높은 곳에 달려 있고, 몇 주 후엔 갑자기 싱크대의 배수관에서 물이 새고…

집을 사는 일은 고행의 시작이요, 집에 들어가 사는 일은 도를 닦는 일이었다. 집을 쳐다보고 있으면 매일 속상할 일이 생겼고, 그건 지금도 마찬가지이다. 자기가 책임지는 큰 소유물을 가진다는 것, 농부되기가 정말로 힘들다.

상하이에 와 여러가지 황당한 일들을 경험하면서 글을 써야겠다 생각했을 때, 내가 이렇게 독한 여자가 되리라는 건 상상도 하지 못했다.

상하이는 변하고 있다. 상하이는 매일 변한다. 끊임없이 제 얼굴을 바꾸면서. 그 안에 살고 있는 사람에게조차도 전기 충격을 주면서. 비록 돌이킬 수 없는 악녀가 되긴 했지만, 지금은 굳게 확신한다. 살아볼 만한, 재미있는 곳이 상하이라고!

아름다운 중국을 찾아서

황봉구 지음 값 10,000원

황봉구 시인의 대륙문화산책

지금까지 중국, 중국문화를 소개하는 숱한 여행안내서들과 담론집들이 출간되었지만, 중국을 '알자'는 일방통로적 객체화만 앞설 뿐 중국을 이해하면서 중국에게 따스한 정으로 접근하는 책들은 없었다. 이 책은 이러한 점들을 지양하고, 사대사상이나 모화사상의 관점이 아니라 우리의 오래된 역사 속에 녹아들어 왔던 공통의 문화감각을 그 발원지 중국에서 찾아 확인하는 감동을 준다.

단체관광의 '단골코스'에 산재해 있는 건조물보다는 5천년 중국사의 중심에서 중국 민중의 삶을 관류해온 유형 무형의 문화유산과 생활상을 소개하면서, 우리에게 거대한 이웃나라 중국의 가능성을 예측하게 해준다.

학민사

중국 당나라 시인들의 삶과 詩

100개의 키워드로 읽는
당시 唐詩

중국 당나라 시인들의 삶과 詩

자연과 산수를 노래했던 왕유, 술과 달의 시인 이백, 민중의 고난을 시로 폭로했던 두보 등 중국 당나라 시인들의 파란만장한 삶과 가려 뽑은 그들의 시 100수, 그리고 이 시들을 이해하는데 열쇠가 되는 관련 이야기 100편이 흥미진진하게 펼쳐진다.

김준연 지음 값 13,500원

학민사